"一带一路"沿线亚洲国家基础设施先行研究
—— 基于区域公共产品供给理论

"YIDAIYILU" YANXIAN YAZHOU GUOJIA
JICHU SHESHI
XIANXING YANJIU

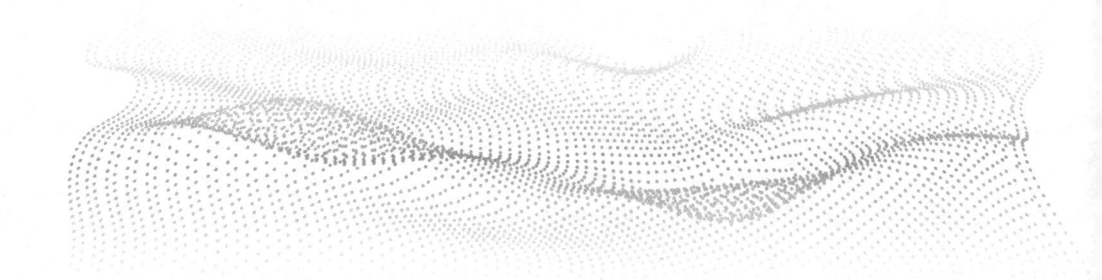

■ 张鹏飞 著

上海社会科学院出版社
SHANGHAI ACADEMY OF SOCIAL SCIENCES PRESS

序

"一带一路"倡议自 2013 年习近平总书记提出以来,由构想到快速实施,整个过程进展迅速、成果丰硕,主要是因为"一带一路"倡议符合了中国和沿线国家经济发展需要,得到了沿线国家的积极响应。基础设施联通促进政策沟通、贸易畅通、资金融通和民心相通协同发展,是"一带一路"倡议的优先领域和基础环节。近年来,亚洲国家迅速崛起,金融、贸易、投资一体化水平逐年提高,国际影响也在逐年上升,是整个"一带一路"基础设施先行的首选和核心区域。但是由于亚洲国家无论在经济层面还是政治层面都差异明显,所以基础设施先行在优化配置、政策规划和融资安排方面存在很多问题,本书基于此提出了自己的研究标的:"一带一路"沿线亚洲国家基础设施先行的优化配置、政策规划和融资安排。

由于"一带一路"亚洲国家基础设施先行属于区域公共产品供给范畴,本书以区域公共产品供给理论为理论根基,从优化配置、政策规划和融资安排三个层面为后面论述做好理论铺垫。根据区域公共产品供给的优化配置理论,区域基础设施的优化配置需要重视需求端,主要表现在贸易便利化和投资环境优化两个层面。首先,本书采用经典的引力扩展模型基于贸易便利化进行实证分析得到:当一国交通基础设施发展到一定水平后,通信基础设施对双边贸易的促进作用会越来越显著;不同收入水平国家之间的进口对基础设施建设水平要求也不相同等结论。其次,本书采取熵值赋权法基于投资环境优化来分析基础设施先行的优化配置得到:"一带一路"亚洲国家基础设施建设要进行差异化配置,中西亚国家主要是交通基础设施建设,南亚和东南亚国家主要是产业经贸合作区建设等。再次,本书对"一带一路"沿线国家数字基础设施建设水平进行评估,明确发达国家和发展中国家需要进行差异化数字基础设施建设。最后,本书就"一带一路"沿线产业园区建设情况进行分析,并且筛选出中国在"一带一路"沿线的境外重点产业园区,为未来的产业合作奠定基础。

根据区域公共产品供给的政策规划理论,合理的政策规划,有助于降低基础设施运营成本,提高基础设施的供给效率。本书基于欧盟在建设跨欧洲交通网络和能源网络中在政策安排、顶层设计、体制机制、优先项目和融资安排上积累的非常丰富的经验提出"一带一路"亚洲国家基础设施先行的政策规划:在构建交通基础设施网络层面,基本原则包括安全性、高效性、可持续性、经济性、开放性和包容性;基本步骤首先是确定交通基础设施主轴,然后是构建区域网络;政策机制主要包括建立"一带一路"交通基础设施委员会、实施优先项目策略和建立"一带一路"基础设施联合基金。在能源网络构建中,主要是为了保障区域能源供给的安全性、持续性和高效性,需要在整体规划的基础上,注重生态保护和高新技术的应用。

根据区域公共产品供给的融资安排理论,合理的融资结构安排,通过多元化基础设施供给主体,有助于克服政府供给失灵和市场供给失灵等问题,能够有效地发挥各个主体的优势,增加基础设施供给的灵活性和效率。对于"一带一路"沿线亚洲地区,大部分国家因面临财政赤字而不断收紧财政预算,国际多边开发性金融机构提供的资金有限,而规模庞大的社会资本具备弥补"一带一路"亚洲国家基础设施建设缺口的潜在优势。政府和社会资本合作(PPP)模式是社会资本参与"一带一路"亚洲国家基础设施建设的最理想模式,但是 PPP 模式成功实施需要一定的条件,本书基于泊松回归模型和广义最小二乘法模型得到"一带一路"亚洲国家 PPP 模式成功实施需要低通胀、高经济开放度和灵活成熟的金融市场等宏观经济环境;也需要良好的政治环境,包括政府较高的执政效率和监管水平,以及稳定的政局;巨大的潜在市场规模对 PPP 项目成功实施也非常重要。另外,较低的债务水平、国际多边开发机构提供的援助以及通过出口自然资源获得收入都将有助于吸引私人资本参与到基础设施建设中来。

新时代开启新征程。本书在最后,基于"一带一路"沿线亚洲国家的实际情况,分别从优化配置、政策规划、融资安排三个层面对"一带一路"亚洲国家基础设施先行的项目布局、区域分布、产业合作、机构设置等进行展望,并且提出了中国的策略考量,包括由基础设施先行向基础设施和产业发展并重转变、由区域融资供给向全球资金供给转变以及由基础设施供给向高级制度供给转变等。

目 录

第一章 绪论 ··· 1
  第一节 研究背景与意义 ·· 1
    一、"一带一路"建设快速推进及意义 ··· 1
    二、基础设施是"一带一路"建设的优先领域和基础环节 ············· 4
    三、亚洲国家是"一带一路"基础设施先行的首选和核心区域 ······ 5
    四、"一带一路"亚洲国家基础设施先行存在的问题 ···················· 8
  第二节 研究内容及研究结构 ··· 10
    一、研究内容 ··· 10
    二、研究结构 ··· 11
  第三节 研究方法、创新之处及不足之处 ·· 12
    一、研究方法 ··· 12
    二、创新之处 ··· 12
    三、不足之处 ··· 13

第二章 文献综述及概念界定 ··· 14
  第一节 基础设施先行文献综述 ··· 14
    一、基于贸易投资对基础设施优化配置的研究 ························· 14
    二、基于政策规划对基础设施供给效率的研究 ························· 19
    三、基于融资安排对基础设施资金来源的研究 ························· 21
    四、"一带一路"亚洲国家基础设施先行的研究 ························· 24
    五、国内外研究现状评述 ·· 25
  第二节 基础设施先行的概念综述及概念界定 ································· 26
    一、基础设施概念及内涵 ·· 26
    二、基础设施先行概念界定 ··· 28
  第三节 基础设施先行的融资模式、工具和风险 ···························· 30
    一、基础设施先行的主要融资模式介绍 ·································· 30

二、几种典型基础设施融资工具介绍 ………………………… 32
三、基础设施先行主要融资风险介绍 ………………………… 33
第四节 基础设施先行的PPP运作模式 ………………………… 34
一、传统政府融资和PPP融资模式对比分析 ………………… 34
二、几种PPP经典模式 ………………………………………… 35
第五节 小结 ……………………………………………………… 37

第三章 基础设施先行与区域公共产品供给理论 …………… 38
第一节 公共产品与区域公共产品理论 ………………………… 38
一、公共产品理论 ……………………………………………… 38
二、区域公共产品理论 ………………………………………… 40
三、区域公共产品供给理论 …………………………………… 41
第二节 基础设施区域公共产品属性界定 ……………………… 42
一、基于基础设施产品生产目的分析 ………………………… 42
二、基于基础设施公共产品属性的分析 ……………………… 43
三、基于基础设施投资主体性质的分析 ……………………… 44
四、"一带一路"基础设施先行与区域公共产品供给 ………… 44
第三节 基础设施先行与区域公共产品供给理论 ……………… 45
一、区域公共产品供给的优化配置理论 ……………………… 45
二、区域公共产品供给的政策规划理论 ……………………… 49
三、区域公共产品供给的融资安排理论 ……………………… 51
第四节 小结 ……………………………………………………… 54

第四章 "一带一路"亚洲国家基础设施先行的优化配置：
基于贸易便利化的需求分析 ……………………………… 55
第一节 基础设施先行与沿线亚洲国家贸易便利化 …………… 55
第二节 "一带一路"亚洲国家基础设施建设现状 ……………… 56
一、整体上与欧盟的对比性分析 ……………………………… 57
二、基于主成分分析法的评估分析 …………………………… 58
第三节 引力扩展模型推导及数据来源 ………………………… 61
一、构建引力扩展模型 ………………………………………… 61

二、模型数据来源 …………………………………… 65
　第四节　"一带一路"亚洲国家基础设施先行的实证研究 …………… 65
　　一、回归结果及分析 …………………………………… 65
　　二、交互项回归及分析 ………………………………… 67
　第五节　"一带一路"亚洲国家基础设施先行的优化配置 …………… 69
　第六节　小结 ………………………………………… 70

第五章　"一带一路"亚洲国家基础设施先行的优化配置：基于企业投资环境优化的需求分析 …………………… 72

　第一节　基础设施先行与沿线亚洲国家企业投资环境优化 …………… 72
　第二节　"一带一路"亚洲国家企业投资环境现状分析 ……………… 73
　　一、亚洲国家经济崛起并成为全球最大 FDI 流入区 …………… 73
　　二、亚洲国家成为"一带一路"沿线 FDI 最大流入区 …………… 75
　　三、亚洲国家是中国在沿线直接投资的最大流入区 …………… 75
　第三节　"一带一路"亚洲国家投资环境的指数化评估 ……………… 76
　　一、评价指标体系的确定 ……………………………… 76
　　二、评价指标权重的确定 ……………………………… 80
　　三、"一带一路"亚洲国家指数化评价结果 …………………… 83
　　四、对指数排序结果进行检验 ………………………… 84
　　五、基础设施先行对企业投资环境影响分析 …………… 85
　第四节　"一带一路"亚洲国家基础设施先行的优化配置 …………… 88
　第五节　小结 ………………………………………… 89

第六章　"一带一路"沿线亚洲国家基础设施先行的优化配置：基于数字基础设施建设水平分析 …………………… 91

　第一节　"一带一路"沿线亚洲国家数字化服务水平测度 …………… 92
　第二节　数字化服务水平对"一带一路"沿线亚洲国家双边贸易影响的实证研究 …………………………………… 95
　　一、模型选择及数据来源 ……………………………… 95
　　二、回归结果及回归分析 ……………………………… 96
　第三节　政策建议 …………………………………… 101

第七章 "一带一路"沿线国家基础设施先行的优化配置：基于产业园区的研究 ……… 103

第一节 "一带一路"沿线产业园区的产业发展现状 ……………… 103
一、中国境外产业园区的发展历程 …………………………… 103
二、"一带一路"沿线境外产业园区的规模和结构特征 ……… 104

第二节 中国产业与"一带一路"沿线国家的相对比较优势 …… 107
一、中国与"一带一路"沿线国家的货物贸易结构特征 ……… 108
二、中国与"一带一路"沿线国家的服务贸易结构特征 ……… 110
三、中国与"一带一路"沿线国家在全球价值链中的地位 …… 111

第三节 "一带一路"沿线重点产业园区筛选及介绍 …………… 114
一、未来重点产业园区的主要合作方向 ……………………… 115
二、"一带一路"沿线重点产业园区的选择 …………………… 115

第八章 "一带一路"亚洲国家基础设施先行的政策规划：基于欧盟跨区域基础设施网络建设的经验启示 ……… 118

第一节 "一带一路"亚洲国家基础设施先行与政策规划 ……… 118
第二节 欧盟跨区域网络建设背景及主要内容 ………………… 119
一、欧盟跨区域网络建设背景 ………………………………… 119
二、欧盟跨区域网络主要内容 ………………………………… 120

第三节 跨欧盟交通网络建设的政策规划 ……………………… 122
一、跨欧盟交通网络的顶层设计 ……………………………… 122
二、跨欧盟交通网络建设在体制机制上的创新 ……………… 125
三、跨欧盟交通网络的优先项目选择机制 …………………… 126
四、跨欧盟交通网络项目融资安排 …………………………… 128
五、跨欧盟交通网络项目评估策略 …………………………… 128

第四节 跨欧盟能源网络建设的政策规划 ……………………… 129
一、欧盟的政策举措 …………………………………………… 130
二、共同利益项目策略 ………………………………………… 131
三、其他政策规划安排 ………………………………………… 132

第五节 给沿线亚洲国家交通基础设施先行政策规划带来的启示 … 132
一、"一带一路"亚洲国家交通基础设施先行的一般原则 …… 132
二、"一带一路"亚洲国家交通基础设施先行的基本步骤 …… 133

三、"一带一路"亚洲国家交通基础设施先行的政策规划 …… 134
第六节　沿线亚洲国家能源基础设施网络政策规划的启示 …… 135
　　一、"一带一路"亚洲国家能源网络的整体规划 …… 135
　　二、"一带一路"亚洲国家能源网络建设的生态性保护 …… 135
　　三、高新技术应用及能源数据中心的建立 …… 136
第七节　小结 …… 136

第九章　"一带一路"亚洲国家基础设施先行的融资结构：
　　　　　基于社会资本参与的研究 …… 137
第一节　沿线亚洲国家基础设施先行与社会资本参与 …… 137
第二节　沿线亚洲国家基础设施先行融资需求 …… 138
　　一、基础设施区域不平衡，建设资金需求巨大 …… 138
　　二、沿线亚洲国家基础设施建设资金需求情况 …… 142
第三节　社会资本在填补资金缺口方面的关键性作用 …… 142
　　一、沿线亚洲主要国家财政赤字严重 …… 143
　　二、国际多边开发机构金融支持有限 …… 143
　　三、社会资本的先天性优势 …… 144
第四节　社会资本参与沿线亚洲国家基础设施建设现状 …… 145
　　一、社会资本参与总量分析 …… 145
　　二、社会资本参与结构分析 …… 146
　　三、社会资本参与模式分析 …… 146
第五节　社会资本参与沿线亚洲国家基础设施建设瓶颈 …… 147
　　一、沿线亚洲国家宏观环境相对较弱 …… 147
　　二、沿线亚洲国家金融市场相对不完善 …… 149
　　三、沿线亚洲国家基础设施开放程度相对较低 …… 150
第六节　"一带一路"亚洲国家基础设施先行的融资安排 …… 151
　　一、维护社会资本投资者合法权益 …… 151
　　二、推进本地金融市场深化和完善 …… 151
　　三、走社会资本和公共资本合作模式 …… 151
　　四、充分发挥亚投行平台功能 …… 152
　　五、促进形成统一的风险监管机制 …… 152
第七节　小结 …… 152

第十章 "一带一路"亚洲国家基础设施先行的融资模式：基于PPP模式的研究 ································ 153
第一节 "一带一路"亚洲国家基础设施先行与PPP模式 ········ 153
第二节 沿线亚洲国家基础设施先行PPP模式现状 ············ 154
一、沿线亚洲国家PPP模式的项目金额分析 ············ 155
二、沿线亚洲国家PPP模式的项目数量分析 ············ 156
三、沿线亚洲国家PPP模式的项目类型和模式分析 ······ 157
第三节 PPP模式成功决定因素的实证分析 ···················· 159
一、变量选择及数据来源 ································ 159
二、实证结果及分析 ···································· 162
第四节 "一带一路"亚洲国家基础设施先行的融资安排 ······ 164
一、加强政府监管水平 ·································· 164
二、加强法律和政策引导水平 ···························· 165
三、优化宏观经济环境 ·································· 165
四、强化与国际多边开发机构合作 ························ 165
第五节 小结 ··· 166

第十一章 总结、展望与策略考量 ······························ 167
第一节 总结 ··· 167
第二节 "一带一路"亚洲国家基础设施先行：展望 ············ 170
一、基础设施先行优化配置展望 ·························· 171
二、基础设施先行政策规划展望 ·························· 172
三、基础设施先行融资安排展望 ·························· 173
第三节 中国在"一带一路"基础设施先行中的策略考量 ········ 174
一、从基础设施先行向基础设施和产业发展并重转变 ······ 174
二、从区域融资供给向全球资金供给转变 ················ 175
三、从基础设施供给向高级制度供给转变 ················ 175

参考文献 ·· 177

附件 ·· 188
附件1 "一带一路"沿线重点产业园区介绍 ···················· 188
附件2 "一带一路"沿线境外产业园区基本情况表 ·············· 203

第一章
绪 论

"一带一路"倡议目前成果丰硕,主要是由于基础设施先行符合沿线国家现实需求。近年来,亚洲国家经济迅速崛起,加之地缘经济等因素,亚洲区域将是共建"一带一路"的核心区域。但是,由于跨区域基础设施建设本身周期长、资金需求量大,加上亚洲国家经济差异明显,使得"一带一路"建设在优化配置、政策规划、融资安排等方面依然存在诸多问题,这将是本书研究分析的重点内容。

第一节 研究背景与意义

"一带一路"倡议从 2013 年被提出,到目前重大项目先后落地,已成为一条引领世界经济和中国经济开放创新的发展之路。基础设施先行是共建"一带一路"的优先领域和基础环节,将极大促进沿线区域政策沟通、贸易畅通、资金流通、人心相通。

一、"一带一路"建设快速推进及意义

"一带一路"倡议从构想,到加快具体项目实施,进展迅速,成果丰硕。在构想阶段:中共十八大后,习近平主席分别于 2013 年 9 月和 10 月,访问哈萨克斯坦和印度尼西亚时提出建设"丝绸之路经济带"和"21 世纪海上丝绸之路"。在紧接着召开的中央周边外交工作座谈会上首次将"一带"与"一路"相提并论,明确要求"要同有关国家共同努力,加快基础设施互联互通,建设丝绸之路经济带、21 世纪海上丝绸之路"。

上升为国家政策阶段:2013 年 11 月,中共十八届三中全会强调"建立开发性金融机构,加快同周边国家和区域基础设施互联互通建设,推进丝绸之路经济带、海上丝绸之路建设,形成全方位开放新格局"。[①]2013 年 12 月,中央

---
① 十八届三中全会《中共中央关于全面深化改革若干重大问题的决定》。

经济工作会议决定"推进丝绸之路经济带建设,抓紧制定战略规划,加强基础设施互联互通建设。建设21世纪海上丝绸之路,加强海上通道互联互通建设,拉紧相互利益纽带。"①此后,"一带一路"由国家发改委、外交部和商务部牵头协调,国家各部委、省区、金融机构、官方和民间机构等迅速投入到"一带一路"倡议规划中来,国内掀起了"一带一路"的第一波热潮。2014年5月,习近平总书记在亚信峰会上指出,中国将同各国一道,加快推进"丝绸之路经济带"和"21世纪海上丝绸之路"建设,尽早启动亚洲基础设施投资银行。2014年9月,丝绸之路9国城市代表共同签署《共建丝绸之路经济带西安共同宣言》。2014年11月,习近平总书记在中央财经领导小组第八次会议上强调,加快推进"丝绸之路经济带"和"21世纪海上丝绸之路"建设,发起成立亚洲基础设施投资银行和设立丝路基金。他还曾表示推进"一带一路"建设,要抓住关键的标志性工程,要帮助有关沿线国家开展本国和区域间交通、电力、电信等基础设施规划,共同推进前期预研,提出一批能够照顾双边、多边利益的项目清单。

加快具体项目实施阶段:2015年2月,推进"一带一路"建设工作会议安排部署了2015年及今后一段时期推进"一带一路"建设的重大事项和重点工作,包括加强对接,健全政府间合作机制,巩固和发展良好的合作态势。发挥自身优势,大力推动基础设施互联互通,统筹推进重大关键项目建设。2015年博鳌亚洲论坛后,《推动共建丝绸之路经济带和21世纪海上丝绸之路的愿景与行动》(后文统称为"愿景与行动")出台,全面介绍了"一带一路"作为对外开放决策的整体愿景和行动规划,明确了各省区在"一带一路"建设中的定位和作用。2015年4月,中央成立"一带一路"领导小组。2015年12月,亚洲基础设施投资银行成立。亚洲基础设施建设投资银行是首个由中国倡议设立的多边金融机构,主要任务是为亚洲基础设施和"一带一路"建设提供资金支持。

写入党章阶段:2016年3月,李克强总理在政府工作报告中,明确提出要扎实推进"一带一路"建设,要统筹国内区域开发开放与国际经济合作,共同打造陆上经济走廊和海上合作支点,建设国际物流大通道,推进边境经济合作区等建设,"一带一路"将成为实现"十三五"规划目标的重要支撑。2017年1月,国家发改委同外交部、环境保护部、交通运输部、水利部、农业部、人民银

---

① 2013年12月10—13日,习近平总书记在北京举行的中央经济工作会议上的讲话内容。

行、国资委、林业局、银监会、能源局、外汇局以及全国工商联、中国铁路总公司等13个部门、单位共同设立"一带一路"PPP工作机制,旨在与沿线国家在基础设施等领域加强合作,积极推广PPP模式,鼓励和帮助中国企业走出去,推动相关基础设施项目尽快落地。2017年5月,"一带一路"国际高端峰会在北京举行,习近平总书记肯定了四年来在"五通"方面的主要成果。同时表示目前以中巴、中蒙俄、新亚欧大陆桥等经济走廊为引领,以陆海空通道和信息高速路为骨架,以铁路、港口、管网等重大工程为依托,一个复合型的基础设施网络正在形成。

2017年10月,习近平总书记在中共十九大上强调:"要以'一带一路'建设为重点,坚持引进来和走出去并重,遵循共商共建共享原则,加强创新能力开放合作,形成陆海内外联动、东西双向互济的开放格局。积极促进'一带一路'国际合作,努力实现政策沟通、设施联通、贸易畅通、资金融通、民心相通,打造国际合作新平台,增添共同发展新动力。"此后,中共第十九次全国代表大会通过了《中国共产党章程(修正案)》的决议,将推进"一带一路"建设写入党章。"一带一路"建设必将为中国在新时代与各方携手共同推动构建新型国际关系,共建人类命运共同体进一步指明方向、提供合作平台,为世界经济发展注入了强劲动力。

"一带一路"之所以能够得到如此快的推进,得到国内外的积极响应,主要是因为"一带一路"顺应了国内及沿线国家经济发展的需要,是解决当今世界最大主题和难题的中国方案。首先,"一带一路"建设核心意义在于各地区之间的协同发展。通过形成发展共识,通过创造发展的软硬件条件,突破发展瓶颈,实现共同发展,其中"五通"集中体现了协同发展的要义。其次,它以项目先行开辟了推进全球化的新路径。"一带一路"倡议覆盖面广,沿线国家差异巨大,"一带一路"本着务实的态度,走了一条项目先行的道路。仅仅四年时间,已经有一大批项目落地,其早期收获明显,起到了很好的示范和辐射效应,为未来"一带一路"建设顺利推进奠定了基础。再次,其秉承包容性发展理念。目前,由于全球经济持续低迷,外加全球利益分配不均衡等因素,贸易保护主义抬头,全球化发展趋势受阻。"一带一路"秉承包容性发展理念,用实际行动来应对逆全球化思潮,为全球化发展指明了发展方向。

总之,"一带一路"顺应时代潮流,引起了沿线各国共鸣。"一带一路"强调加快基础设施联通、贸易畅通、资金融通等,通过制度创新、金融创新等推动国际贸易体系、国际投资体制、国际金融体系等发展和完善,为世界经济增长注入了新的动力,是一条引领世界经济和中国经济开放创新的发展之路。

二、基础设施是"一带一路"建设的优先领域和基础环节

"一带一路"倡议最初是根据沿线国家基础设施建设需要提出的,涵盖了交通、通讯、能源等领域,然后扩展到政策、贸易、金融和文化等领域。可以说,基础设施建设是"一带一路"建设的优先领域和基础环节。只有沿线国家基础设施水平得到提升,投资环境得到改善,才会带动沿线投资和贸易发展。由于基础设施建设自身的需要,加上与之相对应密切的经济往来,会促进沿线国家之间的政策沟通、资金融通和人心相通。"一带一路"沿线基础设施建设基础性作用具体表现在以下几个方面。

一是倒逼制度调整,促进政策沟通。基础设施建设,尤其是大型区域跨国基础设施建设,其建设完成,需要多国参与合作,需要国家间相关政策进行对接,需要国际组织居中协调,需要参与国之间具有政治互信的基础,需要合理的利益分配方案,需要形成各方认可的监管机制等,这就需要构建政府间多层次基础设施政策沟通交流机制,协商解决合作中遇到的问题,需要合作国不断调整国内相关政策,比如项目监管等,将有助于沿线国家政策环境优化,需要引进国际多边开发机构或者借鉴发达国家的经验,然后国内进行消化吸收,进而建立配套政策,调整已经落后的政策等。

二是提高交易效率,促进贸易畅通。基础设施建设,尤其是交通基础设施和通信基础设施建设,其中交通基础设施建设可以提高运输的效率,降低运输成本,缩短运输时间,增加可贸易品范围,促进贸易;通信基础设施建设可以减少信息不对称,有助于培育竞争主体,提高交易效率,促进贸易。此外,基础设施建设,尤其是沿线自贸区的建设和发展,以及交通基础设施网络的构建,会为外商投资提供良好的环境,比如稳定的能源供给、便捷的交通物流和发达的通信设备等,将会推进沿线国家之间的经贸合作,进而以投资带动贸易发展。

三是深化金融合作,促进资金融通。基础设施建设前期需要大量资金,"一带一路"沿线国家基础设施落后,资金缺口比较大,需要政府、国际多边开发机构、社会资本之间相互合作,这就会扩大沿线国家双边本币互换、结算的范围和规模,推动亚洲债券市场的开放和发展等;将会推进沿线国家完善本国金融市场,促进沿线国家金融创新,推进亚洲构建稳定的货币体系、投融资

体系、保险体系、信用体系等。

四是便利沿线人民,促进人员沟通。随着国际大型基础设施项目落地,基础设施网络不断完善,沿线国家经济联系紧密发展,将会使得沿线国家人民之间来往更加频繁。此外,不仅仅是沿线国家居民之间往来变得更加方便,随着沿线国家经济发展,沿线人民具备了往来的物质基础,他们需要相互了解,因此文化交流、媒体合作、学术往来等交流活动也会增加。通过相互了解、沟通和交流,将增加相互之间合作,谋求沿线国家更好的经济发展、更高的生活质量。

三、亚洲国家是"一带一路"基础设施先行的首选和核心区域

"一带一路"两头分别是活跃的东亚经济圈和发达的欧洲经济圈,亚洲国家位于中间的广大腹地,地理位置非常关键,其中,中东地区是全球能源主要生产地,马六甲海峡更是印度洋和太平洋之间联结的重要通道,中国和印度是全球人口最多的国家,东南亚国家因为经济要素相对优势成为世界经济最活跃和最有潜力的地区之一。近几十年来,亚洲国家经济快速崛起,尤其是以中国、印度、东盟为代表的亚洲新兴经济体在全球贸易投资格局中举足轻重,成为推动世界经济发展、维护世界经济稳定的重要力量。[1]因此,正是亚洲国家地理位置和经济地位决定了其在"一带一路"基础设施建设中首选区域和核心区域的定位。正如习近平主席提到的,互联互通是亚洲经济腾飞的两只翅膀的血脉经络,"一带一路"建设也应以亚洲国家为重点,率先现实亚洲互联互通。

历史上,人类四大文明发源地,其中有三个都位于亚洲:两河流域、恒河流域和黄河流域。亚洲曾一度是世界文化、经济和政治中心。随着人类在航海等技术上的突破,亚洲地区的贸易在历史上也曾经非常繁荣,比如古丝绸之路就是当时中国与中亚、印度之间进行丝绸贸易的交通要道。工业革命兴起之后,随着蒸汽技术和电力的普及,亚洲经济在全球经济中仍然占有非常大的比重。根据经济历史学家 Angus Maddison 的研究,有可靠数据表明从 18 世纪初期到 1820 年,亚洲经济总产出占全球产出 80% 以上。[2]但是后来,由于亚洲国家在政治上的衰弱,经济也逐渐下滑。

---

[1] 权衡.亚洲经济崛起具有全球意义[N].人民日报,2015-07-17.
[2] Macdonald S.B., Lemco J., Asia's Rise in the 21st Century[M]. Praeger, 2011:25—40.

"二战"后，亚洲很多国家获得了独立，到了20世纪下半叶，随着与西方国家接触越来越频繁，亚洲国家逐渐转变发展策略，首先在经济上逐渐缩小和西方国家的差距，随之而来的是其在国际政治上的影响力逐渐得到增强。"二战"后，日本在美国的支持下，经济获得高速发展，其经济发展主要模式是在政府引导下，把资本要素聚焦于出口部门，不断提升出口部门经济竞争力，日本的这种发展模式得到了亚洲一些国家的效仿。

到了20世纪70年代，以亚洲"四小龙"为代表的亚洲经济第一波崛起，主要包括中国香港地区和中国台湾地区，以及新加坡、韩国。四个地区经济现状和日本比较相似，虽然都面临人口稠密、本地市场狭小、劳动力成本低廉等问题，但是本地区的人力资本相对其他地区比较发达，自身也愿意学习新东西。周边环境需要他们不断通过经济改革，提高人民收入水平和企业竞争力来提升自身的区域影响力。内外因素促使四个地区积极探索，转变发展模式，积极学习日本等的发展模式。在政策上大力发展外向型经济，积极利用外资，引进先进技术；加大教育投入，提升人力资本水平；同时进行外汇体制改革，实施贸易自由化等举措，并且积极发展基础设施；加上这些地区政治环境比较稳定，距离潜在市场的地理距离比较近等，使得这四个地区也是外资投资亚洲的首选地。基于此，亚洲"四小龙"经济得到了快速发展，迅速进入发达地区行列。

20世纪80年代，"四小虎"代表了亚洲经济的第二波崛起，包括菲律宾、马来西亚、泰国和印度尼西亚。这四个国家积极转变原有经济发展策略，转向"出口导向"的经济政策，使得出口所占国民经济比重持续增加，经济也得到了快速发展。菲律宾在美国扶持下，曾经一度成为亚洲第二富国，仅次于日本，马尼拉被誉为"小纽约"；泰国积极调整产业结构，包括引进技术密集型和附加值高的中轻型工业等，都取得了良好效果，使得电子工业得到了良好发展，经济持续增长；印度尼西亚本身就是东南亚面积最大、人口最多和经济体量最大的国家，在调整经济结构后，经济发展不断提速；马来西亚大力推行出口导向型经济，电子业、制造业和服务业快速发展，从1987年起，连续10年保持8%以上的高速增长。

到了20世纪90年代，中国主导了亚洲经济第三波崛起，中国从1978年就实行了改革开放，到了1990年，中国经济走上了快速发展道路，中国经济快速崛起主要得益于四个方面：一是中国巨大的人口规模带来了潜力巨大的消费市场；二是中国政府对外资的激励政策；三是加入WTO，中国经济进一步扩大了开放度;四是中国相对稳定的国内经济发展环境。目前,中国经济体量仅次于美国,居于世界第二位;在基础设施建设领域,中国高铁运营总里程、高速公路总里程和港口吞吐量均居世界第一位;工农业生产能力大幅提高,220多种主要工农业产品生产能力稳居世界第一位,一些产品甚至出现产能大量过剩;货物贸易也是连续多年居于世界第一位。

到了20世纪90年代中期,由印度、越南、巴基斯坦和缅甸引领了第四波亚洲经济崛起,这四个国家在经济政策方面的显著特点为:都是积极转变经济发展策略,进行市场化改革,包括对国有企业进行改革等,积极融入全球化,使得经济得到了快速发展。尽管亚洲经济崛起过程中,也受到了诸如1997—1998年亚洲金融危机的冲击,但是总体上亚洲经济仍然保持着持续全面的崛起,东西方之间经济差距在逐渐缩小,亚洲国家的政治影响力也在逐渐提高。

根据国际货币基金组织的数据,从2010年,中国经济体量超越日本,连续7年稳居世界第二;工业增加值从2011年起居于世界第一位。整个亚太地区(不包括发达经济体)GDP占全球份额已经从1970年的4.3%增加到2016年的17.9%。在2004年,中国制造业出口第一次超过了日本;在2006年,超过了美国,位居世界第一位。中国总的出口额从1997年1 782亿美元增加到2016年2.2万亿美元。在2010年,中国出口额超过德国,成为世界最大的出口国。目前,印度和印度尼西亚也跻身全球主要经济体行列,韩国也是全球经济规模较大的经济体,并且是经合组织(OECD)成员国之一。

在区域经济层面,亚洲经济一体化水平提升也非常快。根据联合国贸易发展组织数据,亚洲贸易一体化水平从1990年46.0%提升到2016年的57.3%,2016年,欧盟是64.1%,北美是41.3%。根据WTO数据,在贸易政策层面,近年来亚洲国家和非亚洲国家之间的自由贸易协定(FTA)数量增加明显,还有就是不断升级现有的FTA,表明亚洲的开放水平不断提升。根据联合贸易发展组织数据,2016年全球外商直接投资(FDI)有30%流入亚洲,亚洲一直是外国直接投资主要流入地。尽管2016年以来受到全球经济体增长乏力影响,流向亚洲等发展中国家的FDI比重有所减少,但是亚洲FDI最近几年流出占比逐年增加,目前中国已经是世界第二大对外投资国。

在金融市场层面,中国目前是全球最大外汇储备国,大约3万亿美元,也是美国债券主要持有者。与此同时,日本、韩国、新加坡和印度尼西亚等总的外汇储备也超过了2万亿美元,使得亚洲金融影响力非常巨大。这些巨额财富不仅给亚洲金融市场稳定提供了巨大保障,也使得亚洲国家具备了在全球其他地区不断进行经济投资的经济基础。

亚洲国家国际影响力也得到了持续提升,尤其是2008年次贷危机发生后,亚洲国家在稳定全球经济中发挥了重要作用,尤其是中国在稳定全球经济局势中的贡献是不可估量的。正如国际货币基金组织(IMF)常务董事在2010年1月20日举行的亚洲经济论坛上所表示,"亚洲经济正在领导全球经济从金融危机中复苏,未来这一地区经济活力将会在全球经济中持续扮演重要角色"。[①]与此同时,每年召开一次旨在推进全球经济治理体制改革的国际会议成员国从7国集团(G7)到20国集团(G20)转变中,增加了中国、印度、沙特阿拉伯、韩国、印度尼西亚、土耳其6个亚洲国家。2017年,人民币被正式纳入IMF特别提款权(SDR)货币篮子,权重为10.92%。进一步表明了近年来亚洲崛起及亚洲各国在全球角色中的转变。

四、"一带一路"亚洲国家基础设施先行存在的问题

亚洲国家基础设施建设由于覆盖面积广阔,包含国家众多,经济发展水平各异,故基础设施建设水平区域差异明显。在交通基础设施领域,整体上东南亚地区、东亚地区以及中东石油出口国经济相对较好,其交通基础设施建设水平相对较高,而像中亚的内陆国家以及经济发展水平比较落后的国家,其交通基础设施建设水平比较落后。比如泰国,目前只有4 000多千米铁路,每小时运行速度只有30—40千米,运力比较低。[②]在能源基础设施领域,很多国家面临能源短缺现状,尤其是电能,比如巴基斯坦有些工业城市一天只能供电4—6个小时。[③]在通信基础设施领域,随着手机普及,相对较好一些,但是沿线各国在互联网普及上差距还是比较明显的。在地缘政治层面,亚洲国家尤其是中东等地区的,由于宗教、领土等问题使得地区冲突不断,比如中亚阿富汗问题、南亚印巴克什米尔问题、西亚叙利亚问题等。在政治体制层面,亚洲各国政治体制各异,有社会主义制度也有资本主义制度,即使是在资本主义制度中,其具体行政体制也不尽相同,有总统制、共和制、议会制、

---

① Dominique Strauss-Kahn,, 2010—A Year of Transformation for the World and for Asia, [C] paper, International Monetary Fund, Asian Financial Forum, Hong Kong, January 20, 2010, https://www.imf.org/eu/News/Articles/2015/09/28/04/53/spol2010.

②③ 亚洲基础设施建设面临重大资金缺口,亚投行成关注热点[EB],国际在线,http://news.ifeng.com/a/20141125/42558917_0.shtml.

君主制等,这都将对"一带一路"沿线基础设施先行带来不确定性和风险。比如政策连贯性问题——在斯里兰卡,中国同上一届政府签署的投资项目,是否能够通过下一届政府的审核和承认存在不确定性等。

在优化配置层面,基础设施建设水平的区域差异会使得整个亚洲国家基础设施联通性相对不是很强。联通性包括两个层面,既包括基础设施各行业之间的联通性,比如交通、通讯和能源之间的均衡发展,也包括国家之间基础设施的均衡发展,尤其是大型区域基础设施一般需要许多国家参与其中。只有均衡发展,确保每一个环节高效畅通,才能保持其整体的运力和效率,才会有助于区域市场的形成。而亚洲国家经济基础设施差异明显,一些区域基础设施即使已经建成落地,也会由于各国在后续维护等方面差异,使其由于各部分的维护程度不同影响到整个交通系统的通行效率,比如从金边到胡志明市的高速公路项目,柬埔寨部分的维护费用远远低于项目要求的水平,加上随着柬埔寨和越南贸易活动频繁,由于双方对超载的限制力度不同,使得卡车超载现象十分严重,最终因为不同路段不同损毁程度影响到项目的整体运力。[①]此外,由于有些国家出于对国家安全等考虑,一些基础设施领域还没有完全对外开放,比如在能源领域和通信领域,一般都是国有企业垄断,这自然使得其区域联通性水平比较低。

在政策规划层面,由于亚洲国家区域一体化水平远没有达到欧盟水平,故还没有一个超越沿线国家政府的超国家组织如欧盟委员会这样的组织存在,来对整个基础设施建设进行整体规划,并相应地在制度、法律、政策等方面进行安排。其中,在法律制度层面,亚洲部分落后国家法律及监管体系本身不完善,区域基础设施建设涉及担保、合作、特许权等方面时,由于各国法律规定不同使得其面临司法管辖权等问题,比如在印度,特许经营权适用于行政法,而融资贷款协议适用于商法等;在具体基础设施政策标准层面,各国标准不一,比如对环境、拆迁等规定不同;在区域基础设施顶层规划层面,缺少明确的沟通协调机制、区域网络规划方案及相应优先项目。上述政策规划的缺位,带来区域内基础设施建设相关法律、制度和政策等的不统一,最终会表现在基础设施的规划、监管、维护等方面,进而迟滞整个基础设施项目的建设进度,并且会影响其运营效率。

---

① ADB, Kingdom of Cambodia and Socialist Republic of Viet Nam: Greater Mekong Subregion: Phnom Penh to Ho Chi Minh City Highway Project, Manila, 2007.

在融资安排层面，由于基础设施建设资金需求量较大，建设周期较长，建设风险较高，使得"一带一路"沿线亚洲国家基础设施建设资金缺口比较大。根据亚洲开发银行最近报告，整个亚洲国家每年的基础设施建设资金缺口在1.7万亿美元左右。[①] 同时，由于亚洲国家大多数政府面临财政赤字，而国际多边开发机构提供的资金有限，社会资本具备弥补资金缺口的潜在优势。但是由于"一带一路"亚洲国家体制机制不健全，存在腐败等问题；金融市场不是很成熟，风险缓释工具缺失等，使得社会资本缺乏进入基础设施领域进行投资的动力。尽管PPP模式具备这样的潜在可能性，但是由于PPP模式对金融环境、法律制度和专业知识等要求比较高，"一带一路"沿线大部分国家还不具备这些条件，使得目前通过PPP模式进行基础设施投资的资金占比非常低。

第二节 研究内容及研究结构

基础设施先行，需要根据贸易投资需求在行业和地区间进行合理配置，需要政策沟通来提升其建设运营效率，需要资金融通提供融资保障。基于此，本书将以"一带一路"沿线亚洲国家基础设施建设中面临的问题为导向，以区域公共产品供给理论为根基，从优化配置、政策沟通和资金融通三个层面来研究如何促进亚洲国家基础设施先行。

一、研究内容

在研究框架及主要内容上，本书以区域公共产品供给理论为论述的逻辑起点，然后分别从优化投资环境、贸易畅通、数字基础设施、产业园区四个层面来看其对"一带一路"亚洲国家基础设施优化配置的要求，通过基础设施合理的优化配置来减少基础设施后续的需求风险或者市场风险；以欧盟在构建跨欧盟基础设施网络中的相关政策规划作为"一带一路"亚洲国家基础设施网络建设基本原则、顶层设计等政策方面的启示，通过良好的政策设定、制度安排等来减少其政策风险；接着研究"一带一路"亚洲国家基础设施建设的融资安排及PPP模式对融资环境的要求，通过优化融资环境，多元化基础设施供给主体来减少其融资风险；最后在总结全书的基础上，对整个"一带一路"沿线亚洲国家基础设施先行进行展望，并且对中国未来在推进"一带一路"沿线亚洲国家基础设施先行中的考量策略进行论述。

---

① ADB, Meeting Asia's Infrastructure Needs, 2017.

二、研究结构

基于此,全书结构安排如下:第二章是基础设施相关概念及文献综述;第三章是"一带一路"沿线亚洲国家基础设施先行与区域公共产品供给理论的论述;第四章是"一带一路"沿线亚洲国家基础设施先行的优化配置:基于贸易便利化的实证分析;第五章是"一带一路"沿线亚洲国家基础设施先行的优化配置:基于投资环境优化的实证分析;第六章是"一带一路"沿线亚洲国家基础设施先行的优化配置:基于数字基础建设水平的研究;第七章是"一带一路"沿线亚洲国家基础设施先行的优化配置:基于产业园区建设情况的研究;第八章是"一带一路"沿线亚洲国家基础设施先行的政策规划:基于跨欧盟基础设施网络建设的政策启示;第九章是"一带一路"沿线亚洲国家基础设施先行的融资结构:基于社会资本参与的研究;第十章是"一带一路"沿线亚洲国家基础设施先行的融资模式:基于PPP模式的实证研究;第十一章是总结、展望和策略考量。

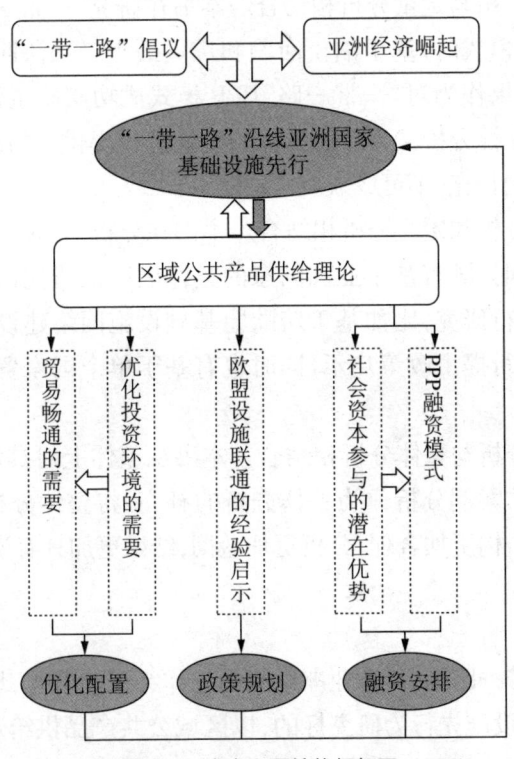

图 1-1 本书主要结构框架图

第三节 研究方法、创新之处及不足之处

本书采取实证分析与规范分析相结合、定性分析与定量分析相结合等多种分析方法,基于区域公共产品供给理念,在重点分析"五通"共同发展理念基础上,从优化配置、政策规划和融合安排三个方面来分析"一带一路"沿线亚洲国家基础设施先行,这是本书的最大特色和亮点。但是,本书在不同数据库数据标准化处理等方面存在不足。

一、研究方法

第一,实证分析与规范分析相结合。本书首先是通过对"一带一路"沿线亚洲国家基础设施建设对其双边贸易和投资环境的影响进行实证分析,回答了贸易便利化和投资环境优化对"一带一路"沿线亚洲国家基础设施行业及区域安排的要求,并且给出基础设施建设所应该采取的建议和措施。

第二,定性分析与定量分析相结合。本书在研究"一带一路"沿线亚洲国家基础设施融资模式时,基于泊松回归和广义最小二乘法回归等定量分析,并把定量分析结果作为对"一带一路"PPP模式成功实施条件定性分析的支撑。与此同时,定性分析又为后面具体的定量分析提供分析的理论基础和指导框架,两者互相补充,不可或缺。

第三,微观分析和宏观分析相结合。本书在分析"一带一路"沿线亚洲国家基础设施先行时,既有基于亚洲国家的整体区域性研究,也有基于单个国家的微观主体进行研究,比如基于跨欧盟基础设施网络建设的经验,对亚洲国家基础设施先行提出政策启示,同时也有基于单个国家贸易、投资和融资环境的研究。

第四,案例分析与整体分析相结合。本书从整体上对具体分析进行全局把握,同时把具体案例分析作为整体分析的补充,将整体分析和案例分析相结合,使得本书结构更加合理,分析更加透彻,结果更加具有说服力。

二、创新之处

本书以"一带一路"倡议和亚洲经济崛起作为研究背景,以"一带一路"沿线亚洲国家基础设施先行为研究标的,以区域公共产品供给理念作为研究的理论基础,基于"五通"共同发展理念,来分析"一带一路"沿线亚洲国家基础

设施先行背后的优化配置、政策规划和融资安排,其本身就是本书的最大创新之处,在具体研究过程中还在几个方面取得了创新性成果。

第一,研究视角的创新。一般文献主要聚焦于基础设施对经济影响的研究,即基础设施是因,经济影响是果。而本书基于区域公共产品供给理论来研究基础设施先行背后的优化配置、政策规划、融资安排,因此,基础设施先行在本书中是果,各种经济效应则为因。

第二,研究方法的创新。本书在研究投资环境时,构建了一套评价指标体系,基于熵值赋权法进行打分排名,然后和客观排名进行相关性分析,不仅证明了熵值赋权法在分析投资环境中的可行性,而且证明了指标体系的客观性。本书在研究双边贸易时,对经典的引力模型进行扩展,这些都是创新之处。

第三,跨学科交叉研究的创新。本书在研究"一带一路"基础设施先行中,涉及国际政治、世界经济和国际金融等相关知识,同时用到计量经济学和统计学的分析方法。

三、不足之处

第一,本书从区域公共产品供给理论研究了基础设施先行的条件,而具体到如何构建"一带一路"沿线亚洲国家基础设施网络,涉及的还是比较少。

第二,因为研究对象和命题不同,用到不同数据库,而不同数据库的数据统计差异,使得不同章节选择的分析对象不一样,比如PPP融资环境的实证分析,主要是基于生产价格指数(PPI)数据,而PPI数据主要是发展中国家的PPP数据,没有发达国家和高收入国家的PPP数据。同时,因为每章分析的侧重点不一样,尽管分析重点是交通基础设施、能源基础设施和通信基础设施,但是每章对三者的侧重也是不同的,选择的指标内容和排名方法不一样,所以全书多次出现基础设施排名。

第三,因为"一带一路"倡议是开放的,具体国家是动态变化的,全书为了便于研究,其研究范围主要基于国家商务部发布的《中国对外投资合作发展报告》里面的"一带一路"国家,并根据研究需要进行选择。

对于上述不足,笔者将在后续研究中,对于没有完成的部分,继续进行深入研究。随着"一带一路"建设的推进,未来研究范围也将会逐渐放开,研究结果将会更加客观和贴近实际。

第二章
文献综述及概念界定

基础设施先行已经有大量文献进行了充分研究,但是聚焦于"一带一路"沿线亚洲区域的研究较少,本章将重点从贸易投资、政策规划和融资安排三个层面对现有文献进行梳理,为本书进一步深化研究提供基础,也为研究方法、研究工具等提供借鉴。

第一节 基础设施先行文献综述

基础设施英文为"infrastructure",由拉丁文"infra"和"structure"组合而成,其最初意思是"构成任何操作系统的装置",引自法语中意思"在建筑路面或者铁路下面的天然材料"。[1]在经济领域,基础设施首先得到发展经济学家的重视,被作为为社会生产提供一般性条件的代表。其中著名的发展经济学先驱罗森斯坦·罗丹在其著作《东欧和东南欧国家的工业化问题》中首次提到"基础设施"这一概念,认为一个社会在进行一般产业投资之前,应该具备基础设施方面的积累,基础设施是社会发展的先行资本。在此之后,基础设施在经济发展中的作用逐渐得到了经济学界的重视,代表性的学者有Rostow、David Alan Aschauer 等。

一、基于贸易投资对基础设施优化配置的研究

随着对基础设施研究的深入,经济学者把基础设施按照功能、项目和行业分成不同类别,并随着研究地域范围扩大(比如在研究区域基础设施网络时)分别研究各种不同类别基础设施及不同地区基础设施对经济发展的影响,此时就存在基础设施在行业、项目和地域上的优化配置问题。Romp 和 De Haan 认为,基础设施配套性比较强,其有效发挥作用依赖于整体状况及网

---

[1] 来自维基百科的注解,https://en.wikipedia.org/wiki/Infrastructure.

络化程度。[1]Deninger 和 Okidi 通过研究 20 世纪 90 年代的乌干达经济得出,改进的基础设施与卫生保健的普及有助于经济增长,但是需要配套的电力、交通及其他基础设施。[2]Kemmerling 和 Stephan 认为,对落后地区进行基础设施投资不仅能够弥补区域差异,还能为日后经济发展做好准备,比如美国西部政府铁路投资使得铁路沿线地区很早就繁荣起来,并催生了众多的"铁路城镇"。[3]Munnell 将基础设施分为核心基础设施如公路和排水系统等以及其他类型的公共资本,通过对美国四十八个州的面板数据进行实证研究得到,核心基础设施对经济发展的促进作用更强。[4]Canning 把基础设施细分为交通基础设施、发电能力和电话网络三个指标,借助变量对数法对 1960 年到 1990 年间不同国家地区的面板数据进行研究发现,电话网络的边际生产率更高等。[5]

在贸易层面,基础设施对贸易的作用主要体现在:一是降低贸易成本,提高交易效率,进而促进国际分工,并带来规模效益,增加贸易总量;二是随着贸易便利化程度的提高,很多因为交通和通信等基础设施落后而没法参与到全球贸易的产品变成可贸易品,可贸易品的范围和参与贸易的国家范围也随之扩大。也正是基于此,不同地区包括不同收入水平国家等对基础设施水平需求不同,对于沿海地区可能更加需要码头等基础设施,对于内陆和低收入地区更需要发展的是铁路和航空基础设施等。Limao 和 Venables 通过内陆国家和沿海国家对比研究发现,基础设施作为代表运输成本的一个重要变量,其对内陆国家而言更加重要。[6]世界银行 2004 年从码头、关税、监管和电子商务四个层面来研究贸易便利化对亚太经济合作组织(APEC)地区贸易量的影响,整个 APEC 地区贸易量的 10% 归因于贸易便利化水平的提高,上面四个变量中,仅码头的贡献率占到 50%。Nordas 和 Piermartini 等[7]利用引力

---

[1] Romp W., J.D.H., Public Capital and Economic Growth: A Critical Survey[J]. Perspektiven Der Wirtschaftspolitik, 2007, 8(S1):6—52.

[2] Deininger K., Okidi J., Growth and Poverty Reduction in Uganda, 1999—2000: Panel Data Evidence[J]. Development Policy Review, 2003, 21(4):481—509.

[3] Kemmerling A., Stephan A., The Contribution of Local Public Infrastructure to Private Productivity and its Political Economy: Evidence from a Panel of Large German Cities[J]. Public Choice, 2002, 113(3—4):403—424.

[4] Munnell A.H., Why Has Productive Growth Declined? Productivity and Public Investment[J]. New England Economic Review, 1990, 30(Jan):3—22.

[5] Canning D., Infrastructure's Contribution to Aggregate Output[J]. Policy Research Working Paper, 1999.

[6] Limão N., Venables A.J., Infrastructure, Geographical Disadvantage, Transport Costs, and Trade[J]. World Bank Economic Review, 2001, 15(3):451—479.

[7] Nordas, Hildegunn Kyvik, Piermartini, Roberta. Infrastructure and Trade[J]. Ssrn Electronic Journal, 2004, 27—1(1):135—159.

模型来进行单项基础设施建设水平(港口、航空运输、铁路和通讯)对贸易量影响的研究,也支持码头效率提升对贸易量增加的作用比较大。[1]Edward 和 Odendal 把基础设施分为港口、航空运输、铁路和通讯,并且对各项基础设施建设水平进行评估,分析不同建筑水平的基础设施对贸易的影响,结果表明两国间水平最低的基础设施对贸易量和运输成本的影响最大。[2]Francois J.和 Manchin M.等将基础设施分为交通基础设施和通信基础设施,采用 1998 年到 2003 年的亚太数据利用引力模型进行实证分析。结果表明:交通基础设施改善 1% 相当于减税 4.5%,通信基础设施改善 1% 相当于减税 1.5%;对于经济条件比较差的国家来讲,交通基础设施对贸易的作用更加明显,而通信基础设施对发达国家贸易促进作用更加明显。[3]

郑荷芬、马淑琴和徐英侠把基础设施分为交通基础设施、能源基础设施、通信基础设施和社会基础设施,利用跨国面板数据来研究其对服务贸易的影响,其中,交通基础设施、能源基础设施和通信基础设施与服务贸易呈正相关关系;社会基础设施中,研发性基础设施对服务贸易的正向促进作用比较明显,而医疗、教育和环保基础设施呈现负向作用。[4]何敏、郭宏宇和竺彩华把基础设施分为交通、通信和能源三大类,采用引力模型来分析基础设施互联互通对中国东盟贸易的影响,其中,通信基础设施对中国东盟双边贸易的影响最大,其次是交通基础设施,而能源基础设施对中国东盟之间双边贸易的影响不是很显著。[5]梁双陆和张梅把基础设施分为航空基础设施、铁路基础设施和通信基础设施三类,利用 McCallum 边界效应模型来检验中国和周边国家贸易的边界效应以及基础设施互联互通对边界效应的影响,其中,航空基础设施对边界效应的消减幅度最大,铁路基础设施和通信基础设施对边界效应的消减较弱。[6]

在投资层面,基础设施建设主要是优化投资环境。影响投资环境的因素

---

[1] Nordas, Hildegunn Kyvik, Piermartini, Roberta., Infrastructure and Trade[J]. Ssrn Electronic Journal, 2004, 27—1(1):135—159.
[2] Edwards L., Odendaal M., Infrastructure, Transport Costs and Trade: A New Approach[J]. TIPS Small Grant Scheme Research Paper Series 2008.
[3] Francois J., Manchin M., Pelkmans-Balaoing A. Regional Integration in Asia: The Role of Infrastructure[J]. Pan-Asian Integration, 2009.
[4] 郑荷芬,马淑琴,徐英侠.基础设施投入对服务贸易结构影响的实证研究——来自跨国面板数据的证据[J].国际贸易问题,2013(5):115—127.
[5] 何敏,郭宏宇,竺彩华.基础设施互联互通对中国东盟贸易的影响——基于引力模型和边界效应模型的研究[J].国际经济合作,2015(9):56—63.
[6] 梁双陆,张梅.基础设施互联互通对我国与周边国家贸易边界效应的影响[J].亚太经济,2016(1):101—106.

包括地理地位、宏观经济状况、法律、人文和基础设施等,基础设施是其中一项比较重要的因素,那么对于不同地域,基础设施发展水平各异,而投资环境是一个整体概念,跟贸易相似,就需要对基础设施在不同地区和不同行业之间进行优化配置。学界对投资环境的研究始于20世纪60年代,主要是把基础设施作为投资环境的一项评价指标,其中,世界经济论坛(WEF)把基础设施、政府效率、企业效率和经济表现一起作为世界各国竞争力评价指标;中国社会科学院和联合国人居署联合出版的《全球城市竞争力报告》中把基础设施、经济表现、健康和营商环境等一起作为评价城市竞争力的指标。Martin和Rogers基于基础设施对工业区位的考察得出,跨国公司倾向于在基础设施较好的国家进行投资。[1]Coughlin等通过分析1981年到1983年美国FDI的决定因素发现交通基础设施能够有效地促进FDI[2]。Wheeler和Mody发现对于发展中国家吸引来自美国FDI,基础设施质量是一个非常重要的变量;而对于基础设施水平已经很高的发达国家,基础设施质量却不是很重要。[3]K.C. Fung和Alicia Garcia-Herrero等把基础设施分为软设施(制度等)和硬设施(交通等),使用1990年到2002年数据对美国、日本和韩国,以及中国香港地区、中国台湾地区的FDI研究得到,透明的制度和深化改革比高速公路和铁路更能吸引FDI。[4]Andre Varella Mollick和Rene Ramos-Duran等把基础设施分为国际基础设施和政府基础设施等,采用1994年到2001年的数据对墨西哥FDI影响因素进行实证分析发现,电话线对FDI影响最大,相关系数为2.0;国际基础设施对FDI的影响要大于国内基础设施。[5]

在数字基础设施层面,最早尝试解释数字化和国际贸易关系的两位作者是Freund和Weinhold,他们选用56个发达国家和发展中国家的1995年到1999年的数据,以注册域名数作为衡量指标,采用传统引力模型来检验互联网渗透率对货物贸易和服务贸易的影响。研究发现,互联网渗透率每提升

---

[1] Martin P., Rogers C.A., Industrial location and public infrastructure[J]. Journal of International Economics, 1995, 39(3—4):335—351.

[2] Coughlin C.C., Terza J.V., Arromdee V.State Characteristics and the Location of Foreign Direct Investment within the United States[J]. Review of Economics & Statistics, 1991, 73(4):675—683.

[3] Wheeler D., Mody A., International investment location decisions: The Case of U.S. Firms[J]. Journal of International Economics, 2004, 33(1—2):57—76.

[4] Fung K.C., Garcia-Herrero A., Iizaka H., et al., Hard or Soft? Institutional Reforms and Infrastructure Spending as Determinants of Foreign Direct Investment in China[J]. Japanese Economic Review, 2005, 56(4):408—416.

[5] Mollick A.V., Ramosduran R., Silvaochoa E., Infrastructure and FDI Inflows into Mexico: A Panel Data Approach[J]. Global Economy Journal, 2006, 6(1).

10%，就能够促进货物和服务贸易增加1%左右。[1]Tang 使用美国1975年到2000年数据来观察通信技术对美国异质产品贸易和同质产品贸易的影响，并且采用固定效应模型对比分析了固定电话、移动电话、互联网、计算机对出口的影响，发现通信技术对美国异质产品贸易有一个显著的积极影响，出口国互联网联通率每提升10%会促使美国异质产品进口增加1%。[2]

Blum 和 Goldfarb 采用引力模型来分析通过互联网所进行交易的数字产品贸易发现，距离对消费者的互联网访问还是会产生影响，但是距离对那些依赖于体验的产品交易所产生的影响是非常有限的，比如音乐、游戏等。[3] Hortacsu 等也得到相似的结论，在数字化时代，距离还是会继续对贸易产生重要影响。[4]Clarke 和 Wallsten 使用101个国家面板数据，并采用工具变量方法来解决采用互联网使用率这个变量替代数字化服务水平所带来的潜在内生性问题，主要观察了互联网渗透率对发达国家和发展中国家贸易所产生的不同影响，其中提高互联网渗透率会促使发展中国家向发达国家出口更多，而反过来则不成立。[5]Vemuri 和 Siddiqi 使用固定效应引力模型做了一个相似的研究，并得到相似的结论。[6]

Mattes 采用1995—2007年欧盟国家的互联网使用率、宽带订购率、移动电话使用率和教育水平四个指标拟合了一个ICT指数，通过控制时间趋势实证分析后发现，信息与通信技术（ICT）指数高于均值的国家在双边贸易额上比在均值以下国家要高出52%。[7]Abeliansky 和 Hilbert 研究1995年至2008年间互联网数量（普及率）和互联网质量（速度）对国际贸易的影响时发现，互联网数量会对国际贸易产生影响，但是互联网质量对发展中国家贸易影响更加显著，主要是因为互联网速度越快，越有助于提升这些国家的市

---

[1] Freund, C. and D.Weinhold, The Effect of the Internet on International Trade, Journal of International Economics, 2004(62):171—189.

[2] Tang L., Communication Costs and Trade of Differentiated Goods[J]. Review of International Economics, 2006, 14(1):15.

[3] Blum B.S., Goldfarb A., Does the Internet Defy the Law of Gravity? [J]. Journal of International Economics, 2006, 70(2):384—405.

[4] Hortacsu A., Martinezjerez F.D.A., Douglas J., The Geography of Trade on eBay and MercadoLibre[J]. Ssrn Electronic Journal, 2006. 6—9.

[5] Clarke G.R.G., Wallsten S.J., Has the Internet Increased Trade? Developed and Developing Country Evidence [J]. Economic Inquiry, 2006, 44(3):465—484.

[6] Vemuri V.K., Siddiqi S., Impact of Commercialization of the Internet on International Trade: A Panel Study Using the Extended Gravity Model[J]. The International Trade Journal, 2009, 23(4):458—484.

[7] Mattes, A., Meinen, P., Pavel, F., Goods Follow Bytes: The Impact of ICT on EU Trade. DIW Working Paper 2012, 1182.

场开放度。[1]此外,Choi[2], Riker[3]和 Benz[4]等不断更新数字化服务指标,比如使用互联网基础设施、互联网使用者等指标来研究,都表明了贸易和数字化服务之间具有显著的正向相关关系。近年来,实证研究开始偏向于基于电商平台比如 eBay 的数据来分析电商平台货物贸易的影响因素。Lendle 等使用引力模型对线上交易和线下交易分析发现,线上交易相对线下交易,距离的作用在减弱,主要是因为搜索成本下降弱化了距离的影响。[5]Kim 等采用个人公司数据同样表明距离在线上交易中的作用在逐渐减弱。[6]

二、基于政策规划对基础设施供给效率的研究

基础设施建设牵扯到的利益部门比较多,比如拆迁、环保等部门,尤其是跨国区域基础设施建设,没有一个强大的中央政府居中协调,这就需要政府内部各部门之间以及不同国家政府之间紧密合作,加强政策沟通,充分发挥政府的主观能动性。亚当·斯密较早提出国家的基本职能就包括"建设并维持某些事业及公共工程",其实就是指基础设施。[7]近代发展经济学家罗森斯坦·罗丹[8]、罗斯托[9]等都认为,基础设施是社会变革、生产力发展和经济成长的条件,政府应该在基础设施建设中发挥主导作用,进而实施经济发展战略和实现社会公平职能。麦克·泰勒指出,没有国家,就不能为人们提供某些特定的公共物品。[10]梭罗非常强调政府在发展中国家基础设施供给的作用。[11]徐曙娜认为,基础设施是国民经济的基础,政府应从基础设施的

---

[1] Abeliansky A.L., Hilbert M., Digital Technology and International Trade: Is It the Quantity of Subscriptions or the Quality of Data Speed that Matters? [J]. Telecommunications Policy, 2016, 41(1).

[2] Choi C., The Effect of the Internet on Service Trade[J]. Economics Letters, 2010, 109(2):0—104.

[3] Riker, D., Internet Use and Openness to Trade, U.S. International Trade Commission No.2014—12c, December 2014.

[4] Benz, S., A.Khanna and H.Nordas, Services and Performance of the Indian Economy: Analysis and Policy Options, OECD Trade Policy Papers, No.196, OECD Publishing, Paris, http://dx.doi.org/10.1787/9259fd54-en, 2017.

[5] Lendle A., Olarreaga M., Schropp S., et al., There Goes Gravity: eBay and the Death of Distance[J]. The Economic Journal, 2016, 126(591):406—441.

[6] Kim T.Y., Dekker R., Heij C., Cross-Border Electronic Commerce: Distance Effects and Express Delivery in European Union Markets[J]. International Journal of Electronic Commerce, 2017, 21(2):184—218.

[7] 亚当·斯密.国民经济与财富的研究下卷[M].北京:商务印书馆,1974:229.

[8] Rosenstein-Rodan P.N., Notes on the Theory of the "Big Push"[J]. C (Massachusetts Institute of Technology. Center for International Studies); No.57—25, 1957.

[9] 罗斯托.从起飞进入持续增长的经济学[M].四川:四川人民出版社,1988.

[10] 宋官东,吴访非,李雪.公共产品市场化的可能与条件[J].社会科学辑刊,2010(6):53—56.

[11] 李建华.我国城市基础设施投融资研究文献综述[J].技术经济与管理研究,2015(9):114—117.

消费方式、生产方式和筹集资金方式三方面对基础设施建设相关环节进行有效干预。①吴庆认为,政府应该在基础设施建设中对未来需求进行预测,并进行总体布局规划,制定基础设施建设的中长期计划等。②王俊豪认为,基础设施产业应该由独家企业或者极少数几家企业垄断经营。③与此同时,世界银行专家 Ramamutri、Ravi 等指出"基础设施以往对经济增长提供服务业绩不佳的基本原因是体制机制激励机制不健全",强调通过商业化管理等方式来改变激励机制。④

对于跨国区域基础设施供给,Moreira 认为,越来越多的国家开始摆脱单纯基于贸易协议的一体化政策,逐渐转向基础设施政策一体化。⑤Haruhiko Kuroda 认为,在区域基础设施供给中,政府仍然扮演重要角色,包括分担风险、建立政策机制和提供直接或者间接资金支持,同时由于强有力政府的缺失,跨国区域基础设施供给需要合理的利益分配和风险分担格局,这就需要一个正式或者非正式的体制安排,比如欧盟委员会等降低利益冲突发生的可能性。⑥李文星和朱凤霞提出,合理的制度安排能够有效地保证各方信息畅通和利益的实现,包括构建科学的组织体系、公平的利益分配机制和完善的法律体制。⑦Fugazza 和 Maur 提出,国际区域基础设施服务对跨境贸易具有非常大的外部性影响,需要政府合作来处理这些外部性和最大化社会收益。⑧

Norplan 在对基础设施的环境影响和社会影响进行评估时,指出要在规划阶段来改善和避免其对环境和社会的影响。⑨Zhang Z.认为,基础设施建设应该注重环境保护,尤其是能源基础设施,需要及时进行环境影响评估和风险评估,然后进行相关激励;对于大型区域项目,需要政府之间进行相互沟通。⑩

---

① 徐曙娜.政府与基础设施、基础产业[J].财经研究,2000(3):54—59.
② 吴庆.政府在基础设施投资中应该发挥的作用[J].财政研究,2001(2):58—60.
③ 王俊豪.我国自然垄断产业民营化改革的若干思考[J].商业经济与管理,2002(1):11—14.
④ Ramamurti R., Vernon R., Privatization and Control of State-owned Enterprises[J]. 1991, 7—75.
⑤ Moreira M. M., Blyde J., Trade and Integration Sector Note[EB]. 2006, Working Paper, https://www.researchgate.net/publication/254421647_trade_and_Integration_Sector_Note.
⑥ Kuroda H., Infrastructure and Regional Cooperation[EB]. Economic Development, 2007, Working Paper, https://www.econstor.eu/handle/10419/53531.
⑦ 李文星,朱凤霞.论区域协调互动中地方政府间合作的科学机制构建[J].经济体制改革,2007(6):128—131.
⑧ Fugazza M., Maur J.C., Non-tariff Barriers in CGE Models: How Useful for Policy? [J]. Journal of Policy Modeling, 2008, 30(3):475—490.
⑨ Norplan, Lao PDR Hydropower Strategic Impact Assessment, Final Report Prepared for Lao PDR Ministry of Industry and Handicrafts and the World Bank, Washington, DC: World Bank. 2004.
⑩ Zhang Z.Institutional and Policy Frameworks for Sustainable Infrastructure[J]. Chapters, 2012, 45—61.

三、基于融资安排对基础设施资金来源的研究

基于基础设施项目一般规模巨大、外部性较强、建设周期长、风险比较高等原因,早期经济学者一般主张基础设施建设主要由政府进行投资。比如凯恩斯强调政府投资基础设施不仅仅是政治需要,更是发展经济的手段。但是现实中由于政府提供基础设施等公共产品和服务中存在"信息不对称""滞后性""政治家短视""预算约束"等问题,使得基础设施供给处于短缺状态,一些经济学者开始主张采用公私合作方式来提供基础设施等公共产品。其中,新公共管理学主张通过引入私人部门竞争机制来提高公共工程和服务的管理绩效,包括建立一个综合运作的市场机制和科层体系等。

(一) 关于基础设施投融资体制改革研究

莱米·普鲁霍梅等将项目划分为可收费项目和不可收费项目,其中收费项目可以采用企业剩余资金,不可收费项目需要靠政府通过税收和借款等形式来筹集资金。[1]E.S.Savas认为私人部门可以通过合同承包、特许经营、补助等形式将资金注入基础设施。[2]上海城市财经大学投资研究所在上海市基础设施投融资体制研究中,指出对项目区分理论忽视是传统体制失败的根源。[3]建设部课题组认为,基础设施传统投融资体制的问题在于政府越位和市场缺位,需要进行基础设施投融资体制机制改革。[4]杨军指出,传统上以税收和收税作为基础设施建设主要资金来源,将会产生代际不公等社会问题,削弱政府信用,应当利用市场机制来动员民间资本和外资来解决中国基础设施发展滞后和资金缺口问题。[5]刘立峰指出,城市基础设施依赖型融资模式会使得政府债务规模庞大、银行风险加重。[6]许骏在对中国基础设施融资现状进行研究的基础上,建议中国基础设施通过发行股票和债券以及基金等新形式来筹集资金。[7]黄如宝和王奋伟认为,融资租赁在基础设施项目融资中具有广阔的应用前景。[8]张启智和初海英分析梳理了发达国家基础设施投资中先进的投资方

---

[1] 潘胜强.城市基础设施建设投融资管理及其绩效评价[D].湖南大学,2007.
[2] Savas E.S., Competition and Choice in New York City. Social Services[J]. Public Administration Review, 2002, 62(1):82—91.
[3] 上海财经大学投资研究所.2003中国投资发展报告:转轨经济中的政府投资研究[M].上海:上海财经大学出版社,2003.
[4] 建设部课题组.中国城市基础设施投融资体制改革研究报告[M].北京:中国建筑工业出版社,2002.
[5] 杨军.基础设施投资论[M].北京:中国经济出版社,2003.
[6] 刘立峰.国债政策可持续性及财政风险度量[J].宏观经济研究,2001(8):42—45.
[7] 许骏.浅谈我国基础设施建设融资方式[J].新疆金融,2003(7):12—14.
[8] 黄如宝,王奋伟.融资租赁在基础设施项目融资中的应用分析[J].建设监理,2003(1):66—67.

式。[1]杜洪涛和黄立军通过研究表明当前基础设施建设资金供给不足的原因是由于缺少融资主体,需要政府吸引私人资金投入基础设施项目中。[2]Inderst G.通过对养老基金投资基础设施的投资方式、投资收益确定、投资风险类型等进行分析后发现,养老基金以私募股权基金形式对基础设施进行投资是一个可行性方案。[3]Bhattacharyay认为,亚洲国家应该将庞大的储蓄资金用于基础设施建设,但是需要强化国家和地区债券市场。[4]何文虎认为,当下基础设施建设存在融资缺口大、融资模式创新与融资需求对接乏力、地方政府融资平台问题较多等现状,应该成立基础设施投资银行。[5]裴长洪认为,区域性基础设施具有准公共产品的性质,其融资具有挑战性。[6]严成樑和龚六堂认为,私人部门应该投资于外部性较小的基础设施项目,政府应该注重外部性较大的基础设施项目。[7]

(二) 关于PPP模式进行基础设施融资研究

PPP模式最早出现在英国,于20世纪90年代初期在英国得到广泛应用,逐渐被瑞典、希腊、爱尔兰等国采用。在亚洲地区,新加坡、韩国,以及中国台湾地区、中国香港地区四个地区首先把PPP模式应用到基础设施领域。目前,韩国在这方面做得比较好。韩国在1994年就以法律形式对PPP进行规范,同时,韩国也是亚洲地区PPP市场最成熟的国家。

PPP的经济效应主要是创新社会资本和政府之间的合作模式,为基础设施建设提供资金和技术等,从而拓宽基础设施存量,并改变其质量,最终促进经济发展。Trujillo等发现,私人资本通过PPP等形式参与交通基础设施建设,会对人均收入有积极的影响。[8]Mona Hammami等发现PPP模式通过引入市场力量,增加竞争程度,从而减少由政府部门单独提供基础设施的低效性。[9]

---

[1] 张启智,初海英.城市公共基础设施投融资方式比较研究[J].财经理论研究,2006(5):73—76.
[2] 杜洪涛,黄立军.刍议城市基础设施向民间融资的趋势[J].西南金融,2007(10):36—38.
[3] Inderst G., Pension Fund Investment in Infrastructure[J]. Social Science Electronic Publishing, 2009, 7(2): 89—99.
[4] Bhattacharyay B.N., Financing Asia's Infrastructure: Modes of Development and Integration of Asian Financial Markets[J]. Ssrn Electronic Journal, 2015(2010.16).
[5] 何文虎.我国城市基础设施融资平台创新:基础设施融资银行[J].金融理论与实践,2014(2):23—29.
[6] 裴长洪.全球经济治理、公共品与中国扩大开放[J].经济研究,2014(3):4—19.
[7] 严成樑,龚六堂.基础设施投资应向民间资本开放吗?[J].经济科学,2014,36(6):41—52.
[8] Trujillo, L., N.Martin, A.Estache, and J.Campos, Macroeconomic Effects of Private Sector Participation in Latin America's Infrastructure. Policy Research Working Paper Series 2906. World Bank, 2002.
[9] Hammami M., Ruhashyankiko J.F., Yehoue E.B., Determinants of Public-Private Partnerships in Infrastructure[EB], Working Paper, https://www.imf.org/external/pubs/ft/wp/2006/wp0699.pdf.

Yescombe 提出，PPP 模式不仅为基础设施建设提供资金，还包括其他增值服务，有助于缩短项目时间，降低建筑成本。[1]Kim 发现，在 1997—1998 年的亚洲金融危机期间，如果没有 PPP 的促进作用，韩国基础设施投资会大幅度下降，因为不断上升的失业率和扩张的金融重组成本会不断压缩基础设施投资的资金来源。[2]Lee 通过 PPP 投资占 GDP 比重来计算发现，在 PPP 投资热潮后会有一个较高的实际人均资本增长率，这主要归因于 PPP 项目带来的较高资本支出。[3]此外，PPP 模式通过改善基础设施，加速要素流动，使得劳动力从低效率和低收益部门流向高收益、高效率部门。[4]

尽管 PPP 有上述经济效应，但是 PPP 成功实施也是需要一定条件的。Dailami 和 Klein 认为，当国家信用评级和宏观经济条件改善时，PPP 项目能够吸引更多的社会投资者，获得更多的投资。[5]Pistor、Raiser 和 Gelfer 认为，法制机构效率对 PPP 吸纳社会资本的影响远远超过书面上法律文字所产生的影响。[6]Hammami 发现，拥有大量自然资源的国家，其基础设施建设倾向于更少地采用 PPP 模式，主要是因为他们从自然资源上获得资金为基础设施提供资金。[7]Sharma 发现，体制机制越不完善的政府越倾向于用自有资金进行基础设施建设。[8]Albalate、Bel 和 Gedes 发现，通过加强 PPP 法律规范有利于促进社会资本参与到基础设施建设中来。[9]Villaruel 和 Gaspar 认为，随着一些恶劣的气候比如风暴、洪水、泥石流、热浪和干旱变得越来越频繁和激烈，基础设施资产容易受到气候风险的影响。[10]Hyun、Park 和 Tian 发现，宏观经

---

[1] Yescombe, E.R., Public-Private Partnerships Principles of Policy and Finance. Elsevier, 2007.

[2] Kim, J.H.Performance Evaluation and Best Practice of Public-Private Partnerships. Korea Development Institute, 2011.

[3] Lee, M.X. Han, R.Gaspar, and E. Alano, Deriving Macroeconomic Benefits from Public-Private Partnerships. Asian Development Bank, 2017a.

[4] McMillan, M. and D.Rodrik, Globalization, Structural Change and Productivity Growth. NBER Working Paper 17143. National Bureau of Economic Research, 2011.

[5] Dailami, Mansoor, Michael Klein, Government Support to Private Infrastructure Projects in Emerging Markets, Policy Research Working Paper, No.1688, 1997.

[6] Pistor K., Raiser M., Gelfer S., Law and Finance in Transition Economies[J]. Economics of Transition, 2000, 8(2):325—368.

[7] Hammami M., Ruhashyankiko J.F., Yehoue E.B., Determinants of Public-Private Partnerships in Infrastructure[J]. Social Science Electronic Publishing, 2006, 06(99).

[8] Sharma C., Determinants of PPP in Infrastructure in Developing Economies[J]. Transforming Government People Process & Policy, 2012, 6(2):149—166.

[9] Albalate, D., G.Bel, and R.R.Geddes, Do Public-Private Partnership Enabling Laws Increase Private Investment in Infrastructure? 2015.

[10] Lee, M.M., L. Villaruel, and R.Gaspar, Effects of Temperature Shocks on Economic Growth and Welfare in Asia. Asian Development Bank, 2016.

济增长和通货膨胀率是决定 PPP 项目是否成功的最主要因素。[1]Banerjee 分析发展中国家体制机制对 PPP 产生影响;[2]Reside 和 Mendoza 聚焦于亚洲国家 PPP 影响因素的实证分析等。[3]

此外,基础设施建设最终是为广大居民提供服务,并且在基础设施建设过程中存在拆迁等问题,也会涉及居民的切身利益,增加民心沟通会获得居民的理解和支持,有助于项目的顺利推进。一个层面是居民对项目本身的理解。如 Yergin 和 Ziff 表明,居民可能因为对环境问题担心,会对整个项目产生一种消极态度,这种潜在的抵抗情绪,会拖延整个项目或者使得项目被取消。[4]Dukert 表示,即便居民的反对发生在很小的范围内,也会阻碍项目的进行,因此需要制定和实施外联和传播策略,旨在教育大众来获得公众的支持。[5]另外一个层面是对于区域基础设施项目。如贺方彬认为,对于"一带一路"倡议,中国作为发起国,沿线国家对中国推动这一倡议存在疑虑、曲解和误判等;优化"一带一路"的对外传播,对于顺利推进"一带一路"实施,具有重要意义。[6]Willem 和 Jorge 提出,欧盟目前能源市场开放程度比较低的主要原因,是国家对能源安全的担忧——尽管跨欧盟能源网络构建能够提高各国能源安全——使得能源网络建设水平比较落后。[7]

四、"一带一路"亚洲国家基础设施先行的研究

直接以"一带一路"沿线亚洲国家基础设施先行为研究标的的文献还是比较少的,目前学术界对此研究处于刚刚起步阶段,少量研究也主要聚焦于"一带一路"沿线基础设施建设的融资供给问题。王刚认为,在"一带一路"建设中,其金融需求主要特点是资金需求量大、投资回报期长、多国多币种的跨

---

[1] Hyun, S., D.Park, and S.Tian, Determinants of Public-Private Partnerships in Infrastructure in Asia: Implications for Capital Market Development. Asian Development Bank, 2017.
[2] Banerjee S.G., Oetzel J.M., Ranganathan R.Private Provision of Infrastructure in Emerging Markets: Do Institutions Matter? [J]. Development Policy Review, 2010, 24(2):175—202.
[3] Reside R.E., Jr, Mendoza A.M., et al., Determinants of Outcomes of Public-Private Partnerships(PPP) in Infrastructure in Asia[J]. Up School of Economics Discussion Papers, 2010.
[4] Ziff P., Yergin D., Moving Toward Dialogue: Challenges in Canada—U.S. Energy Trade[J]. Woodrow Wilson International Centre for Scholarsthe Canada Institute on North American Issues, 2004.
[5] Dukert J.M., North American Energy: at Long Last, One Continent[J]. Center for Strategic & International Studies, 2005.
[6] 贺方彬.沿线国家对"一带一路"倡议的认知及启示[J].青海社会科学,2017(4):26—35.
[7] Geest W.V.D., Núñez-Ferrer J., Managing Regional Infrastructure: European Union Institutional Structures and Best Practices[J]. Chapters, 2012.

境合作等特点,需要加强跨境金融合作比如整体规划和总体规划等。[①]夏彩云和贺瑞通过对"一带一路"沿线国家的主权信用等级进行研究后发现,沿线国家主权信用等级跨度大,这种区域发展不平衡阻碍了"一带一路"下的金融合作。[②]李淼认为,"一带一路"沿线基础设施建设融资规模大、建设周期长、资金回收期长,国际多边开发银行很难满足其资金需求。[③]缪林燕认为,由于"一带一路"沿线国家经济不发达,金融系统相对落后,需要充分发挥各类资金的自身优势,创新投资模式,来为"一带一路"基础设施项目提供有效的金融服务。[④]刘芬认为,尽管目前已经成立了亚洲基础设施投资银行,但是"一带一路"沿线基础设施建设资金缺口巨大,仍然需要沿线国家多措并举来解决好"一带一路"建设的融资问题。[⑤]陈锐和谭英双认为,"一带一路"基础设施项目投资与合作需要在互利互惠的基础上,不断完善利益分配机制和风险控制机制,通过多方合作来实现基础设施建设的合作共赢。[⑥]

五、国内外研究现状评述

通过上述文献梳理可以得到:一是不同地区对不同基础设施行业需要是不同的,合理的基础设施优化配置可以有效地发挥整个基础设施网络的经济效应,包括提高双边贸易便利度和优化投资环境;二是对于区域基础设施而言,更多是主权国家之间的合作,因此,合理的制度安排如利益分配机制和风险控制机制等能够有效地减少基础设施供给中的阻力,提高基础设施供给的效率;三是基础设施建设存在资金需求量大、建设周期长等问题,多元化投资主体不仅有利于增加资金供给,还能够很好地分散风险,但是需要良好的外部环境;四是"一带一路"建设由于沿线国家发展不平衡,使得融资面临很多困难,需要在互惠互利基础上,多方合作来增加基础设施供给。

另外,上述文献也为本书研究提供了研究方法和研究理论上的借鉴价值。本书是在现有文献研究基础之上,通过对原有模型进行扩展、改进和完善来对"一带一路"亚洲国家基础设施先行这个新标的进行研究,比如在基础设施先行和双边贸易的实证研究中,关于引力模型作为贸易分析工具一直受

---

① 王刚.新形势下"一带一路"的金融支持主导作用分析[J].时代金融,2015(20):40—42.
② 夏彩云,贺瑞."一带一路"战略下区域金融合作研究[J].新金融,2015(7):34—38.
③ 李淼.构筑"一带一路"绿色金融大动脉[J].中国战略新兴产业,2015(18):26—29.
④ 缪林燕.创新多样化融资模式合力推进"一带一路"发展[J].中国勘察设计,2015(5):37—41.
⑤ 刘芬.对"一带一路"建设融资需求的几点思考[J].国际工程与劳务,2015(6):45—46.
⑥ 陈锐,谭英双."一带一路"基础设施项目投资及其省际操作[J].改革,2017(8).

到质疑，[1]但是大量的中外文献从理论和实证层面证明了引力模型在分析国际贸易中的可行性，而且通过对引力模型进行扩展，可使其更加完善。此外，文献中关于基础设施先行的优化配置、政策规划、融资安排的论述和研究视角，也对本书确定研究视角、进行理论论述和构建行文逻辑等都具有很大的启示意义。

第二节 基础设施先行的概念综述及概念界定

基础设施先行是经济起飞的基础条件，本节将重点对其公共产品属性、网络属性、整体属性和自然垄断属性等进行论述。

一、基础设施概念及内涵

随着经济社会发展，基础设施的内涵也处在不断变化完善中，直到现在仍然没有一个公认的标准的基础设施定义。经济学界对基础设施在经济发展中的作用给予足够关注的是发展经济学家，其中，卢森斯坦·罗丹提出"社会先行资本"，其实就是现在的基础设施。社会先行资本包括电力、运输、通讯之类的基础工业，是整个社会经济的基础设施结构，由整个国民经济总体分摊其成本。[2]此后，纳克斯和乔德赫里分别对卢森斯坦的论述进行了扩展。罗根纳·纳克斯认为，社会先行资本除了包括铁路、公路、电信系统、电力和供水等，还应该包括学校和医院等，其主要用来提高私人资本的投资回报率。[3]姆利纳尔·达塔乔德赫里把基础设施概念分为两个层次，分别为广义基础设施和狭义基础设施，狭义基础设施是指公用事业的"硬件"，比如运输、通讯、电力生产与供应，也包括供水排污等城市基础设施和农业灌溉系统等农业基础设施；广义基础设施除了狭义基础设施所包括的内容外，还包括教育、科学研究、环境保护和公共卫生等。[4]

艾伯特·赫希曼在其《经济发展战略》一书中对基础设施进行了深刻的分析，他把基础设施归为社会间接资本，是进行一次、二次和三次产业活动不

---

[1] 朱道才,吴信国,郑杰.经济研究中引力模型的应用综述[J].云南财经大学学报,2008(5):19—24.
[2] 罗森斯坦·罗丹."大推进"理论笔记[A].载 H.S.埃利斯.拉丁美洲的经济发展[C].纽约:圣马丁出版社,1966.
[3] Blelloch D., Problems of Capital Formation in Underdeveloped Countries, by Ragnar Nurske[J]. Punjab University Economist, 1966, 2(4):1—23.
[4] 转引.李强.基础设施投资与经济增长的关系研究[J].改革与战略,2010, 26(9):55—57+71.

可或缺的基本服务。基础设施在广义上应该包括法律、秩序、教育、公共卫生、运输通信、动力、供水、灌溉、排水系统等所有公共服务；狭义基础设施主要指港口设备、公路、水力发电等，其中交通和动力是基础设施的核心。此外，基础设施一般具有技术不可分割性、投资规模大、收益慢且低、建设周期长等特点。[1]日本学者南亮进在研究基础设施时也认为，基础设施应划归为社会间接资本，主要以通讯和运输为代表。

舒尔茨和贝尔克认为，基础设施主要分为两大类：核心基础设施和人文基础设施。其中，核心基础设施主要是指交通和电力，具备提高物质资本和土地生产力的作用；人文基础设施主要包括卫生保健和教育等，能够有效地提高劳动力的生产率。[2]美国经济学家W.罗斯托把基础设施理解为"社会基础资本"，是经济起飞的前提条件之一，因此，在经济起飞之前或者起飞阶段的国家需要把总投资中很大一部分用于运输和其他基础性投资，他还总结社会基础资本具有建设和回报周期长、一次性投资规模巨大等特点。[3]

世界银行发布的《1994年世界发展报告》，分析了基础设施与发展的关系，将基础设施定义为永久性工程构筑、设备、设施，以及他们所提供的为居民所用和企业所用的经济生产条件和服务，主要包括三部分：一是公共设施，电力、电信、自来水、卫生设施与排污、固体废弃物的收集与处理及管道煤气等；二是公共工程，公路、大坝、灌溉和排水用的渠道工程等；三是其他交通部门，城市与城市间铁路、市内交通、港口、机场和航道等，基础设施一般都在不同程度上存在规模经济、使用者和非使用者之间的利益溢出效应等。[4]

中国关于基础设施的研究整体上是相对较晚的，始于20世纪80年代。钱家骏、毛立本两位学者最先在中国经济理论界引入"基础结构"概念。他们认为，"基础结构"是向社会所有商业生产部门提供基本服务的部门，包括运输、通信、动力、供水以及教育科研、卫生等部门，各行各业都不能离开这些"基础结构"，狭义基础设施主要指运输、电力和通信等有形部门，广义基础设施还包括教育、科研和卫生等无形部门。[5]于光远把基础设施定义为生产、流通等部门提供服务的运输、通讯、动力、仓储、文化、教育等部门或设施。刘景

---

[1] 赫希曼,曹征海.经济发展战略[M].北京:经济科学出版社,1992.
[2] 王丽辉.基础设施概念的演绎与发展[J].中外企业家,2010(4):28—29.
[3] 罗斯托.经济增长的阶段——非共产党宣言[M].北京:中国社会科学出版社,1900.
[4] 世界银行,毛晓威.1994年世界发展报告[M].北京:中国财政经济出版社,1994.
[5] 钱家骏,毛立本.要重视国民经济基础结构的研究和改善[J].经济管理,1981(3):12—15.

林把基础设施分为生产性基础设施、生活性基础设施和社会性基础设施三类,并认为基础设施是为发展生产和保证生活供应创造共同条件而提供公共服务的部门、设施和机构的总体。[1]杨治指出基础设施是由政府拨款或者是由国家机关及国有企业通过种种方式筹措资金来形成投资的资产,并且认为生产发展需要和基础设施发展水平保持平衡。[2]樊纲把经济性基础设施和基础工业统称为基础部门,其中,经济性基础设施包括交通运输、邮电通讯和电力等部门。[3]魏礼群认为,基础设施是国民经济的重要组成部门,是为社会生产和人民生活提供基础产品和服务的,是一切经济和社会活动的载体,主要包括交通运输、通讯、水利和城市供排水、供气、供电等公用设施。[4]唐建新、杨军认为,基础设施是指为直接生产活动以及满足人民基本需要,实现可持续发展提供共同条件和公共服务的设施和机构,包括交通运输、通信、水利、动力、排水、排污等设施,以及教育、医疗保健、法律、秩序、公共卫生、环境保护等系统。[5]

通过上述梳理可以发现,基础设施所包括的种类越来越齐全,范围越来越广阔。关于基础设施的具体分类除了核心和非核心、广义和狭义、经济和社会等之外,还包括根据不同产业进行分类,比如农业基础设施、工业基础设施和服务业基础设施等;根据基础设施范围又分为国际基础设施和国内基础设施等。关于基础设施内容从交通和电力等核心基础设施发展到法律、秩序、教育、环境保护等社会基础设施。但是目前被学术界广泛接受、权威性最高的定义是来自世界银行在《1994 年世界发展报告》中对基础设施的定义。

二、基础设施先行概念界定

结合前文关于基础设施概念的综述、本书的写作背景和写作目的以及《愿景与行动》的内容,本书把基础设施分为四大类。一是交通基础设施,主要包括铁路、公路、航空、海运等物流系统,为客运和货运提供基本服务,缩短经济距离,有助于共同市场的形成;二是能源基础设施,包括石油和天然气管道、高压输电线、储能设备等,主要保证电力供应,为人们基本生活和企业生产活动提供所需要的能源;三是通信基础设施,包括电话通信、互联网和通信

---

[1] 刘景林.论基础结构[J].中国社会科学,1983(1):73—87.
[2] 杨治.产业经济学导论[M].北京:中国人民大学出版社,1985.
[3] 樊纲.论"基础瓶颈"[J].财经科学,1990(5):8—12.
[4] 魏礼群.加快计划和投资体制改革的契机 启示与思路[J].宏观经济研究,1993(9):1—9.
[5] 唐建新,杨军.基础设施与经济发展——理论与对策[M].武汉:武汉大学出版社,2002.

设施等,主要是提供信息服务,减少信息不对称;四是社会基础设施,主要是和居民生活息息相关,比如自来水、公共卫生、治安、法律和环境等。其中,交通基础设施、能源基础设施和通信基础设施一般是呈现区域性,为贸易投资等经济活动提供基础性服务,是基础设施最为核心的部分,也是本书分析的重点。需要特别说明的是在后文论述中,如果没有特别注明,所提到的基础设施都只包括交通基础设施、通信基础设施和能源基础设施三者或者其中一两项。另外,城市、产业园区和经贸合作区等一般是基础设施线路及不同类型基础设施的主要汇聚区和关键节点,能够把基础设施不同类型汇集在一起,比如公路、铁路、码头和航空等。

根据前文对本书基础设施概念的界定,基础设施先行基于基础设施的基本属性,是一国经济发展的重要组成部分,需要先于其他产业进行建设,为其他产业发展提供基础性服务,为经济起飞提供初始条件。在"一带一路"建设中,基础设施先行具体表现为基础设施建设是政策沟通、贸易畅通、资金融通和人心相通的基础领域。基础设施先行应该具有以下几个主要属性:

一是基础设施先行的公共产品属性。基础设施主要是为生产和生活提供基础性服务,是其他部门赖以进行生产的基础性条件,比如交通、通讯、动力设施等,都是第一、第二和第三产业活动得以进行的前提和基础。尽管其种类繁多,但是从排他性和竞争性来看,交通基础设施、通信基础设施和能源基础设施三者都是公共产品。尽管可能存在交通拥堵等现象,但是并不影响其非排他性属性,只是需要增加基础设施供给,就能满足使用的公平性。

二是基础设施先行的网络属性。各种基础设施项目不是孤立的,而是相关联,组成基础设施网络,才能够更好地发挥基础设施的经济属性。这种网络属性不仅表现在不同基础设施项目之间,比如铁路、公路、码头、航空、电信和能源之间,也包括不同国家和地区之间区域网络的形成,进而有助于区域市场形成和区域要素流动。

三是基础设施先行的整体属性。基础设施建设等由于规模庞大,牵扯的相关部门比较多,比如土地拆迁相关部门、环境部门、金融部门等,对其他配套服务要求比较高,也只有配套服务到位了,整个基础设施建设才能够进行。此外,基础设施建设经济效益只有在基础设施整体水平提升的基础上才能发挥出来,适用于"木桶理论",即其整体经济效率取决于建设水平最弱的环节。因此,基础设施建设应该注重关键薄弱环节的打通来提高整体先行的效率。

四是基础设施先行的自然垄断性。其垄断性主要体现在以下几个方面。首先,基础设施建设带来的巨大沉淀成本,比如在基础设施建筑过程,需要建立相关能源、材料等输送网络,需要大量的投资;在基础设施建成后,基础设施资产具有耐用性、专用性和非流动性,因而不易出售或者转作他用,形成了巨大沉淀成本,这种沉淀成本也从客观上阻碍其他投资者进入,会形成自然垄断。其次,基础设施规模的经济性。基于基础设施庞大的固定成本,一旦建成,所提供服务的成本会随着服务数量增加而下降,这也使得基础设施具有自然垄断属性。但是随着技术进步,一些领域基础设施的垄断性也会不断发生相对变化,比如20世纪90年代以来,公路和航空等运输效率和运量的提升,使得铁路运输相对优势逐渐衰减,"铁老大"的威风不再;互联网和智能手机的普及,使得报纸等行业丧失了原有对信息的垄断地位。

第三节 基础设施先行的融资模式、工具和风险

基础设施建设资金需求规模大,需要相应的融资工具进行支持。本节将重点对基础设施建设中的融资模式、融资工具和融资风险进行梳理。

一、基础设施先行的主要融资模式介绍

基础设施先行的融资模式根据资金来源分为纯公共资本运作模式、纯社会资本运作模式、公共资本和社会资本联合运作模式。其中,纯公共资本运作模式是传统基础设施先行的资金运作模式,主要是由政府运作,包括基础设施建筑和运营阶段,但是会有财政约束、腐败和管理低效等问题,其优势是融资成本相对比较低。纯社会资本运作模式是整个基础设施建筑和运营都是由社会资本运作,其优点就是高效,但是因为基础设施的高风险属性,纯社会资本运作也比较稀少。目前,主要是社会资本和公共资本联合运作模式,一方面,政府参与其中,具有担保性质,会降低一些宏观风险;另一方面,社会资本参与其中,在建设和运营阶段更加高效。

公共资本和社会资本(PPP模式)根据在基础设施建设不同阶段风险和收益分配情况,又具有不同合作模式,其中包括建设—拥有—运营—转让(BOOT)、建设—拥有—运营(BOO)、建设—运营—转让(BOT)、建设—租赁—转让(BLT)、建设—转让—拥有(BTO)等。其中BOOT模式就是社会资本负责基础设施的建筑和运营,在一定时期后基础设施根据相关合同转移到

公共部门;和 BOOT 模式相比,BOO 模式就是后期不会把基础设施所有权转移到公共部门,而是社会资本一直拥有所有权;BLT 模式是在基础设施建成后,把所有权转让,获得租金,一段时间后,再转移给政府部门;BOT 模式主要是维护原有的老旧基础设施,然后运营一段时间,再转移给公共部门;BTO 模式是基础设施在建成后,把所有权转交给公共部门,但是社会资本负责运营,运营费用由政府支付。

根据融资载体是否是经济实体,基础设施融资模式又分为企业融资和项目融资。企业融资主要是由企业自身的资产、权益和预期收益来为基础设施先行进行融资,一般是大型建筑公司等通过银行贷款、发债或者股权融资等。而项目融资是一种以项目未来收益和资产作为偿还贷款的资金来源和安全保障的融资方式,一般首先需要成立一个特殊法律实体(SPV),这就需要参与者具备非常强的基础设施运营能力和风险控制能力,一般通过项目债务、项目股权等形式进行融资。

根据融资的具体形式,基础设施的融资模式又分为债券融资、股权融资和夹层融资(见表 2-1)。一般情况,在项目初始阶段和建筑阶段主要是通过大型建筑公司或者政府进行股权融资,很少有基金或者债券参与到基础设施项目的初始阶段。最近有一些直接股权投资者像保险公司和私募基金等开始参与其中。在项目运营阶段,开始产生现金流,风险开始下降后,此时才开始通过债券融资。

表 2-1 基础设施常见的融资模式及其特征和融资工具介绍

融资模式	特 征	风险/收益	具体工具
股权融资	融资不需要抵押物,投资者以出资额购买一定股权,一般分为上市股份和非上市股份,上市股份一般不参与管理,非上市股份因拥有相对集中股权一般直接拥有所有权、控股权和运营权,收益主要来自分红,或者通过股权交易获得收益	风险比较高,收益也比较高	上市基础设施公司,上市基础设施基金,MLPs、REITs 和 IITs、Yieldcos,非上市直接股权投资,非上市的基础设施股权基金
债务融资	融资一般需要抵押物,也有少数信用比较好的大公司凭借自身信用融资,到期后需要还本付息,或者通过债券转让赚取差价。可以直接贷款,也可以发行债券。一般银行借款期限比较短,而债券包括长期债券	风险比较小,收益比较稳定	中央债券、地方政府债券及其他次级主权债券,银行贷款、银团贷款,公司债券,项目债券,伊斯兰债券,债务基金等
混合融资	是股权融资和债务融资的桥梁,同时具备两者的特性	风险和收益居中	夹层、次级债,可转债、优先股等

• 资料来源:OECD, Infrastructure Financing Instruments and Incentives, 2015。

二、几种典型基础设施融资工具介绍

主权债券和次级主权债券主要是由中央政府、地方政府或者其他次级主权实体比如国家开发银行等政府支持机构发行。政府通过发行主权债券为基础设施融资是比较传统的渠道，一般期限比较长，风险比较低。鉴于此，主权债券和次级主权债券在投资资产组合中都会占有一定比重。尽管主权债券或者次级主权债券一般风险比较低，但是仍然需要政府具有稳定的政局、强大的经济实力和财政实力作保证。

银团贷款主要是在银行之间发起的一种联合投资策略。银行之间之所以进行联合投资，一方面，银行贷款一般具有限额，单个银行很难满足基础设施建设对资金的庞大需求，所以多个银行一起联合投资能够满足资金需要；另一方面，整个贷款过程只需要和一家银行对接就可以，融资成本比较低，尤其是国际银团，还会提供不同国家货币组合贷款等便利条件。此外，多家银行联合贷款，可以有效分散风险。

伊斯兰债券主张对特定资产或者特定收益权的所有权而非现金流，所以又不同于一般债券。在伊斯兰债券发行中，伊斯兰开发银行为伊斯兰债券发行提供协助和信用支持。目前，随着亚洲巨大的融资需求不断上升，以及伊斯兰债券不断成熟，政府对伊斯兰债券的支持和认可度不断增加，伊斯兰债券发行量不断增大。

资产支持型证券化是通过资本市场直接卖给投资者基础设施支持型债券，不是对某一经营实体利益的要求权，而是对基础设施资产池产生的现金流和剩余权益的要求权。其中代表性的一种就是，银行把资产负债表中一部分基础设施贷款，一般是根据基础设施贷款的规模、区域、信贷质量和截止日期等，通过发行不同等级债券，然后直接卖给投资者，银行获得现金流，从而提高资产流动性，分散风险。

债务基金是普通合伙人把有限合伙人的资金通过债务工具直接投资于基础设施项目。和直接借款相比，两者的资金来源和渠道不同。但是都是绕过银行，其中债务基金是以资产管理人作为普通合伙人全权负责项目筛选和监管。但是债务基金也有自己的缺点：一是只是针对预先商定的特定投资项目进行投资，灵活性比较差；二是普通合伙人收取的费用比较高，所以债务基金比较适合养老金和保险公司等机构投资者。

夹层借款尽管是债务工具，但是拥有债权和股权双重特征，具有在融资中为优等债券提供信用增级的作用。因此,风险比高等债券高,收益也比较高。对于基础设施项目,很容易发生监管变化和新技术出现等现象,风险比较高,一方面股权融资很难,另一方面发起人不大愿意稀释自己的股份。因此,通过夹层借款就很好地解决这个问题。

可转债和优先股主要也是为项目提供信用增级,都属于次级债务类。其中,可转债相当于嵌入了看涨期权,其实是为债券提供一个下行保护,主要适用于快速成长的基础设施项目,预期未来股票价格上涨。优先股相当于永续债,相比普通股票具有优先权,并且股息稳定,不受公司业绩的影响。

公募基础设施股权和公募基础设施基金,主要是在证券交易所发行。其中,基础设施公司将公司资产证券化,通过投资者认购股份筹集资金。这里面有一个问题就是基础设施公司的界定问题,很多大型上市公司,并不全部进行基础设施建设,也从事一些竞争性服务。基础设施基金主要通过基金管理人负责挑选资产,散户通过购买基金份额来投资于基础设施。但是公开市场交易具有一个显著的弱点,就是基础设施需要长期投资,而公开市场的频繁交易会增加上市公司股价和基金的波动性。

私募基础设施基金是指不在公开市场上自由交易投资于基础设施的基金份额。一般是机构投资者作为有限合伙人购买私募基础设施基金份额,基金管理人代表有限合伙人负责把资产投资到各种基础设施资产上。整个费用主要由基础设施项目的投资期限决定,一般10年或者更长。其中,基金普通合伙人和有限合伙人之间是以收益率为导向在整个投资期进行定期分配,或者在基金期末进行分配。一般成本比较高。

三、基础设施先行主要融资风险介绍

基础设施融资模式的选择主要是依据其基础设施自身所面临的风险来确定。基础设施融资风险主要来自两个方面:一是宏观的客观风险,包括政治风险和宏观经济风险等,一般不由基础设施项目自身决定,因国家和地区而异;二是基础设施项目自身设计、建设和运营阶段微观的主观风险,比如技术风险等。而最终具体融资模式的选择需要综合考量宏观的客观风险和微观的主观风险。

首先,政治风险,主要包括三个方面:一是一国政局的稳定程度和政策持续性,比如因为基础设施建设周期较长,整个建设运营过程中会遇到原政策是否得到换届政府的认可和支持等问题;二是发生恐怖袭击或者战争的可能性,一旦发生,整个基础设施建设会面临瘫痪等风险;三是基础设施建设过程中的贪污腐败风险,使得基础设施建设面临质量风险。一般而言,政治风险会伴随整个基础设施建设过程,尤其是在项目开发阶段,如果政治风险得不到很好的缓解,社会资本根本不会进入。

其次,宏观经济风险,包括了需求风险、通货膨胀风险、实际利率风险、汇率风险、债务风险等。汇率风险主要会使得外国投资者因汇率波动面临不确定性带来的风险;而实际利率和通胀风险,会使得基础设施建设成本改变,使得建设面临再融资和债务重组风险;债务风险会影响一国的信用评级,继而会影响项目的后续再融资问题,这些主要体现在基础设施建设阶段。而需求风险主要体现在基础设施建设成功的运营阶段,能否产生稳定的现金流问题。

再次,技术风险,主要由项目复杂程度、建筑商和管理方的专业程度等决定。比如大型桥梁和高海拔隧道工程,都需要大型并且具备先进设备和雄厚资金实力的建筑公司才能完成,主要体现在基础设施建筑阶段,还包括在运营阶段,是否具有专业的运营管理经验保证基础设施具有很高的运营效率。

第四节　基础设施先行的 PPP 运作模式

随着全球经济的发展,对基础设施的需要也在不断增强,而鉴于政府预算限制和财政资金的有限性,PPP 模式自 20 世纪 90 年代被广泛用来为基础设施等大型项目进行融资。当然私人部门参与到大型基础设施建设,并不仅仅是提供资金,更重要的是把部分风险从政府转移到私人部门,未来的项目回报主要依赖于项目的最终表现,从而会促使私人部门把创新、技术和管理等经济要素融入基础设施项目,促使整个项目高效率地完成,并且具备很好的质量。但是,与此同时,PPP 并不是万能的,只有在得到很好管理和规范的条件下,处理好私人部门承担的风险和回报之间的平衡点,PPP 才能最终为用户提供有效的基础设施服务,同时为私人部门提供很好的投资机会,也为政府提供一个超越自身财政资金限制来扩展财政能力的机会。

一、传统政府融资和 PPP 融资模式对比分析

PPP 的最终模式因具体项目、具体政府和私人部门风险分配情况而千差万别,但是并不是所有项目都适合采用 PPP 融资模式,传统政府融资模式也将会为 PPP 模式提供一个衡量标准,只有当 PPP 模式带来的效率和项目质

量远远超过传统融资模式时,PPP 模式才是最合适的选择。

在传统政府融资模式里面,政府或者政府代理机构是整个基础设施项目建设的核心,政府通过一套行政机构系统在基础设施整个设计、建筑和运营阶段,选择不同的公司来完成,所有资金都由政府提供,政府承担全部的风险,并负责基础设施的运营和管理。因为政府有国家信用作保证,一般能够以很低的成本完成融资过程,但是整个项目建筑和运营阶段,可能因为存在腐败等现象,带来基础设施项目质量差、延期等问题。

在 PPP 融资模式中,整个项目的设计、建筑、运营、维护等各个阶段都交给一个 SPV 来负责,它是整个项目的核心。政府在整个基础设施建设过程中主要进行监督,在项目建成后,根据项目的表现,向 SPV 付款或者授予 SPV 向用户收费的特权,在合同期结束后,政府从 SPV 接手整个项目。相比传统的政府融资模式,PPP 融资模式具有以下几个方面的优势:

一是项目更加高效。首先,在 PPP 准备阶段,所有的项目参与方都需要进行公开的竞标,一般拥有较好声誉和竞争力的企业能够竞标成功,并且这种相互竞争关系会互相施压,有助于提高项目效率,确保价格更具有吸引力。其次,PPP 合同一般会包括基础设施项目的设计、建筑、运营和维护等阶段,合同期比较长。一方面,这会促使私人部门遵守合同的规定,对项目质量进行更加严格的把关;另一方面,会减少因为政府和私人部门之间信息不对称带来的无效性。

二是项目更加合理化。因为私人部门最终回报是依赖于项目表现,包括用户使用情况等,会促使私人部门在设计阶段进行更加仔细的项目前期调研和设计,会使得基础设施项目更加合理,为用户提供更好的服务。

三是项目更加灵活。在整个项目设计、建筑、运营和维护过程中,政府角色主要是监督,私人部门可以自主灵活地安排整个项目的设计、建筑、运营和维护各个阶段,有助于私人部门从整个项目视角来管理整个基础设施项目,比如各个阶段的对接,以及在各个阶段上合理分配时间和成本,也有助于私人部门引进一些很好的管理经验和创新技术。

二、几种 PPP 经典模式

根据私人部门在基础设施项目各个阶段所承担的风险以及最终的私人部门获得支付的形式,PPP 主要分为服务外包、管理外包、BOT、DBFO 和 BOO 五种模式。

服务外包是主要是指由政府投资,然后把整个项目中的一项或者几项服务外包给私人部门,私人部门按照规定完成任务,满足合同规定的标准后,政府部门支付相关费用。服务外包一般风险比较小,时间比较短,这种方式主要是获得私人部门在某些方面的专业技术服务。

管理外包主要是把项目的运营和管理部分外包给私人部门,政府会根据私人部门的运营和管理中的比例支付其相应费用,一般时间也比较短,但是可以根据具体情况适当延期。风险也比较小,因为投资和融资风险都由政府承担。

BOT(建筑—运营—移交)模式是指政府向私人部门开放其部门领域,包括项目设计、建筑和运营阶段。一般是政府在确定BOT项目建设后,制定出项目建设所要达到的标准和细节,由私人部门负责整个项目的设计、建设、运营,在运营一段时间后,移交给政府。BOT模式是PPP项目最常见的一种模式,一般需要私人部门具备长期投资的资本实力以及整合项目各个部门和在预算内完成项目内容的能力。BOT模式根据在运营期内项目的所有权形式分为BLOT(建设—租赁—运营—移交)模式和BOOT(建设—拥有—运营—移交)模式,两者的差别是后者在一定时期内拥有项目的所有权,可以进行项目的抵押贷款和上市融资等。此外,BOT的衍生模式包括BT(建设—移交)模式、BTO(建设—移交—运营)模式等。

DBFO(设计—建设—融资—运营)模式,和BOT模式比起来,在DBFO模式中,政府把融资以特许经营的方式转移给私人部门,私人部门负责这个项目设计、建筑、融资和运营,因此私人部门几乎承担了基础设施项目的全部风险。但是基础设施的所有权在特许经营期结束后,仍然属于政府。私人部门通过向用户收费或者政府支付的形式获得收入。一般特许经营期比较长,在25~30年时间。

BOO(建设—拥有—运营)模式,相比BOT模式和DBFO模式,它是一个基础设施项目私有化的过程。在整个项目建成后,政府把项目卖给私人部门,私人部门拥有整个项目的最终所有权。但是政府也需要通过一些渠道来对基础设施项目进行监管,来避免垄断价格和价格歧视等问题。

通过对上面几种PPP模式的分析,结合图2-1,从服务外包模式、管理外包模式、BOT模式、DBFO模式到BOO模式,项目的风险和项目所有权逐步由政府部门转移到私人部门。那么在具体基础设施建设时,应该选择哪种模式呢?应该综合考虑一国的政策、法律和社会环境,PPP市场的成熟度,项目本身对资金和技术的需要等来选择最适合的 PPP 模式。比如 BOT 模式和 DBFO 模式就需要项目所在国具有成熟的 PPP 市场。

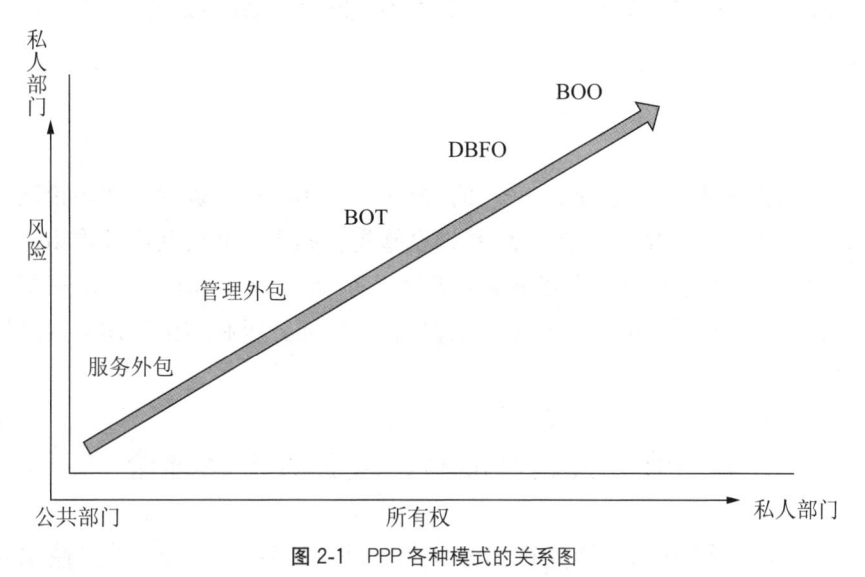

图 2-1　PPP 各种模式的关系图

• 资料来源：作者整理。

第五节　小　　结

基础设施投入作为社会先行资本很早就得到了经济学者的重视和研究，本章分别从贸易投资、政策规划和融资安排三个层面对基础设施先行的相关文献进行梳理，这些文献在分析方法、分析视角、理论论述和行文逻辑等方面为本章提供了很好的借鉴。本章在分析了其他文献对基础设施的定义后，结合本书的分析标的，对本书中的基础设施、基础概念进行了界定。本书所分析的基础设施是狭义上的交通基础设施、通信基础设施、能源基础设施，与此同时由于后续各章的分析侧重点不同，其所选择的基础设施行业也有所不同。本章接着介绍了基础设施先行的主要融资模式、融资工具和融资风险，以及 PPP 运作模式，为后续章节的相关论述做好铺垫。

第三章
基础设施先行与区域公共产品供给理论

本章将从基础设施产品生产目的、公共产品属性和投资主体性质论证基础设施属于公共产品,"一带一路"基础设施先行属于区域公共产品供给。进一步,基于区域公共产品供给理论从优化配置、政策规划和融资安排来梳理"一带一路"基础设施先行的理论基础,为后文实证分析和理论论述奠定理论基础。

第一节 公共产品与区域公共产品理论

"一带一路"基础设施先行契合公共产品供给理论,因此,需要遵循受益人支付原则,体现公共和公正的原则,还要具有包容性和协商性等特点,能够直接反映区域各成员国的收益偏好,这样才能更加契合区域发展需要。

一、公共产品理论

公共产品思想启蒙于英国学者霍布斯。在此之后,休谟、斯密、穆勒等都进一步发展了公共产品思想。而公共产品思想的核心是区分市场和政府的界限,公共产品成为公共经济学的核心概念和研究对象。目前,被广泛接受的公共产品概念是由萨缪尔森在1954年提出的,他将产品分为私人消费品和集体消费品,其中集体消费品也就是公共产品表示的是每个人对一种产品的消费,并不影响或者减少其他人对该产品的消费,即非竞争性原则。[1]在萨缪尔森的基础上,马斯格雷夫1959年进行了进一步完善,又把集体消费品分为公共产品和有益产品,其中有益产品具有强制性消费的特点,比如九年义务教育,消费者对此类产品没有选择权,也就是通常意义上的非排他性。至此,

---

[1] Samuelson, P.A., The Pure Theory of Public Expenditure[J]. Review of Economics & Statistics, 1954, 36(4):387—389.

非竞争性和非排他性成为一种产品是否是公共产品的判断标准。[①]

除此之外，布坎南 1968 年从物品供给机制对公共产品重新进行诠释，认为一些物品和服务是通过市场制度实现供给和需求，而另外一些是通过政治制度实现供给与需求，前者为私人产品，后者为公共产品。相比于之前公共产品属性论述，其更加强调公共产品组织制度的内涵。[②]Michael Pickhardt 指出任何消费品都可以根据消费模式分为竞争性的和非竞争性的，凡是被非竞争性地加以消费的产品为公共产品。新制度经济学派的巴泽尔则认为，产品本身并不是天然地分为私人产品和公共产品，而是个人根据产权界定的边际收益和边际成本比较来选择产品是公共产品还是私人产品，或者是混合产品。[③]德姆塞茨也认为，产品本身的技术属性不会产生排他性，公共产品的非排他性主要取决于产权的界定。[④]除了上述主流思想外，还有一些其他值得肯定的思想存在，比如 Ver Eecke 认为，公共产品本身没有实质性内容，是一个抽象的、理想化概念，其判断标准主要是根据分析的角度和方法。[⑤]

在现实中，公共产品依据不同划分标准分成各种各样的类型，比如按照非竞争性和非排他性分为纯公共产品、私人产品和准公共产品；按照公共产品的空间范围分为国际公共产品、全国性公共产品、地方性公共产品和社区性公共产品；按照存在的形态又可分为有形的物质性公共产品和无形的精神性或服务性公共产品；另外还包括根据公共产品使用领域和提供主体等进行的分类。其中，按照公共产品存在的形态，许彬把公共产品分为五类：第一类是资源形态，如海域、矿产资源等自然资源；第二类是物质形态，如桥梁、公园等满足人们需要的公共产品；第三类是服务形态，如教育、天气预报、国防等公共服务；第四类是制度形态，如法律等以条文形式存在的公共产品；第五类是文化形态，分为物质文化、精神文化和制度文化三类，具有公共、共享等特点。[⑥]

总之，公共产品具备非竞争性和非排他性的基本特征，主要用来满足社

[①] Musgrave, R.A., The Voluntary Exchange Theory of Public Economy[J]. Quarterly Journal of Economics, 1939, 53(2):213—237.
[②] Buchanan, J., The demand and supply of public goods[J]. Immunology Today, 1968, 51(1):844—846.
[③] Pickhardt, M.A., Classroom Game Course for Teaching Public Goods Theory[J]. International Advances in Economic Research, 2001, 7(1):167.
[④] Demsetz, H., The Private Production of Public Goods[J]. Journal of Law & Economics, 1970, 13(2):293—306.
[⑤] Eecke, W.V., Public Goods: An Ideal Concept[J]. The Journal of Socio-Economics, 1999, 28(2):139—156.
[⑥] 许彬.公共经济学导论：以公共产品为中心的一种研究[M].哈尔滨：黑龙江人民出版社,2003.

会公共需要，实现全社会资源配置效率最大化，着眼于社会整体利益和长远利益，保证人类社会得以存续和可持续发展。

二、区域公共产品理论

区域公共产品是从国际公共产品理论中衍生出来的。早在20世纪60年代，学术界就开始在国际层次上对公共产品问题进行研究，比如前面提到的奥尔森最早提出"国际公共产品"概念，并从集体物品角度分析了国家组织问题等。[①]桑德勒从公共产品角度讨论分析了相关国际政治经济学问题，如国际环境和卫生等。[②]直到 Kaul、Grunberg 和 Stern 才给"国际公共产品"下了一个比较完整的定义。根据其定义国际公共产品应该具备三个基本特征：一是国际公共产品受益者突破了国家、地区和集团等界限，非常广泛；二是任何国民都可以获益，并且是非竞争和非排他的；三是国际公共产品能够使得多代人从中获益。[③]除了 Kaul 外，世界银行经济学家 Wellenius 等认为，国际公共产品是一种跨越国界的物品、资源、服务、规则系统或者整体体制等，具有很强的外部性，对发展和减贫都很重要，并且只有发达国家和发展中国家合作才能够有效地提供国际公共产品。[④]

国际公共产品又分为两类，一类是全球公共产品，另一类是区域公共产品。由于存在搭便车等行为，全球公共产品供给处于短缺状态，正如奥尔森在《集体行动的逻辑》中的论述：集团越大，它所提供的集体物品数量会低于最优数量。相对于全球公共产品，区域公共产品搭便车数量相对较少，更有利于区域公共产品的供给，并且在一定程度上缓解了公共产品供给不足的状态，是全球公共产品的一种补充。

目前，由于区域公共产品主要针对的是区域国家面临的具体问题，其涉及的范围非常广阔，不仅包括货币与金融、贸易与投资等，还体现在能源的开发与利用、环境保护等。在具体形式上，把许彬对公共产品的分类扩展到区域公共产品领域，具体包括了区域资源类公共产品（如石油、天然气等）、区域物资产品类公共产品（如跨境天然气管道、电力网、公路等）、区域服务类公

[①] 曼瑟尔·奥尔森，集体行动的逻辑[M].上海：格致出版社，2014.
[②] Sandler, Todd, The Theory and Structures of International Political Economy[M]. Westview Press, 1980.
[③] Kaul, I., Grunberg, I., Stern, M.A.Defining Global Public Goods[J]. Global Public Goods International Co-operation in Century, 1999, 30(3):2—20.
[④] Wellenius, B., Foster, V., Malmbergcalvo, C., Private Provision of Rural Infrastructure Services: Competing for Subsidies[J]. Policy Research Working Paper, 2004, 9(2):208—217.

产品(如跨境技术培训等)、区域制度类公共产品(如区域节能认证等)、区域文化类公共产品(如区域宗教和艺术等)。①

三、区域公共产品供给理论

区域公共产品供给是指经由特定社会主体以区域公共产品形式,通过一定体制机制将其配置给区域各成员国,并以此来满足区域经济共同需要的一个动态过程。区域公共产品供给反映的是社会资源的再分配,但是它同时由于供给主体、客体和外部环境以及各子系统之间的相互关系又是一个复杂性系统工程,包括区域公共产品在不同生产目的和作用之间进行合理配置问题,区域公共产品的供给效率和政策安排问题,以及区域公共产品的供给主体选择问题。最终它以一种合理高效的方式来满足区域内社会各成员国的不同需要。

由于区域公共产品是为了满足区域内各成员国的需求偏好,需要建立在区域内各国相互协商的基础上,并且没有负担区域公共产品开支的国家不在区域公共产品的受益范围之内,成本收益路径相对比较清晰,能够有效地克服搭便车现象。但是区域公共产品供给存在一些约束,尤其是发展中国家表现更为突出。如桑德勒认为,发展中国家区域公共产品供给受到以下几个方面的约束:一是区域公共产品受益者缺乏特定的政治身份,很难监管;二是由于难以识别区域公共产品的受益者,使得其获得的贷款等有限;三是区域公共产品所产生的外溢性并不能全部惠及供给国;四是发展中国家组成的集团中缺乏具有领导性质的大国;五是攻击者之间的竞争会减少区域公共产品的供给;六是语言、地理等会阻碍区域公共产品的供给;七是区域性公共产品的融资路径有限。②

赫什利弗和科恩斯根据区域公共产品的类型和供给方式,把区域公共产品分为纯公共产品、不纯公共产品、俱乐部产品和联合产品四类,然后进行汇总。③汇总方法取决于区域公共产品类型。第一种方法是直接加总法,如区域河流治理,每个国家清除的污染物数量决定了治污总量;第二种方法是根据

---

① 胡爱清.东盟能源安全合作研究:区域公共产品视角[D].暨南大学,2014.
② Adger, W.N., Global Challenges: An Approach to Environmental, Political, and Economic Problems by Todd Sandler[J]. American Political Science Review, 1998, 92(2):234—509.
③ Hirshleifer, J., From Weakest-link to Best-shot: The Voluntary Provision of Public Goods[J]. Public Choice, 1983, 41(3):371—386.

各国努力程度决定的权重来确定区域公共产品总体水平;第三种方法是最弱环节决定了整个区域公共产品供给的有效水平;第四种方法是最佳表现者决定了区域公共产品供给的水平;第五种方法是由于最佳表现者的不完美,需要其他次佳表现者补充完善。

总之,区域公共产品供给遵循受益人支付原则,并且承担相应成本和风险,体现了公共和公正的原则,同时,由于区域公共产品是成员国之间协调一致提供的,具有包容性和协商性特点,能够直接反映区域各成员国的收益偏好,更加契合区域发展需要。

第二节 基础设施区域公共产品属性界定

目前,关于基础设施的公共产品属性,由于基础设施所包含的种类较多,很难界定,本节将主要就本书的分析标的即交通基础设施、通信基础设施和能源基础设施的公共产品属性进行分析。很多文献都把交通、能源和通信认为是准公共产品,介于纯公共产品和私人产品之间的混合产品,主要是因为基础设施存在拥挤现象。陆志淳提出了从交通基础设施的本身性质来判断交通基础设施的公共属性。[①]本节借助陆志淳教授的研究视角,对基础设施(交通、能源和通信)的公共产品属性进行重新界定。

一、基于基础设施产品生产目的分析

一种商品是公共产品还是私人产品,与其生产目的紧密相连,其中公共产品是以社会大众的利益为目标,社会需要决定了公共产品的出现,而私人产品以满足私人消费为目标。公共产品一旦生产出来,应当是全体成员或者大多数成员同时受益的。一是基础设施能够满足公众的日常生活需要,现在无论是交通基础设施、通信基础设施还是能源基础设施,都是人民日常住行所必须的。比如交通基础设施能够满足人类运输活动的需要,帮助人类实现位移,而运输活动对交通基础设施产生需要,使得几乎所有的社会群体、组织和个体都能够使用和消费;现在与通信服务有关通信基础设施生产活动也遍及人民生活的方方面面;能源基础设施更是人们日常生活所离不开的。二是基础设施能够保障经济要素区域流动,促进区域经济发展,比如 Banister 和

[①] 陆志淳.交通基础设施的公共产品属性探析[J].经济与管理,2013,27(3):79—85.

Berechman 认为,当交通基础设施建成运营后,会通过网络可达性搭建通行渠道,使贸易往来更加便捷,降低出行成本,通过乘数效应来促进经济增长[①];Nadiri 和 Nandi 肯定了电信基础设施对生产力和经济增长的贡献,他们认为,电信基础设施的不断完善可以起到压缩生产、消费等经济活动所需要的时间以及政府决策和社会服务等所需的时间,提高社会经济活动效率,从而实现经济增长,提高生活质量。[②]与此同时,区域基础设施能够促进区域内要素流动,促进区域一体化市场的形成,对于区域经济的发展也非常重要。

基础设施的生产目的具有极强的公益性和公共需求性,在国民经济中起到基础性作用和推动作用,能够加速经济要素的流动,促进区域市场的形成,具有广泛的社会影响和经济支撑功能。因此,基础设施完全符合公共产品在经济社会中存在的目的和机理。

二、基于基础设施公共产品属性的分析

为了更加准确地分析基础设施,本书从公共产品的非竞争性和非排他性属性进行分析。对于一般基础设施而言,一个消费者进入,不会也不能排斥其他消费者使用该基础设施,以一条公路为例,任何消费者对这条公路的消费数量都是相等的,具有非排他性。在竞争性层面,一个消费者消费结束后,新增消费者的社会边际成本为零,即一个消费者消费不会限制其他消费者消费该产品,消费者之间不存在竞争关系。此外,无论是交通基础设施、通信基础设施还是能源基础设施都不能划分成多份分给消费者,所有消费者只能共享和消费这些基础设施产品。因此,可见基础设施具备非排他性和非竞争性,还具有不可分割性,都属于公共产品范畴。

基础设施使用中会出现一些拥挤现象,比如公路上出现的堵车现象、太多消费者使用网络会使得网速下降现象、太多人用电也会出现电力不够等现象。一些学者依据这种拥堵现象,认为基础设施产品在使用过程中存在竞争行为,所以把基础设施产品划分为准公共产品,比如李春根和廖清成[③]、王建伟[④]等。但是他们被拥堵这种表象所误导,而忽视了拥堵产生的机理。消费

---

① Banister, D., Berechman, Y., Transport Investment and the Promotion of Economic Growth[J]. Journal of Transport Geography, 2001, 9(3):209—218.
② M.Ishaq Nadiri, Banani Nandi, Benefits of Communications Infrastructure Capital in U.S. Economy[J]. Economics of Innovation & New Technology, 2001, 10(2—3):89—107.
③ 李春根,廖清成.公共经济学[M].武汉:华中科技大学出版社,2007.
④ 王建伟.公路运输经济管制[M].北京:中国财政经济出版社,2007.

者使用基础设施并不是最终目的,基础设施只是消费者实现其他消费行为的一个载体,但是消费者又必须依赖于基础设施这种实体形式。基础设施这一消费机理,使得对基础设施消费不是占有性消费,而是通过式消费。按照这个机理,基础设施不应该出现拥堵现象,而事实上却是出现了拥堵,主要是因为:一是基础设施供给不足,不能满足大众消费需求;二是基础设施体系不健全,以公路为例,设卡太多、收费通道太少等会造成拥堵;三是搭便车现象比较普遍,造成过度消费,也可能会带来拥挤现象发生;四是人们的生活习惯造成的,比如每天上班高峰期的交通拥堵、晚上在家用电高峰和网速流量高峰等。

而上述问题都可以通过相应方式进行解决,在基础设施产品供给充分的情况下,并不会发生拥堵现象,即使发生了拥堵,也只是发生效率损失,而不会影响基础设施的消费,不会产生竞争性和排他性。

三、基于基础设施投资主体性质的分析

基础设施有的是由社会资本建设而成,以收费形式进行运营,会被误认为是私人产品。对于私人产品而言,最重要的是通过购买行为获得其所有权,如果不发生再次交易,其他消费者无法拥有或者消费这一产品,而对于基础设施产品,即使社会资本进行投资,其产权属于国有或受国家监管。而对于私人投资者对基础设施收费行为,只要收取的费用低于其所获得的收益,一般不会限制某些消费行为,不会显著地增加基础设施的竞争性,更不会改变基础设施的基本性质。可以说,社会资本投资基础设施,这是一定的社会历史时期内公共产品投资多元化的一种形式,是基础设施进行资源配置的一种手段。

四、"一带一路"基础设施先行与区域公共产品供给

从区域公共产品特征来看,整个"一带一路"倡议是非排他性的和非竞争性的,本身就是一种区域公共产品。根据《愿景与行动》内容,"一带一路"建设旨在"促进经济要素有序流动、资源高效配置和市场深度融合,推动沿线各国实现经济政策协调,开展更大范围、更高水平、更深层次的区域合作,共同打造开放、包容、均衡、普惠的区域经济合作框架"。[①]很明显,"一带一路"合作

---

① 商务部综合司.《〈推动共建丝绸之路经济带和21世纪丝绸之路的愿景与行动〉发布》,http://zhs.mofcom.gov.cn/article/xxfb/201503/20150300926644.shtml,2017年3月25日。

框架是为了给沿线各国提供一个互惠合作的广阔平台和经济发展机会,任何国家只要参与到合作框架中,就能平等地享受自由贸易和开放经济为国家经济发展带来的好处和利益,具有"非竞争性"特征。另一方面,"一带一路"倡议强调"开放合作"共建原则,基于但不限于古丝绸之路范围,各国和国际、地区组织等均可参与,没有特定的或者特殊的利益惠及对象,从而具有"非排他性"。从这个层面来看,"一带一路"倡议属于国际公共产品范畴。同时,又由于作为"一带一路"倡议重要内容的基础设施联通具有一定地域性和国别属性,其具体受益方只能是基础设施所联通的沿线国家和地域。因此,"一带一路"倡议属于区域公共产品范畴,而无论从一般基础设施属性上,还是"一带一路"倡议的区域公共产品属性来看,作为其基础和优先环节的基础设施先行都应该属于区域公共产品范畴。

第三节 基础设施先行与区域公共产品供给理论

在分析完"一带一路"基础设施先行的区域公共产品属性后,本节将聚焦于基础设施先行背后的区域公共产品供给理论分析,因为区域公共产品不同于传统公共产品,在供给上面临的市场失灵和供给不足问题,是无法通过政府的一些政治决策比如强制征税等来确保区域公共产品供给数量的,因为其参与方都是具有独立主权的国家,处于多元状态。基于此,本书将从基础设施优化配置、政策安排和融资结构三个方面来梳理"一带一路"沿线国家基础设施先行背后的区域公共产品供给理论,以期为后续其他章节分析奠定理论基础。

一、区域公共产品供给的优化配置理论

根据上述分析,对于区域公共产品,其行为主体是具有完全自主能力、真实的主权国家,作为理论分析,需要把国家进行拟人化处理,即对国家进行人格化假设,国家是一个理性经济人,国家参与区域博弈,主要是追求自身利益最大化,这样将有助于理解国家在区域公共产品供给中的行为选择。

根据经济学理论,公共资源配置的最优状态是帕累托最优,即在现有资源禀赋下,任何资源的重新配置都不可能在不使其他任何国家变坏的情况下,使得任何一个国家的境况变得更好,那么,这种公共资源配置的状况就是最佳的,最有效的。如果达不到这种状态,那么公共资源的配置状况就不是

最佳的,也是缺乏效率的。区域公共产品具有正向外部性,如果每个国家独立提供公共产品,会出现重复建设,并且会阻断区域市场,不利于资源要素的流动,因此需要整体规划。

(一)公共产品最优供给理论

公共产品理论的核心是探讨公共产品的最优供给问题,即在何种价格水平上,在公共产品和私人产品之间最佳地配置资源,如何在社会不同成员之间分配税收负担,满足消费者需求,使得消费者的消费效用最大化。这一理论为政府干预市场提供了理论依据,同时也明确了政府干预市场的界限。尽管区域公共产品供给处于政府失灵状态,了解和学习最优供给理论,对于区域公共产品供给还是有很多积极意义。最优供给理论主要包括庇古均衡理论、局部均衡理论和一般均衡理论。

庇古均衡理论。庇古分析了社会资源在公共产品和个人产品之间的最佳配置问题。庇古假定一个人从消费公共产品中获得效应,但是同时需要支付赋税来为公共产品提供经费,支付赋税的负效应体现为放弃个人产品消费的机会成本。所以政府提供公共产品的基本原则为最后一笔钱的边际社会效用应该等于为支付公共产品所缴纳赋税的边际社会负效用。

局部均衡分析。在公共产品中,公共产品价格体现为税收,而税收是由个人收益程度决定的,即所谓税收收益原则。同时公共产品有效定价原则是个人价格等于边际成本。公共产品的有效定价原则告诉我们,由于每个人对公共产品的评价不一样,对每个人要求的价格应该由每个人对公共产品边际价值的评估来确定,而不能完全靠统一市场来提供。

一般均衡理论。一般均衡理论是由萨缪尔森在《公共支出的纯粹理论》[1]中完整提出的。萨缪尔森利用无差异曲线得到,在一般情况下,公共产品最优供给的必要条件是消费者对两类商品的边际替代率等于两类商品的边际转换率,这就要求公共产品供给数量应处于边际成本等于社会上个人愿意为其支付的税金总和。

关于上述三个理论,现实都是不能实现的,对于区域公共产品,由于单一主导政府缺失,也是不能实现的。但是也给了我们很多启示:一是考虑问题的角度,为了实现区域公共产品的最优供给,本书需要从沿线国家对公共产

---

[1] Samuelson, P.A., The Pure Theory of Public Expenditure[J]. Review of Economics & Statistics, 1954, 36(4): 387—389.

品的需求来进行考察,如果不从需求端进行考察,也就无法使得区域公共产品供给处于最优状态。二是每个沿线国家情况各异,对基础设施的偏好和建筑成本的承担能力也不同,基础设施供给时需要考虑到每个国家的实际情况,不能一刀切。三是由于基础设施投资规模大,一旦建成很难进行修改,且具有不可分割性,需要进行很好的规划,包括综合消费者的支付能力,从而最终实现区域公共产品的最优供给。

（二）马斯洛的需求层次论

在考察消费对公共产品偏好的差异上,马斯洛需求理论是一个比较完善的,也是传播比较广泛的理论。马斯洛在《人类动机理论》中,将人的基本需求分为五类:生理、安全、归属和爱、尊重与自我实现的需要,把占主导、支配地位的需要归为优势需要或者重要需要,并认为人的行为主要受这种需要支配,然后把人的基本需要按照优势或者力量强弱排成一定的等级,优势一经满足,相对弱势的需要便会出现。马斯洛还提出了"相对满足"概念,即一个新的需要在优势需要满足后出现不是一个突然的、跳跃现象,而是缓慢地从无到有,只有在相对满足基础上,高层次的需要才会出现。

通过这种基本需要的分类能够很好地解释不同文化外在差异背后的相对统一性,这将非常接近人类共同的本性。马斯洛需求理论对于区域公共产品供给的启示有,国家需求也会有轻重缓急之分,只有国家的基本需求得到满足后,较高层次的需求才会对其产生激励。因此,在"一带一路"沿线亚洲国家基础设施供给不足的情况下,需要从沿线国家最基本的需求开始,比如贸易便利化和投资环境优化等,并且不同发展水平国家的基本需求也不一样,这些都是需要综合考虑的,只有这样才能够保障沿线国家基础设施的有效供给。

（三）交易成本理论

区域公共产品是一种跨国集体行动,需要多国联合行动,是一个组织、管理与协调的动态过程。因此,参与国的数量和构成通过对交易成本产生影响进而会影响到区域公共产品供给。国家间相互交往与沟通,针对具体合作协议或者项目进行谈判和协商,并且形成各方都认可的协议或者建立协调管理机构如WTO、IMF等国际组织,这些都是需要付出相应成本的。这种为促进交易发生而产生的成本在制度经济学里面被称为交易成本。就区域公共产品供给而言,交易成本是指在区域公共产品供给过程中因为参与方联合集体行动所发生的所有成本,主要包括决策成本和执行成本。

在联合行动视角下，国家数量增多会导致区域公共产品供给效率下降，因为随着参与国家数量的增加，每个国家需要与更多的国家进行交易，会使得信息交流非常复杂，协调一致的难度加大，使得决策成本升高。并且一般在国际主权体系下，集体决策采用一票否决制，协议需要所有国家通过才能生效，这就进一步凸显了国家数量和决策成本之间的正向关系。比如上海合作组织对于高度敏感的安全问题，采用全体一致同意原则，这在保证公平性基础上又具有高昂的决策成本，降低了公共产品供给的效率。总之，决策成本会随着国家数量的增加而增加，并且边际决策成本也会随着国家数量增加而增加。

在集体决策达成后，后续监督各方履行协议会发生监管成本；由于在区域公共产品供给中，缺失强有力的中央政府，还需要对违约行为采取惩罚措施，这两者会产生执行成本。国家数量越多，信息和环境的不确定性增加会产生严重的机会主义倾向和"搭便车"行为。而此时，有效的监督和惩罚难度变得更大，所需要的执行成本会更加高昂。

综上论述，对于区域公共产品供给，参与国家数量越多，供给效率越低，交易成本会越高。此外，不仅参与国数量，参与国之间的收入差距也会对区域公共产品的供给产生影响，当这种差距达到一定程度时，区域公共产品只好由禀赋较好的国家独自承担供给责任，而小国免费分享区域公共产品收益，这被 Olson 称为"大被小剥削"。

对于"一带一路"沿线亚洲国家基础设施先行而言，由于国家之间差距比较大，国家数量比较多，在对沿线国家基础设施进行优化配置时，一个大的囊括所有亚洲国家的集体行动会使得交易成本非常高，几乎不现实，需要尽可能在较小范围内供给基础设施，减少交易成本，可以先就具体项目展开合作，然后逐渐过渡到区域合作，再到整个沿线国家之间的合作，从而保证区域基础设施供给的高效性。

（四）可持续发展理念

随着全球性问题不断出现，比如温室效应、自然资源耗竭、环境污染和瘟疫等问题凸显，可持续发展理念逐渐获得国际认可。其中，1992 年联合国 102 个国家在里约热内卢签署的《21 世纪议程》积极接受了可持续发展理念和行动。可持续发展理念的内涵表现在人与自然的关系，人类的生存和发展需要各类物质和能量作为保证，需要环境容量和生态服务的供给，需要面对自然演化进程所带来的挑战和压力。如果没有人与自然的协同进化，人类社会就无法延续。

可持续发展的内涵应该包括保持人类对自然的索取与向自然的回馈相平衡，人类在当代的努力与对后代的贡献相平衡，人类本区域发展要同其他区域乃至全球利益相平衡。可持续发展理念对于基础设施供给的启示包括，基础设施建设需要保护环境，包括对生态多样性和生物多样性的保护，尽量不要影响生物的栖息环境，尤其是能源生产方面，加速绿色和清洁能源使用，保护环境，实现人与自然的和谐相处。

二、区域公共产品供给的政策规划理论

区域公共产品尤其是基础设施，其运行效率是由各个区域网络整体效率决定的，即由区域基础设施最弱环节决定。根据博弈论相关知识，如果基础设施整体效率是由供给水平最低的国家决定，对于其他国家而言，其占优策略就是供给最低水平的基础设施，因为所有超过最低水平的供给所获得的收益都是非常低的，只会消耗无谓的资源。因此，需要加强沿线国家之间的合作，需要相应的政策安排，来对客体属性和主体特征之间的关系进行重塑，使得各国采取行动的收益高于不采取行动的收益，在主体和客体之间建立一种有效的连续性，促进基础设施供给，不断提升沿线国家基础设施建设水平。

（一）选择性激励理论

以 Olson 为首的集体行动理论认为，集体行动往往因为收益不足以激励集体成员而使其产生"搭便车"的行为倾向，进而主张采取不同于集体激励的选择性激励，来解决公共产品激励不足的问题。选择性激励包括了奖励机制和惩罚机制。奖励机制就是对于积极提供区域公共产品的国家，除了获得正常的区域公共产品收益外，再给一份额外收益，并且贡献越大，额外奖励越大。与此同时，对于具有"搭便车"倾向的国家进行相应的惩罚。在博弈论角度，选择性激励主要是通过改变博弈中的补偿结构，来打破原有的"囚徒困境"，通过补偿一国参与区域公共产品供给所获得的净收益与不参与供应之间的净收益的差额来影响成员国之间的成本收益关系，从而把国家的自利动机转换为集体行动的动力，有利于公共产品的供给。

（二）替代制度理论

目前，区域公共产品供给设计的制度规划主要包括成本分担、设置门槛和贡献返还，可以通过三者的结合来促进区域公共产品的供给。

成本分担制度。由于区域公共产品得到了所有受益国的共识，可以通过

协议规定受益国必须承担一定单位的成本，随着参与国的增加，会使得各个国家分担的成本下降，使得提供区域公共产品成为占优策略。其有效性在于，能够在客观上促使每个国家从整体上去比较获得的社会收益和分担的社会成本，进而消除搭便车动机，实现集体理性和个体理性的一致。其优势是不需要筹集奖励资金，也不需要收取罚金。

门槛制度。一般情况是在收益被获取之前强加一个门槛值，只有区域公共产品供给达到了门槛值，才能够被供给出来，才能获得收益，低于门槛值将不会有任何收益。门槛制度会促进成员国自发联合，通过采取集体行动来达到门槛要求，进而获得区域公共产品的收益。其精髓就是需要每个参与国意识到除非每个国家都参与合作，否则将不会有任何公共收益产生。

贡献返还制度。对于不足门槛值的前期投入进行返还或者无需为本国的承诺进行实际支付，其核心就是使得潜在供给国意识到除非承诺供给国足够多，否则他们不必兑现承诺，主要是用来解决因为存在投资风险而不愿意进行前期投资的问题。

（三）建立区域组织相关理论

区域公共产品的供给一般需要创建专门的国际组织或者联盟来约束和激励集体行动，并且进一步强化成员国之间的紧致性水平。其中，紧致性水平越高，国家在行动上的自主性越高，违约的可能性越低；紧致性水平越高，越有利于降低信息不对称带来的经济损失，提高成员国之间的收益水平。也就是说紧致性水平和交易收益之间存在正向相关关系。一般国际组织在建立之初，紧致性水平比较低，但是随着成员国经济联系的增强，相互之间的贸易投资密切之后，一旦发生违约等行为，相关其他交易都会受到影响，国家作为理性的行为主体，就不会从事这种得不偿失的行为，进而减少其在提供公共产品中的违约行为。

综上所述，对于区域公共产品供给中的制度规划理论对区域基础设施供给的启示有：一是对于沿线国家的基础设施建设，需要根据参与国的收益来承担相应的建设成本；二是基础设施相关标准在沿线国家要做到标准一致，即设立适当门槛；三是成立区域基础设施委员会，对整个基础设施建设进行整体规划、协调和监督；四是强化沿线国家在基础设施建设之外的经济、文化和政治联系，增加沿线国家之间的紧致性水平，增加其违约成本，减少违约行为的发生。

三、区域公共产品供给的融资安排理论

关于公共产品供给主体的研究最早是由 1951 年霍布斯开始的,由于公共产品一般规模大、资金需求量比较大,在政府资金有限的情况下,需要实现供给主体多元化,充分调动社会力量参与到公共产品的供给中。

(一)政府供给理论

政府供给公共产品主要是指政府以公平为目的,采取税收和公共收费等手段,利用公共资源来提供公共产品的方式。长期以来,政府被认为是公共产品的最优供给者,在所有提供者中居于主体地位。关于政府供给公共产品的思想在公共产品思想萌芽之初就被广泛认可和研究。休谟认为,政府供给可以有效地克服人性弱点;鲍德威和威迪逊认为政府供给可以有效克服公共产品供给的市场失灵;布坎南和马斯格雷夫认为政府供给具有较高的潜在效率。政府供给公共产品的主要形式是财政支出,目前全球大多数公共产品仍然普遍由政府提供。

但是公共需求的无限制增长与政府供给能力的有限性之间的矛盾,带来了政府失灵。政府失灵主要表现在四个方面:一是政府和民众信息不对称,政府很难通过某种渠道获得居民的真实需求,而民众也很难通过某种渠道获得政府供给公共产品的全部信息;二是政府资本具有财政约束,不能任意调动经济资源,就使得公共产品供给出现总量和结构短缺等问题;三是由于公共部门利益和官员利益的存在,政府利用行政命令等方式干预市场竞争,市场配置资源的作用很难发挥作用,进而产生低效性;四是政府和民众之间是一种委托代理关系,但是由于存在道德风险,政府可能会因为追求自身利益而使公共产品供给失灵。

(二)市场供给理论

市场供给公共产品主要是按照市场需要,以营利为目的,采用收费等方式补偿支出来供给公共产品,在各类公共产品供给主体中,市场是主要供给主体。市场供给理论主要是针对政府失灵、基于人性假设提出的,市场供给不仅可行而且高效。其中德姆塞茨、科斯和斯蒂格利茨等从理论或经验层面论证了私人供给公共产品的可能性,形成了公共产品的市场供给理论。德姆塞茨指出私人企业提供公共产品的前提是能够排除不付费者,可以通过市场细分和实施价格歧视,阻止未付费者消费公共产品,来满足竞争性均衡条

件。①科斯则根据其对英国灯塔供给制度的研究发现,在一定的技术条件和制度安排能够降低"排他成本"的情况下,市场提供公共产品不仅可行而且高效。②在现实生活中,市场供给公共产品主要集中在教育、城市基础设施建设和交通等方面,但是前提是市场成熟度要比较高。目前发达国家的高速公路、电力与自来水、天然气等公共产品主要是由市场提供。

由于市场追求利益最大化和公共产品自身属性,又使得市场存在失灵现象。因为市场是按照利益最大化原则配置资源,主要偏好于那些投资回报快、投资规模小、收益高、风险小的行业和项目,而公共产品一般回收周期长、投资规模大、风险较高,使得市场敬而远之。即使私人部门提供,也会出现公共产品供给过剩或者不足现象。另外,由于公共产品的不可分割性和外部性,其价格不是市场价格,而是影子价格,造成了公共产品收费的困难,市场也没办法进行资源配置决策,造成公共产品供给的低效性。

(三) 非盈利组织供给理论

非盈利组织供给主要是指由个人或者单位以自愿为基础,不以营利为目的,通过社会捐赠或者自愿集资等形式无偿或者部分无偿筹集资金,用来提供公共产品,并且接受民众及自愿组织内部成员监督,在各类公共产品供给主体中,非盈利组织是供给主体。非盈利组织一般包括志愿组织、NGO 或者慈善组织等社会组织,也包括社区自愿组织。非盈利组织公共产品供给理论基础是非盈利组织可以弥补市场失灵和政府失灵,比如 Weisbrod 认为非盈利组织是在私人部门和政府部门都不能满足消费者多样化需求的情况下应运而生的,专门提供集体类物品的部门。③Hansmann 认为非盈利组织由于不会为了追求利润而降低产品质量,公共产品如果由非盈利组织来提供,生产者的欺诈行为就会得到有效遏制。④此外,非盈利组织提供公共产品还具有如下一些独特的优势:一是公平性效率优势,主要是因为非盈利组织不以营利为目标,而是基于使命感和荣誉心来供给公共产品;二是灵活性效率优势,非盈利组织是自治组织,组织架构具有很高的灵活性,使得组织决策更加快速和理性,进而获得更高的供给效率;三是回应性效率优势,非盈利组织大多数

---

① 转引吕恒立.试论公共产品的私人供给[J].天津师范大学学报:社会科学版,2002(3):1—6.
② 科斯·罗纳德·哈里.论生产的制度结构[M].盛洪,陈郁译.上海:上海三联书店,1994.
③ Weisbrod, B.A., The Future of the Nonprofit Sector: Its Entwining with Private Enterprise and Government [J]. Journal of Policy Analysis & Management, 1997, 16(4):541—555.
④ Hansmann, H.B., The Role of Nonprofit Enterprise[J]. Yale Law Journal, 1980, 89(5):835—901.

成员来自基层或者与基层关系紧密，因此对民众具有更好的了解，也具有更强的回应性。

但是非盈利组织由于存在盈利性倾向使其也在失灵，主要是因为非盈利组织的工作人员是理性经济人，他们也会有自身利益诉求，一旦缺乏监督，就有可能背离组织利益而来追求自身利益。另外，由于非盈利组织自身的缺点使得其存在市场失灵，主要是因为非营利性组织良莠不齐，造成公共产品供给结构失衡。此外，非盈利组织资金不足也会造成失灵，主要是由于非盈利组织筹集和使用资金不透明、运作程序不规范等，会给非盈利组织筹集资金带来困难。

（四）多中心理论

多中心理论是由美国学者奥斯特罗姆提出的，其核心在于通过多个形式上相互独立的决策中心来提供公共产品，他们在决策时会因为竞争关系不得不考虑对方反应，从而使得决策更加理性和准确。除此之外，他们相互之间还通过项目合作等，借助外部权威或者非正式协商来解决冲突和争端。

多中心供给理论的特征主要表现在以下几个方面：一是公共产品的供给主体分别按照自己的自治秩序来解决公共问题，采取灵活多样的联合行动；二是多中心供给要求民众参与其中，这样有助于民众在公共产品供给中发挥作用，使得多中心健康运转；三是不同独立主体之间具有不同的利益诉求，通过协商对话的形式，能够有多种行动方式和多样化的选择。

正是基于上述这些特征，使得多中心能够提供多种形式的公共产品，能够通过多层次、多种形式合作来减少搭便车等现象，有助于了解公共产品的真实需求，避免公共产品过多或者过少供给。

总之，不像国内公共产品，政府是其主要供应者，区域公共产品供给没有一个凌驾于各国政府之上的政府，那么其资金主要是由各主体供给，目前区域公共产品资金主要来源还是各国政府通过相互之间达成的某种协议来提供资金。另外，区域公共产品的供给主体还包括国际组织，国际组织的出现就是为了解决国家间集体困惑和国家外部性问题，并在全球范围内提供公共产品，比如联合国、世界银行、国际货币基金组织等国际组织在全球公共产品供给中都起着非常重要的作用。同时，由于国际组织的维持主要是依靠国家间的合作，其合法性和权威性有限；另一方面由于不能征税，主要依靠国家缴纳的会费和捐献，其提供的资金支持也非常有限。此外，区域联盟也可为基础设施建设提供资金，其中拉西特、斯塔尔和约瑟夫·奈等学者对区域联盟供给进行了论述。

对于区域基础设施融资结构而言,应该使供给主体多元化,这样不仅可以增加资金供给,还能有效地克服政府供给失灵、单纯市场供给失灵和非盈利组织供给失灵,通过发挥各种主体的优势,不断提高基础设施的供给效率和灵活性,进而促进基础设施建设。

第四节 小　　结

由于目前有文献对基础设施是否属于纯公共产品存在争议,本章从基础设施生产的目的、其公共产品属性和其主要性质来说明基础设施属于公共产品,"一带一路"亚洲国家基础设施先行属于区域公共产品供给范畴。本书从公共产品最优供给理论、马斯洛需求层次论和可持续发展理念为基础设施先行的优化配置做了理论铺垫;从选择性激励、替代制度和建立区域组织为基础设施先行的政策规划做了理论铺垫;从政府供给论、市场供给论、自愿组织供给论和多中心理论对基础设施先行的融资安排做了理论铺垫。

第四章
"一带一路"亚洲国家基础设施先行的优化配置:基于贸易便利化的需求分析[①]

根据区域公共产品供给理论如最优需求理论和层次需求理论等,区域公共产品的优化配置需要重视需求端,尤其是需要根据各国具体实际情况进行优化配置。对于区域经济发展而言,其对基础设施需求主要表现在贸易便利化和投资环境优化两个层面,本书第四章和第五章将分别从上述两个层面来研究"一带一路"沿线亚洲国家基础设施先行的优化配置。

第一节 基础设施先行与沿线亚洲国家贸易便利化

根据代表性国际组织对贸易便利化的界定,贸易便利化不仅仅包括海关程序的简化和提高海关效率层面,也包括所有能够提高贸易交易效率的具体内容和政策措施,比如 OECD 认为,贸易便利化不仅包括国际货物和服务贸易中相关程序的简化,还包括其流动障碍的消除;[②]APEC 认为,贸易便利化是指使用新技术或者一系列措施来降低成本,促进货物和服务贸易;[③]WTO 认为,贸易便利化是指整个贸易过程中相关手续、运输、制度等的简化和效率提高;[④]世界银行认为,贸易便利化是指所有能够提高贸易效率和简化政策的措施,包括基础设施建设等方面。[⑤]因此,随着世界贸易的发展,基础设施建设已经成为贸易便利化相关内容中的一个重要层面。

基础设施先行是"一带一路"倡议的核心内容,"一带一路"沿线亚洲国家基础设施先行对贸易便利化具有如下影响:一是能够有效地降低贸易成本,

---

① 本章主要内容受到国家社科基金重大项目《城乡协调发展与我国包容性城镇化新战略研究》(项目编号:15ZDC015)的资助。
② OECD, Trade facilitation. TD/TC/WP(2002)17/FINAL[EB]. OECD. 2002.
③ APEC, Principles on Trade Facilitation[R], 2002.
④ WTO, Negotiations on Trade Facilitation Compilation of Members' Proposals. Report of Negotiating Group on Trade Facilitation World Trade Organization Document TN/TF/W/43/Rev.9.2006.
⑤ World Customs Organization, What Is Securing and Facilitating Legitimate Global Trade[EB/OL]. https://www.wcoomd.org/en/topics/facilitation/overview/customs-proleduces-and-facilitation.aspx. 2014-7-1.

进而促进亚洲国家区域市场的整合,提高其国际交流能力,使其能够更好地融入国际经济体系中;二是能够在区域市场间建立快速的链接通道,有助于强化区域产业空间组织,形成规模经济和范围经济,推动区域产业联动发展,促进区域贸易增量发展;三是能够有效地把区域内高收入国家和中低等收入国家联结起来,改善中低等收入国家的投资和发展环境,增强其国际竞争力,同时促进不同收入水平国家间生产要素快速流动,带动区域贸易协调发展。

在双边贸易层面,"一带一路"沿线亚洲国家区域贸易一体化水平逐年提升,比如2015年,"一带一路"沿线亚洲国家从区域内的进口占到区域内总进口(从全球进口)的比重为61%,区域内出口贸易额占总出口(出口到全球)的比重为55%。相比于欧盟(28国)区域内进口比重(59%)和区域内出口比重(62%),目前"一带一路"沿线亚洲国家区域内贸易一体化已经达到很高水平了。与欧盟已经高度网络化的跨区域基础设施网络相比,目前"一带一路"沿线大部分亚洲国家为发展中国家,基础设施建设水平本身比较落后。但是近年来,随着大量区域基础设施项目落地,比如雅万高铁、中老铁路、吉亚铁路、匈塞铁路、瓜达尔港等,"一带一路"沿线亚洲国家基础设施建设水平得到了快速提升。

基于上述分析,本章将聚焦于"一带一路"沿线亚洲国家基础设施先行和区域内双边贸易关系的实证研究,探究"一带一路"沿线亚洲国家如何进一步根据区域内提升贸易水平的需要,来对基础设施进行优化配置。由于不同收入水平国家对基础设施需求是不同的,本章也将进一步探究不同收入水平国家间双边贸易对基础设施建设的差异化要求,并且将基础设施建设和经济自由度指标进行对比性分析,期望未来通过"一带一路"沿线亚洲国家区域内基础设施的合理布局来进一步提高区域内贸易一体化水平,这将会使得本章研究不仅具有理论价值,更具有现实指导意义。

基于数据可获得性,本章选择"一带一路"沿线三十四个亚洲国家作为分析对象。在结构安排上,第一部分是基于主成分分析法对亚洲国家基础设施建设水平进行整体评价,第二部分是引力扩展模型的数理推导及数据来源,第三部分是基于引力扩展模型的实证分析,第四部分是本章小结及"一带一路"沿线亚洲国家基础设施先行的优化配置。

第二节 "一带一路"亚洲国家基础设施建设现状

近年来,全球价值链和供应链加快向发展中国家转移,带动了全球物流体系及与之相对应的交通基础设施网络、通信基础设施网络的加快形成和发展。与此同时,国际贸易运输重心正在从以海运为主,转向海运、空运、铁路、公路等多种运输方式组合的综合运输体系。对于"一带一路"沿线亚洲国家,目前一个以中巴、中蒙俄、新亚欧大陆桥等经济走廊为引领,以陆海空通道和信息高速公路为骨架,以铁路、港口、管网等重大工程为依托的,复合型的基础设施网络正在形成。

一、整体上与欧盟的对比性分析

整体上来看(见表4-1),从交通基础设施运量(包括铁路、码头和航空)国家均值来看,"一带一路"沿线亚洲国家远远高于欧盟;但是在通信基础设施层面,亚洲国家又明显落后于欧盟。从增长速度来看,在交通基础设施层面,相比欧盟缓慢的发展速度,亚洲国家除了铁路货运量均值出现减少外,航空和码头货运量都大幅度提升,其中,航空货运量从2010年到2015年增长了26%,港口与集装箱吞吐量增长了60%;在通信基础设施层面,相比欧盟而言,尽管亚洲国家整体都弱于欧盟,但是增长速度远高于欧盟,从2010年到2015年,除了每百人固定电话拥有量下降外,每百人移动电话拥有量增长了28%,互联网普及率增长了65%。

表4-1 亚洲国家基础设施的整体发展进程

区域	年份	交通基础设施			通信基础设施		
		货物空运量(百万吨千米)	港口集装箱吞吐量(TEU)	铁路货运量(百万吨千米)	移动电话拥有量(每100人)	固定电话拥有量(每100人)	互联网普及率(%)
亚洲国家	2010年	1 580	8 342 620	208 188	96	16	31
	2011年	1 622	9 688 517	195 709	105	16	36
	2012年	1 655	10 623 592	193 231	113	16	40
	2013年	1 743	11 573 101	191 612	117	15	43
	2014年	1 884	12 243 009	190 183	120	15	47
	2015年	1 985	13 311 905	181 285	123	14	51
欧盟	2010年	1 328	3 258 032	14 896	118	46	71
	2011年	1 350	3 618 314	15 747	121	45	72
	2012年	1 285	3 940 532	15 300	123	44	74
	2013年	1 295	4 056 849	12 713	124	43	76
	2014年	1 419	4 190 652	12 805	123	43	78
	2015年	1 390	4 412 322	16 116	121	42	80

• 数据来源:世界银行数据库。

二、基于主成分分析法的评估分析

为了更加准确地反映"一带一路"沿线亚洲国家交通基础设施和通信基础设施建设的整体水平,本节采取主成分分析法把不相关的几个指标拟合成一个综合指标,在损失较少数据信息的前提下,减少数据的维度,进而来对沿线交通基础设施和通信基础设施整体水平进行评估(见表4-2)。

表4-2 各主成分的特征值及累计解释率

主成分	交通基础设施		通信基础设施	
	特征值	累计解释率	特征值	累计解释率
1	2.65	88.32%	2.09	69.57%
2	0.31	98.61%	0.71	93.29%
3	0.04	100%	0.20	100%

・数据来源:作者计算得来。

首先,评价指标体系的建立。本节遵循评价指标选择的一般性原则(客观性、数据可获得性、时效性等)建立指标体系(见表4-2),其中交通基础设施主要是通过铁路货运量(百万吨千米)、港口集装箱吞吐量(TEU)、航空货运量(百万吨千米)三个指标来衡量。通信基础设施通过每百人中固定电话拥有量、每百人中移动电话拥有量和宽带普及率来衡量。上述数据均来自世界银行数据库基础设施板块数据。

其次,利用软件 Eviews6 确定指标拟合系数(见表4-3),在交通基础设施里面,采用第一主成分,其对总方差的解释率为 88.32%(见表4-2);在通信基础设施里面,采用第一主成分和第二主成分,其对总方差的累计解释率为 93.29%(见表4-2),这些都能很好地反映指标的整体情况,能够有效地对基础设施建设的整体水平进行衡量。

表4-3 评价指标和拟合系数

指标	主成分1	主成分2	拟合系数
货物空运量	0.55	—	0.55
港口集装箱吞吐量	0.60	—	0.60
铁路货运量	0.58	—	0.58
移动电话拥有量	0.55	−0.67	0.23
固定电话拥有量	0.52	0.75	0.54
互联网普及率	0.65	−0.03	0.44

・数据来源:作者计算得来。

表 4-4 2010—2015 年"一带一路"沿线亚洲国家交通基础设施得分及均值

亚洲国家	2010 年	2011 年	2012 年	2013 年	2014 年	2015 年	均 值
中 国	1.731 51	1.731 30	1.730 61	1.730 04	1.730 15	1.730 35	1.730 66
阿联酋	0.399 84	0.417 28	0.496 77	0.542 28	0.540 27	0.524 47	0.486 82
新加坡	0.379 62	0.377 36	0.371 33	0.336 54	0.302 87	0.285 31	0.342 17
印 度	0.237 18	0.241 61	0.242 10	0.249 90	0.262 70	0.288 97	0.253 74
卡塔尔	0.098 89	0.122 70	0.153 06	0.168 45	0.183 52	0.209 20	0.155 97
马来西亚	0.171 88	0.157 43	0.153 38	0.152 15	0.142 59	0.130 94	0.151 40
泰 国	0.129 52	0.126 73	0.127 62	0.117 59	0.104 66	0.086 34	0.115 41
土耳其	0.065 09	0.079 47	0.095 55	0.105 08	0.108 57	0.107 42	0.093 53
沙特阿拉伯	0.068 19	0.074 85	0.088 11	0.082 20	0.073 01	0.043 83	0.071 70
印度尼西亚	0.061 67	0.065 75	0.070 14	0.063 86	0.069 25	0.060 57	0.065 21
哈萨克斯坦	0.050 97	0.051 74	0.055 99	0.056 35	0.055 93	0.056 62	0.054 60
越 南	0.042 02	0.044 28	0.047 63	0.046 05	0.047 21	0.043 59	0.045 13
菲律宾	0.038 74	0.038 41	0.040 90	0.032 39	0.038 36	0.036 20	0.037 50
以色列	0.039 50	0.040 16	0.038 80	0.036 88	0.029 08	0.029 34	0.035 63
斯里兰卡	0.030 14	0.030 54	0.032 10	0.029 25	0.026 98	0.026 87	0.029 31
阿 曼	0.024 18	0.023 63	0.023 67	0.024 16	0.022 83	0.023 41	0.023 65
巴基斯坦	0.023 66	0.020 19	0.019 65	0.019 22	0.015 32	0.014 67	0.018 78
伊 朗	0.019 99	0.019 49	0.018 98	0.019 21	0.020 39	0.009 98	0.018 01
科威特	0.015 68	0.013 80	0.013 79	0.012 52	0.012 45	0.010 21	0.013 08
巴 林	0.018 09	0.015 24	0.013 18	0.010 18	0.009 11	0.007 84	0.012 27
孟加拉国	0.012 05	0.011 72	0.011 51	0.013 16	0.011 82	0.007 09	0.011 22
约 旦	0.010 41	0.009 46	0.009 43	0.008 52	0.008 01	0.007 31	0.008 86
黎巴嫩	0.007 04	0.005 96	0.006 11	0.005 69	0.005 78	0.005 53	0.006 02
文 莱	0.005 34	0.005 44	0.004 95	0.004 72	0.003 94	0.003 59	0.004 66
蒙 古	0.002 52	0.002 79	0.002 95	0.003 14	0.003 55	0.003 57	0.003 09
也 门	0.003 51	0.003 08	0.002 96	0.002 86	0.002 91	0.002 88	0.003 03
塞浦路斯	0.003 13	0.002 17	0.001 83	0.001 55	0.001 19	0.000 98	0.001 81
柬埔寨	0.001 14	0.001 03	0.000 99	0.001 00	0.001 03	0.001 03	0.001 04
吉尔吉斯斯坦	0.000 21	0.000 23	0.000 24	0.000 24	0.000 24	0.000 00	0.000 19
尼泊尔	0.000 21	0.000 22	0.000 20	0.000 19	0.000 14	0.000 12	0.000 18
塔吉克斯坦	0.000 22	0.000 21	0.000 19	0.000 15	0.000 23	0.000 05	0.000 17
老 挝	0.000 00	0.000 01	0.000 03	0.000 05	0.000 04	0.000 04	0.000 03
不 丹	0.000 01	0.000 02	0.000 02	0.000 02	0.000 03	0.000 01	0.000 02

• 数据来源:作者计算得来。

表 4-5　2010—2015 年"一带一路"沿线亚洲国家通信基础设施得分及均值

亚洲国家	2010 年	2011 年	2012 年	2013 年	2014 年	2015 年	均　值
以色列	1.040 27	0.982 83	0.965 97	0.920 63	0.895 80	0.913 17	0.953 11
新加坡	1.034 16	0.959 74	0.920 82	0.949 27	0.858 79	0.868 79	0.931 93
阿联酋	0.762 73	0.779 07	0.807 47	0.856 70	0.797 53	0.816 11	0.803 27
巴　林	0.680 03	0.782 37	0.857 87	0.851 92	0.780 61	0.792 16	0.790 83
塞浦路斯	0.809 52	0.767 81	0.720 51	0.698 22	0.661 55	0.670 23	0.721 31
卡塔尔	0.739 59	0.663 89	0.662 11	0.771 57	0.725 16	0.729 64	0.715 33
哈萨克斯坦	0.600 71	0.719 21	0.762 09	0.796 21	0.698 74	0.687 89	0.710 81
科威特	0.725 56	0.705 63	0.680 43	0.740 90	0.682 88	0.689 94	0.704 22
沙特阿拉伯	0.674 10	0.656 04	0.659 89	0.674 12	0.541 15	0.559 27	0.627 43
马来西亚	0.658 89	0.622 58	0.629 33	0.565 62	0.528 26	0.560 88	0.594 26
伊　朗	0.508 74	0.512 81	0.532 59	0.576 11	0.586 04	0.643 21	0.559 91
文　莱	0.655 86	0.605 52	0.570 05	0.529 11	0.475 44	0.462 51	0.549 75
黎巴嫩	0.514 83	0.526 95	0.534 55	0.555 83	0.571 22	0.590 58	0.548 99
阿　曼	0.544 43	0.528 73	0.557 61	0.569 79	0.517 15	0.544 88	0.543 77
土耳其	0.557 60	0.510 95	0.468 53	0.449 52	0.421 00	0.424 08	0.471 95
中　国	0.474 61	0.456 09	0.451 51	0.453 02	0.416 28	0.418 64	0.445 02
越　南	0.504 54	0.444 28	0.439 81	0.389 45	0.341 85	0.351 17	0.411 85
约　旦	0.353 76	0.350 10	0.350 14	0.364 12	0.319 22	0.383 30	0.353 44
泰　国	0.361 52	0.323 92	0.329 99	0.338 26	0.291 33	0.315 81	0.326 81
斯里兰卡	0.324 04	0.304 08	0.300 93	0.264 48	0.243 42	0.309 10	0.291 01
印度尼西亚	0.322 18	0.296 22	0.309 05	0.275 07	0.196 27	0.210 94	0.268 29
吉尔吉斯斯坦	0.295 18	0.279 58	0.282 71	0.266 06	0.236 82	0.238 58	0.266 49
菲律宾	0.275 13	0.263 18	0.278 74	0.252 92	0.221 52	0.234 48	0.254 33
蒙　古	0.224 25	0.209 47	0.230 01	0.178 82	0.158 73	0.182 11	0.197 23
不　丹	0.143 87	0.126 41	0.119 17	0.122 49	0.137 09	0.198 39	0.141 24
塔吉克斯坦	0.183 20	0.152 20	0.137 48	0.141 73	0.103 68	0.122 97	0.140 21
老　挝	0.094 31	0.099 40	0.109 47	0.140 16	0.147 84	0.172 63	0.127 30
也　门	0.134 38	0.113 10	0.110 18	0.117 39	0.097 26	0.120 79	0.115 52
柬埔寨	0.056 73	0.100 82	0.156 61	0.139 62	0.091 27	0.113 15	0.109 70
印　度	0.110 49	0.099 91	0.080 96	0.067 87	0.065 88	0.104 28	0.088 23
尼泊尔	0.065 82	0.060 96	0.063 02	0.076 44	0.052 11	0.086 69	0.067 51
巴基斯坦	0.110 82	0.081 87	0.070 74	0.057 76	0.029 94	0.048 33	0.066 58
孟加拉国	0.034 35	0.017 59	0.008 09	0.011 02	0.014 54	0.027 08	0.018 78

• 数据来源：作者计算得来。

再次，本章根据上面确定的拟合系数，对"一带一路"沿线亚洲国家 2010 年至 2015 年基础设施建设水平进行评估（见表 4-4 和表 4-5）。在交通基础设施建设领域，得分前五的国家为中国、阿联酋、新加坡、印度、卡塔尔，其中，新加坡是经济强国，阿联酋和卡塔尔都是人均 GDP 比较高的国家，中国和印度是区域内的经济大国；得分后五的国家为吉尔吉斯斯坦、尼泊尔、塔吉克斯坦、老挝和不丹，五个国家都是内陆国，无论人均 GDP 还是经济体量都是区域内的小国。在通信基础设施建设层面，得分前五的国家为以色列、新加坡、阿联酋、巴林、塞浦路斯，都是科技创新和人均收入水平比较高的国家；排名后五的国家为柬埔寨、印度、尼泊尔、巴基斯坦和孟加拉国，基本上都是人均收入水平比较低的国家。

总之，尽管"一带一路"沿线亚洲国家基础设施建设水平近年来提升速度较快，但是区域内基础设施建设水平差异明显，不仅表现在交通基础设施和通信基础设施之间的差异上，也表现在不同国家之间的交通基础设施建设水平的差异和不同国家之间的通信基础设施建设水平的差异上。

第三节 引力扩展模型推导及数据来源

本章将借助引力模型，然后通过其扩展模型，加入交通基础设施变量和通信基础设施变量，并且引入经济自由度指数和基础设施建设水平进行对比分析，对基础设施建设水平和"一带一路"亚洲国家间双边贸易量之间的关系进行实证分析。

一、构建引力扩展模型

自 Anderson(1979)提出引力模型基本理论以来，引力模型不断得到扩展。本章在 JE Anderson 和 EV Wincoop 研究基础上，结合本章分析的需要，对引力模型进行扩展。模型基本假设为：一是所有商品都在不同地区生产，每个地区只生产一种商品，每种商品的供给是固定的；二是消费者具有同位偏好和一个不变弹性的效用方程。因此，如果用 c_{ij} 表示 j 地区消费者从 i 地区进口的消费品，那么在 j 地区的消费者的效用为：

$$\max: \left[\sum_{i=1}^{r} \beta_i^{(1-\phi)/\phi} c_{ij}^{(\phi-1)/\phi}\right]^{\phi/(\phi-1)} \quad 0 < \phi < 1 \tag{1}$$

预算约束为：$\sum_{i=1}^{r} p_{ij} c_{ij} = y_j$ (2)

其中，ϕ 是所有产品之间的替代弹性，β_i 是分配因子，y_j 是 j 国名义国民收入；p_{ij} 是 j 国从 i 国进口产品的价格，$p_{ij} = p_i T_{ij}$，T_{ij} 为两国之间所有交易成本，p_i 为 i 国的出厂价格，因此 j 国从 i 国进口的名义值 $x_{ij} = p_{ij} c_{ij}$，整个交易成本为 $(T_{ij} - 1) p_i c_{ij}$；对于 i 国而言，其总收入 $y_i = \sum_{j} x_{ij}$。

在(2)式约束条件下的(1)式最大化，其一阶条件为：

$$x_{ij} = \left(\frac{\beta_i p_i T_{ij}}{p_j}\right)^{(1-\phi)} y_j \tag{3}$$

其中，p_j 是 j 国的消费者价格指数：

$$p_j = \left[\sum_{i=1}^{r} (\beta_i p_i T_{ij})^{1-\phi}\right]^{1/(1-\phi)} \tag{4}$$

同时，得到：

$$y_i = \sum_j x_{ij} = \sum_j \left(\frac{\beta_i p_i T_{ij}}{p_j}\right)^{(1-\phi)} y_j = (\beta_i p_i)^{1-\phi} \sum_j \left(\frac{T_{ij}}{p_j}\right)^{(1-\phi)} y_j \tag{5}$$

进一步，假设世界名义收入 $y^w = \sum_j y_j$，j 国的收入份额为 $\theta_j = y_j / y^w$，结合(5)式一起带入(3)式得到：

$$x_{ij} = \frac{y_i y_j}{y^w} \left(\frac{T_{ij}}{\pi_j p_j}\right)^{(1-\phi)} \tag{6}$$

其中，

$$\pi_i = \left(\sum_j \left(\frac{T_{ij}}{p_j}\right)^{(1-\phi)} \theta_j\right)^{1/(1-\phi)} \tag{7}$$

然后带入(4)式，得到：

$$p_j = \left(\sum_j \left(\frac{T_{ij}}{\pi_i}\right)^{(1-\phi)} \theta_i\right)^{1/(1-\phi)} \tag{8}$$

如果假设交易成本是对称的，即 $T_{ij} = T_{ji}$，得到 $p_j = \pi_i$ 和 $p_j^{1-\phi} = \sum_i p_i^{\phi-1} \theta_i T_{ij}^{1-\phi}$，然后得到引力模型：

$$x_{ij} = \frac{y_i y_j}{y^w} \left(\frac{T_{ij}}{p_i p_j}\right)^{(1-\phi)} \tag{9}$$

为了简化模型,假设 p_i、p_j、y^w 为常数,同时对(9)式两边取对数,得到:

$$\ln(x_{ij}) = \ln y_i + \ln y_j + (1-\phi)\ln T_{ij} \tag{10}$$

其中,贸易成本,借鉴 Limão N,Venables A 的方法(简称 LV),设贸易成本 $T_{ij} = T(\varepsilon_{ij}, \varepsilon_i, \varepsilon_j, \mu_{ij})$,其中 ε_{ij} 表示影响贸易成本因素是由贸易双方 i 国和 j 国共同决定的一些变量,ε_i 表示 i 国单方面会影响贸易成本的一些特征变量,ε_j 表示 j 国单方面会影响贸易成本的一些特征变量,μ_{ij} 表示不可观测的一些变量。T_{ij} 主要是指双边距离、税收$(1+t)$、基础设施建设水平、文化、是否内陆国家等。得到:

$$\ln T_{ij} = \tilde{\alpha} + \tilde{\beta}\ln \varepsilon_{ij} + \tilde{\gamma}\ln \varepsilon_i + \tilde{\sigma}\ln \varepsilon_j + w_j$$

把上述交易成本公式带入标准的引力模型(10式),得到:

$$\begin{aligned}\ln x_{ij} = & \tau_0 + \tau_1\ln y_i + \tau_2\ln y_j + \theta[\tilde{\alpha} + \tilde{\beta}\ln \varepsilon_{ij} \\ & + \tilde{\gamma}\ln \varepsilon_i + \tilde{\sigma}\ln \varepsilon_j + w_j] + \tau_{ij}\end{aligned} \tag{11}$$

然后,我们把运输成本中的 ε_{ij}、ε_i、ε_j 换成具体的变量,如 $Dist_{ij}$、$tarrif_j$、POP_i、POP_j、$Landlocked_i$、$Lang\text{-}ethno_{ij}$、$Com\text{-}col_{ji}$、$Institution_i$、$tran_i$、ITC_i 等,其中 $Dist_{ij}$ 表示两国首都之间的距离,距离越远,贸易成本越高;$tarrif_j$ 表示 j 国对进口征收的关税,关税越高,贸易成本越高;$Landlocked_i$ 表示 i 国是否是内陆国,由于陆运的运量较小并且基础设施建设成本较高,使得内陆国贸易成本整体上要高于沿海国家;$Lang\text{-}ethno_{ij}$ 表示 i 国和 j 国之间是否具有相同的文化和语言,$Com\text{-}col_{ji}$ 表示 j 国和 i 国是否在历史上为同一国家的殖民地,在历史上有交集,比如语言、文化、习惯等的相近,有助于提升贸易效率,降低贸易成本;$Institution_i$ 表示 i 国经济自由度,一般而言,国家经济体制机制越健全,经济自由度越高,将会提高贸易便利化水平,有效地降低贸易成本;$tran_i$ 和 ITC_i 分别表示 i 国的交通基础设施水平和通信基础设施水平;此外,本章为了便于后面实证模型中交互项的运用,采用 J.Francois 和 M.Manchin 等(2009)的做法,用人均 GDP 和人口规模代表两国的经济规模,即 $pGDP_i$、$pGDP_j$ 分别表示两国的人均收入水平,POP_i 和 POP_j 分别表示 i 国和 j 国总人口数(见表4-6)。

表 4-6　回归变量的描述

变量	描述
$\ln pGDP_j$	进口国人均 GDP 的对数
$\ln pGDP_i$	出口国人均 GDP 的对数
$\ln dis_{ij}$	两国首都之间距离的对数
$\ln tarrif_j$	(1+进口关税平均值)的对数
$\ln POP_j$	进口国人口总数的对数
$\ln POP_i$	出口国人口总数的对数
$landlocked_i$	出口国是否为内陆国
$Lang\text{-}ethno_{ji}$	两国是否具有相同的文化和语言
$Com\text{-}col_{ji}$	两国在历史上是否为同一国家的殖民地
$\ln Institution_i$	出口国经济自由度的对数
$\ln tran_i$	出口国交通基础设施指数的对数
$\ln ITC_i$	出口国通信基础设施指数的对数

对于两国之间的双边贸易量，本书采取进口贸易量来进行替代，主要是因为进口一般是一国税基之一，会得到很好的记录和追踪，即用 IM_{ij} 替代 x_{ij}；也为控制时间趋势，引入时间变量 $year$，把相关变量带入引力模型得到：

$$\ln IM_{ij} = \tau_0 + \tau_1 \ln pGDP_i + \tau_2 \ln pGDP_j + \tau_3 \ln dis_{ij} + \tau_4 \ln tarrif_j \\ + \tau_5 \ln POP_j + \tau_6 \ln POP_i + \tau_7 landlocked_i + \tau_8 Lang\_ethno_{ij} \\ + \tau_9 Com\_col_{ij} + \tau_{10} \ln Institution_i + \tau_{11} \ln tran_i + \tau_{12} \ln ITC_i \\ + year + \tau_{ij} \tag{12}$$

其中，$\ln tran_i$ 和 $\ln ITC_i$ 是本章的核心变量，$\ln Institution_i$、$Com\text{-}col_{ij}$、$Lang\text{-}ethno_{ij}$、$landlocked_i$、$\ln tarrif_j$、$year$ 等是本章的控制变量。根据前文的分析，一般人均收入高的国家，其基础设施建设水平排名都比较靠前，表明不同收入水平的国家对基础设施水平要求是不同的。为了进一步弄清楚"一带一路"沿线亚洲国家中不同收入水平国家进口对出口国基础设施建设水平的要求，按照世界银行的划分标准，把人均收入 1.2 万美元以上的国家划入高等收入国家行列，其他收入水平国家归为中低等收入水平国家行列。其中，高等收入国家包括卡塔尔、新加坡、阿联酋、以色列、文莱、科威特、塞浦路斯、巴林、沙特阿拉伯和阿曼；中低等收入国家有土耳其、哈萨克斯坦、马来西亚、中国、黎巴嫩、泰国、伊朗、约旦、蒙古、斯里兰卡、印度尼西亚、菲律宾、不丹、老挝、越南、印度、巴基斯坦、也门、孟加拉国、柬埔寨、吉尔吉斯斯坦、塔吉克斯坦和尼泊尔。本章按照高等收入水平国家从中低等收入水平国家进口、中低等收入水平国家从高等收入水平国家进口、中低等收入水平国家从中低等收入水平国家进口三个层面分别进一步进行实证回归分析。

二、模型数据来源

本章采用面板数据进行分析,以"一带一路"沿线亚洲国家 34 国为分析对象,时间跨度为 2010 年至 2015 年。其中双边贸易数据来自联合国数据库(UN Comtrade Database),对于个别国家的进口数据缺失的情况,采用出口数据进行替代;人均 GDP、总人口数据和进口关税来自世界银行数据库(World Bank Database);距离数据、是否具有相同的文化、语言数据、是否为同一国家殖民地数据均来自 CEPII 数据库;是否为内陆国:"是"取 1,"否"取 0;经济自由度数据来自世界经济自由度数据库(Economic Freedom of the World Database),主要从五个层面来衡量其经济自由度:政府规模、法律制度和产权、稳健的货币、国际贸易自由度、管制;交通基础设施和通信基础设施数据采用上文中各国通过主成分分析法的得分数值。

第四节 "一带一路"亚洲国家基础设施先行的实证研究

本节重点采取计量回归方法,对不同收入水平国家的基础设施建设现状与"一带一路"区域内的双边贸易关系进行实证分析。

一、回归结果及分析

基于方程(12)的回归结果如表 4-7 所示。其中,第二列是基于全部样本的回归,第三列是基于高等收入水平国家从中低等收入水平国家进口的回归,第四列是基于中低等收入水平国家从高等收入水平国家进口的回归,第五列是基于中低等收入水平国家从中低等收入水平国家进口的回归。基础设施建设水平对不同收入水平国家间的进口贸易的影响如下:

第一,从全样本的回归结果来看,交通基础设施和通信基础设施回归系数在 1% 水平上都是显著的,并且均为正值,表明对于"一带一路"沿线亚洲国家,交通基础设施和通信基础设施建设都有效地促进了沿线国家的双边贸易量的增长。然后分别从出口国交通基础设施和通信基础设施的弹性水平来看,交通基础设施建设水平每提升 1% 对进口贸易量产生 0.11% 的影响;通信基础设施水平每提升 1%,对进口贸易量产生 1.56% 的影响,表明随着"一带一路"建设的进行,交通基础设施建设水平在快速发展同时,通信基础设施的建设水平对进口贸易的影响越来越明显。因为与交通基础设施相比,通信基

表 4-7 回归结果

变量	全部样本	高等收入—中低等收入	中低等收入—高等收入	中低等收入—中低等收入
$\ln pGDP_j$	1.084***	0.987***	1.290***	1.349***
t 统计量	(38.631)	(9.165)	(16.866)	(27.819)
$\ln pGDP_i$	0.600***	0.581***	1.091***	0.711***
t 统计量	(11.994)	(5.774)	(6.436)	(9.113)
$\ln dis_{ij}$	−1.323***	−0.833***	−1.286***	−1.607***
t 统计量	(−31.779)	(−9.932)	(−12.713)	(−24.771)
$\ln tarrif_j$	−3.030***	−3.398	1.797	−3.899***
t 统计量	(−2.893)	(−0.909)	(0.890)	(−3.110)
$\ln POP_j$	1.236***	1.336***	1.303***	1.071***
t 统计量	(70.289)	(26.476)	(35.761)	(46.413)
$\ln POP_i$	1.279***	1.259***	0.718***	1.334***
t 统计量	(42.834)	(23.245)	(5.023)	(35.120)
$landlocked_i$	−1.081***	−3.035***	0.860*	−0.257
t 统计量	(−7.844)	(−12.711)	(1.762)	(−1.447)
$Lang\_ethno_{ij}$	0.423***	0.334**	0.693***	0.407***
t 统计量	(4.731)	(2.126)	(3.518)	(2.801)
$Com\text{-}col_{ij}$	0.812***	0.232	1.016***	1.709***
t 统计量	(10.646)	(1.557)	(5.950)	(13.744)
$\ln Institution_i$	4.101***	4.627***	0.456	2.017***
t 统计量	(9.663)	(5.668)	(0.286)	(3.380)
$\ln tran_i$	0.110***	0.027	0.592***	0.098***
t 统计量	(6.642)	(0.975)	(6.802)	(4.905)
$\ln ITC_i$	1.563***	1.350***	0.165	2.050***
t 统计量	(11.176)	(5.522)	(0.219)	(11.201)
时间趋势	显著	显著	显著	显著
样本数	107 712	24 288	24 288	48 576
R^2	0.692	0.744	0.669	0.729

- 注:因变量是进口量;*** 表示在1%水平下显著,** 表示在5%水平下显著,* 表示在10%水平下显著。

础设施建设水平的提升,在提高交易效率的同时,会大幅度减少信息不对称,比如大量交易信息中心和物流信息中心的建设,有助于价格机制发挥作用,能够有效地促进进出口市场的发展。

从经济自由度和基础设施建设水平比较分析来看,经济自由度水平越高,其对该国的出口贸易正向促进作用越明显。因为"一带一路"沿线亚洲大多数国家是发展中国家,体制机制有些还不是很完善,经济自由程度不高,因此其对贸易的影响比较显著。表明"一带一路"沿线亚洲国家在推进基础设施建设的同时,完善体制机制,加强政策沟通,提高经济自由度,也将是一个重要层面。

第二,从高等收入国家对中低等收入国家的进口来看,交通基础设施系数不显著,通信基础设施系数在1%水平下显著,进一步表明了在高等收入国家从中低等收入国家进口中,通信基础设施水平提升对贸易量的提升具有显著作用。主要原因是因为高等收入国家从中低等收入国家进口的产品一般为技术含量比较低的初级产品,替代性比较强,此时信息通畅及透明就会显得极为重要,通信基础设施水平比较先进的国家将会优先获得高等收入国家的进口。与经济自由度比较来看,进一步表明了对于中低等收入国家而言,提高经济自由度水平也尤为重要。

第三,从中低等收入国家向高等收入国家进口来看,高等收入国家的通信基础设施系数不显著,而交通基础设施系数在1%水平下显著,表明在高等收入国家的通信基础设施水平已经相对较高的情况下,此时对中低等收入国家进口影响比较明显的是高等收入国家的交通基础设施建设水平。主要是因为"一带一路"沿线亚洲国家很多高等收入国家主要集中在阿拉伯地区,是能源输出型国家,比如阿联酋、巴林、沙特阿拉伯等国家,所以很多中低等收入国家从其进口的产品主要是以能源为主,因此,交通基础设施建设水平(比如码头、铁路和公路等)就显得尤为重要。与经济自由度比较来看,由于这些高等收入国家一般经济自由程度本身比较高了,所以回归结果不显著。

第四,从中低等收入水平国家之间的进口来看,实证结果和全样本结果比较相近,中低等收入国家从中低等收入国家进口,出口国的交通基础设施建设水平和通信基础设施建设水平都对进口量有显著影响,其中,通信基础设施建设水平对其出口影响超过交通基础设施建设水平。主要是因为大部分中低等收入国家的产业结构比较相近,进出口产品的替代性比较强,在交通基础设施建设水平达到一定程度后,此时通信基础设施作用就比较显著了。

二、交互项回归及分析

接着,为了进一步理解上述不同收入水平国家间进口量的实证差异,本章对全样本数据引入交互项进行分析,主要包括出口国交通基础设施和其人均收入水平的交互项($\ln tran_i * \ln pGDP_i$)、出口国通信基础设施与其人均收入水平的交互项($\ln ITC_i * \ln pGDP_i$)和出口国经济自由度与其人均收入水平的交互项($\ln Institution_i * \ln pGDP_i$),同时为了解决交互项和它的自变量之间出现共线性问题,本章先对交互项及其自变量进行对中处理后,然后进行实证回归,结果如表 4-8 所示。

表 4-8 交互项的回归结果

变 量	交通基础设施	通信基础设施	经济自由度
$\ln pGDP_j$	1.093***	1.084***	1.082***
t 统计量	(39.294)	(38.628)	(38.594)
$\ln pGDP_i$	0.454***	0.594***	0.551***
t 统计量	(8.810)	(10.370)	(10.740)
$\ln dis_{ij}$	−1.316***	−1.323***	−1.317***
t 统计量	(−31.896)	(−31.722)	(−31.659)
$\ln tarrif_j$	−3.035***	−3.022***	−3.085***
t 统计量	(−2.925)	(−2.885)	(−2.950)
$\ln POP_j$	1.240***	1.236***	1.235***
t 统计量	(71.189)	(70.270)	(70.362)
$\ln POP_i$	1.153***	1.278***	1.270***
t 统计量	(35.989)	(42.729)	(42.478)
$landlocked_i$	−1.201***	−1.080***	−1.119***
t 统计量	(−8.760)	(−7.836)	(−8.112)
$Lang\_ethno_{ij}$	0.411***	0.423***	0.429***
t 统计量	(4.639)	(4.731)	(4.804)
Com_col_{ij}	0.840***	0.809***	0.761***
t 统计量	(11.115)	(10.510)	(9.871)
$\ln Institution_i$	2.952***	4.081***	3.555***
t 统计量	(6.787)	(9.496)	(8.006)
$\ln tran_i$	0.234***	0.111***	0.110***
t 统计量	(11.475)	(6.613)	(6.622)
$\ln ITC_i$	1.445***	1.581***	1.705***
t 统计量	(10.394)	(9.533)	(11.838)
$\ln tran_i * \ln pGDP_i$	0.078***		
t 统计量	(10.239)		
$\ln ITC_i * \ln pGDP_i$		0.013	
t 统计量		(0.206)	
$\ln Institution_i * \ln pGDP_i$			1.086***
t 统计量			(4.069)
时间趋势	显著	显著	显著
R^2	0.697	0.692	0.692

· 注:因变量是进口量; *** 表示在 1% 水平下显著, ** 表示在 5% 水平下显著, * 表示在 10% 水平下显著。

从交互项实证结果可以看到，与前面的分析基本一致。在交通基础设施领域，其与人均收入水平的交互项系数为正，表明交通基础设施和国家人均收入水平对其贸易出口量之间具有相互促进作用，即人均收入水平越高的国家，其交通基础设施对该国出口的促进作用越强，反之越弱；在通信基础设施领域，交互项系数不显著，在高等收入水平国家，通信基础设施对其出口的促进作用不是很明显；在经济自由度层面，交互项系数为正，表明国家体制机制的完善水平和收入水平对出口贸易也具有促进作用。

第五节 "一带一路"亚洲国家基础设施先行的优化配置

基于上述分析，本章提出针对"一带一路"沿线亚洲国家基础设施先行的优化配置方案及政策措施。

第一，注重中低等收入国家的通信基础设施建设。目前，"一带一路"沿线中低等收入国家基础设施建设主要集中在交通领域，而通信领域也需要得到重视。如前所述，当交通基础设施建设水平发展到一定程度后，通信基础设施对一国出口的作用就会凸显，尤其是在减少信息不对称方面，对于促进进出口市场发展具有重要作用。而"一带一路"沿线亚洲中低等收入水平国家通信基础设施建设首先面临的是资金和技术问题，这需要不断创新合作模式，加强国际合作，比如通过与世界银行、亚开行和亚投行等国家组织的合作，完善国内金融市场，拓宽融资渠道，同时引进先进技术。其次，在对"一带一路"沿线亚洲中低等收入水平国家原有通信基础设施进行升级更新的同时，通信基础设施建设还需要加强国家间信息通信部门的政策沟通、协调和对接，同时注重区域内跨境光缆建设，不断完善空中卫星信息通道，推进区域通信干线网络建设。最后，需要注重沿线中低等收入国家的信息平台建设，包括移动互联网、物联网、云计算、大数据等方面，帮助沿线国家提高交易效率。通过沿线亚洲中低等收入国家国际通信互联互通水平的提升，来维护区域内通信水平的畅通便捷，为沿线企业提供优质的通信服务，将有助于提升沿线的贸易和投资的合作水平。

第二，注重高收入经济体的交通基础设施建设。如前所述，目前"一带一路"沿线亚洲国家中的高等收入国家大多数是能源型经济体（新加坡除外），一般以能源出口为主，对交通基础设施的依赖比较强。但是由于这些国家的交通基础设施水平本来已经很高了，所以在完善已有交通基础设施、保持运力的基础上,最需要加强的是交通基础设施的衔接,不仅是高等收入国家和其他收入水平国家之间基础设施的衔接,还包括区域基础设施内部的铁路、公路、码头以及机场等的衔接,尤其是港口和综合运输大通道的衔接。这就不仅需要对国内交通基础设施进行统筹规划,合理布局,还需要充分考虑协调各方利益,结合各国交通发展战略,建立交通基础设施互联互通的战略合作方向,就重点区域、重点项目展开合作,保持陆水联运通道的畅通,提高运输效率和贸易便利化水平。

第六节 小 结

在经济全球化的背景下,随着贸易自由化水平的不断提高,交通基础设施建设水平对国家贸易的影响越来越明显,成为制约很多国家经济进一步发展的瓶颈。"一带一路"倡议强调基础设施建设先行,[①]为沿线国家提升本国基础设施提供了契机和合作平台,本章以"一带一路"沿线亚洲国家基础设施建设作为分析对象,得到如下结论。

一是"一带一路"亚洲国家基础设施建设水平提升速度加快。2010年至2015年间,交通基础设施平均水平整体上高于欧盟,并且增长速度也远快于欧盟;通信基础设施平均水平虽然整体上弱于欧盟,但是增长速度非常快,尤其是每百人移动手机拥有量已经与欧盟相当。

二是"一带一路"亚洲国家基础设施水平差异明显。高等收入国家、经济体量大的国家的交通基础设施得分靠前,内陆国和经济体量比较小国家的交通基础设施得分靠后;人均GDP和科技水平较高国家的通信基础设施水平得分靠前,反之人均收入水平较低国家的通信基础设施比较落后。不仅不同国家间的交通基础设施和不同国家间的通信基础设施差异明显,同一国家的交通基础设施和通信基础设施差异也很明显。

三是"一带一路"亚洲国家出口国的交通基础设施和通信基础设施对进口国的贸易量都具有正向促进作用,但是当交通基础设施发展到一定水平后,通信基础设施的作用更加突出,对进口贸易量的促进作用更加明显。此外,交通基础设施和通信基础设施对于不同收入水平国家的进口的重要性也

[①] 国家发展改革委、外交部、商务部2015年3月28日联合发布的《推动共建丝绸之路经济带和21世纪海上丝绸之路的愿景与行动》。

不相同,其中对于高等收入水平国家从中低等收入水平国家的进口,其出口国的通信基础设施水平对高收入水平国家的进口的影响比较明显;对于中低等收入水平的国家从高等收入水平国家的进口,出口国交通基础设施的作用比较明显;对于中低等收入水平国家之间的进口,通信基础设施的作用比较显著。

四是"一带一路"沿线亚洲国家出口国的交通基础设施和其人均收入水平之间存在正向促进作用,而通信基础设施和其人均收入水平之间存在促进作用不是很显著。同时,通过与经济自由度影响水平进行对比表明,在制度建设层面,尤其对中低等收入国家而言,在注重基础设施建设的同时,国家体制机制建设也尤为重要。

在政策建议层面,包括加强"一带一路"沿线亚洲国家政府合作,发挥国际组织的关键性作用,注重沿线基础设施建设的顶层设计和规划;注重中低等收入国家的通信基础设施建设水平以及高等收入国家的交通基础设施和周边国家联通性水平的提升等。

第五章
"一带一路"亚洲国家基础设施先行的优化配置:基于企业投资环境优化的需求分析[①]

基于区域公共产品供给中的优化配置理论,第四章从贸易便利化对基础设施先行的需求来分析"一带一路"亚洲国家基础设施先行的优化配置,本章将承接上一章的分析思路,主要聚焦于企业投资环境优化对基础设施先行的需求以及由此引发的对基础设施先行优化配置的研究。

第一节 基础设施先行与沿线亚洲国家企业投资环境优化

投资环境是指在一定时期内,对某一地区投资产生影响的内部和外部要素的综合,其中,基础设施建设是一个非常重要的经济要素。基础设施先行对企业投资环境优化主要表现为为企业投资提供所必需的电力保障、通信设施和交通运输等,直接影响到企业厂址选择等的投资决策行为。目前,很多发展中国家尽管具备劳动力等相对比较优势,但是限于基础设施建设水平比较差,许多外资也是望而却步。一些国家为了吸引外资,在本国基础设施条件整体上没办法达到企业投资的条件时,通过建立产业园区,在产业园区内汇集企业投资所需要的电力、通信等基础设施,同时提供优惠性政策扶持等,来为产业园区内的企业提供良好的投资环境。

从理论上来说,"一带一路"基础设施先行符合比较优势理论,有助于促进全球生产要素合理流动,有助于深化国际经贸合作发展,也为后危机时代世界经济增长注入新的动力,本身符合投资环境优化制度安排以及新的全球经济治理体制机制创新发展要求。但是,从实践上来看,"一带一路"建设中,真正的推动主体应当是企业和企业家,他们能否发现"一带一路"建设中的巨

---

① 本章节核心部分已经公开发表,具体发表信息为:亚洲地区"一带一路"建设与企业投资环境分析[J].上海财经大学学报,2017, 19(1):88—102。本章中涉及中国香港地区的"国家"均应为"国家(地区)","国"均应为"国(地区)"。

大商机和投资回报,这才是"一带一路"建设的关键所在,其中尤为关键的是沿线国家和地区的投资发展和营商环境如何。这在很大程度上决定企业和市场主体的投资意愿和动力。

为此,本章选择对"一带一路"亚洲国家和地区的投资环境进行评估和实证分析,进而在此基础上根据沿线国家投资环境优化需要来进行基础设施先行的优化配置。需要稍加说明的是,本章中所指的投资是直接投资,不包括并购等其他投资。本章结构安排如下:首先,整体分析"一带一路"亚洲国家投资环境;其次,对"一带一路"亚洲国家的投资与营商环境进行实证分析和指数排名;最后,针对分析提出"一带一路"亚洲国家投资环境优化对基础设施优化配置的需要及政策建议。

第二节 "一带一路"亚洲国家企业投资环境现状分析

近年来,"一带一路"沿线亚洲国家经济迅速崛起,已经成为全球最大的FDI流入区,占FDI流入总量的76%以上,企业投资环境将是本节分析重点。

一、亚洲国家经济崛起并成为全球最大FDI流入区

亚洲经济的崛起正在改造和重塑世界经济体系。随着亚洲经济的崛起,欧、美、亚"三足鼎立"的世界经济体系新格局正在形成,原有的欧美主导世界经济增长格局的体系正在发生深刻变革。自工业革命以来,发达国家一直扮演着世界经济增长的火车头和增长引擎角色。但是,近几十年来,许多新兴经济体的不断发展正在使世界经济增长格局发生深刻变化,尤其是随着日本、亚洲"四小龙"、中国以及印度的崛起,亚洲经济发生了深刻的变化。亚洲GDP、FDI以及贸易占全球的份额均呈现明显上升的趋势,2012年分别占到全球的34.15%、39.65%及37.42%,在世界经济体系中的地位与作用越来越凸显,世界经济"三足鼎立"的格局正在形成。金融危机以后,亚洲经济的崛起、调整、转型与欧美经济的深刻转型同步进行。亚洲经济、欧洲经济和美国经济正在引领世界经济进行深度调整和转型,一个全新的多元化的增长引擎、多元化的创新驱动、多元化的合作共赢模式等主导的新的全球经济秩序与格局正在形成。

当前,东盟地区正在成为亚洲地区增长的新动力。自"二战"以来,亚洲地区的产业分工格局处在不断的调整中,从日本的"雁行发展模式"、亚洲"四

小龙",再到中国制造,亚洲产业呈现梯度转移与发展的状态。在这一过程中,亚洲一直作为欧美国家的商品生产制造基地,以出口加工贸易满足欧美市场。目前东盟正成为新兴的出口加工贸易生产基地,随着中国成本的日益上升,以日本为代表的生产制造商正更多地布局于东盟国家,通过东盟制造出口美国。继东盟之后,中亚地区也开始呈现稳定发展的势头,近年哈萨克斯坦、乌兹别克斯坦等国家的经济增长前景均是危机调整中的亮点,其或将成为亚洲的"中部崛起"。当然,东盟以及亚洲其他国家仍离不开中国庞大的市场、完善的产业链、雄厚的制造基础以及基础设施建造能力。亚洲将在产业分工的布局重构中实现更紧密的发展,亚洲的共同发展不仅有利于亚洲人民自身,也有利于世界经济的繁荣与稳定。①

实际上,亚洲经济崛起及其在世界经济中的地位,决定了亚洲地区已经成为全球最大的 FDI 流入区。根据《2015 年世界投资报告》(见表 5-1):相比过去两年,2014 年世界 FDI 流入同比减少 16%;从 2012 年的 14 030 亿美元减少到 2014 年的 12 280 亿美元。然而,亚洲 FDI 流入却同比增加 8.6%;从 2012 年的 4 010 亿美元增加到 2014 年的 4 650 亿美元,在全球 FDI 流入总额的占比高达 38%,远高于欧洲(23.53%)和北美洲(11.89%),成为全球最大的 FDI 的流入区。

表 5-1 2012—2014 年全球 FDI 流量(流入)

	2012 年		2013 年		2014 年	
	总量(十亿美元)	占比(%)	总量(十亿美元)	占比(%)	总量(十亿美元)	占比(%)
全世界	1 403	—	1 467	—	1 228	—
欧 洲	401	28.58	326	22.22	289	23.53
北美洲	209	14.90	301	20.52	146	11.89
非 洲	56	3.99	54	3.68	54	4.40
亚 洲	401	28.58	428	29.18	465	37.87
东 亚	212	15.11	221	15.06	248	20.20
南 亚	32	2.28	36	2.45	41	3.34
东南亚	108	7.70	126	8.59	133	10.83
西 亚	48	3.42	45	3.07	43	3.50
拉丁美洲	178	12.69	186	12.68	159	12.95
大西洋	4	0.29	3	0.20	3	0.24

• 数据来源:UNCTAD, World Investment Report 2015[EB]. https://unctad.org/system/files/official-document/wir2015_en.pdf.

① 权衡.亚洲经济崛起具有全球意义[N].人民日报.2015-7-17.

在亚洲内部,除了西亚因政治不稳等因素使得 FDI 流入同比减少 4.4%;从 2012 年的 480 亿美元减少到 2014 年的 430 亿美元。东亚、南亚和东南亚的 FDI 流入量都在不断上升,其中,2014 年东亚同比增长 12.2%,南亚同比增长 13.9%,东南亚同比增长 5.6%。在全球 FDI 流入中,东亚占比 20.2%,东南亚占比 10.83%,南亚占比 3.34%。

总之,亚洲国家投资环境在不断改善,成为全球最大的 FDI 聚集区。在亚洲内部,FDI 主要流入到东亚、东南亚和南亚国家。整个亚洲投资环境呈现出整体改善,但各区域投资环境发展不平衡。

二、亚洲国家成为"一带一路"沿线 FDI 最大流入区

如果"一带一路"沿线国家以 64 国计算,[①]从整个"一带一路"沿线 FDI 流入量来看(见图 5-1):亚洲国家 FDI 流入量占沿线 FDI 流入总量的 76% 以上,而中东欧占比仅为 23.69%;在亚洲国家内部,占比最高的是东南亚(37.55%),其次是西亚(23.63%),而中亚占比仅为 8.42%,南亚占比仅为 6.71%。

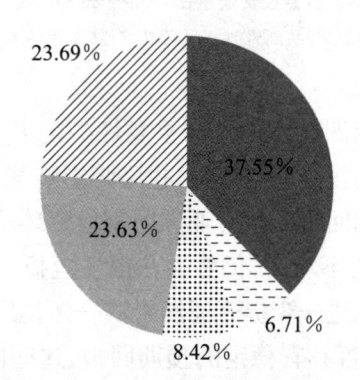

图 5-1 "一带一路"国家 FDI 流量占比

· 数据来源:联合国贸易与发展组织(UNCTAD)数据中心,http://unctadstat.unctad.org/wds/ReportFolders/reportFolders.aspx。

亚洲国家是"一带一路"沿线 FDI 的主要聚集区。在亚洲国家内部,FDI 主要流入区是东南亚和西亚,而中亚和南亚占比较少。

三、亚洲国家是中国在沿线直接投资的最大流入区

根据《2014 年中国对外直接投资统计公报》(见图 5-2),2014 年中国对

---

① "一带一路"沿线 64 国的选择是参照商务部《2014 年中国对外直接投资统计公报》里面"一带一路"国家的分类。

"一带一路"沿线直接投资中:亚洲国家占比88.46%,中东欧为11.54%;在亚洲国家内部,东南亚占比为57.36%,西亚占比为16.13%,南亚为10.73%,中亚占比为4.24%。亚洲国家是中国在"一带一路"沿线直接投资的最大流入区,同时中国对"一带一路"亚洲国家的直接投资主要流向东南亚和西亚。

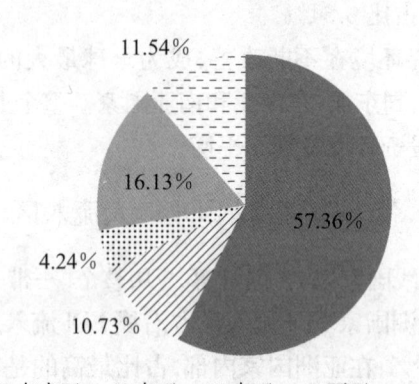

图5-2 中国对外直接投资流量在"一带一路"沿途各区的占比

- 数据来源:中华人民共和国商务部、中华人民共和国国家统计局、国家外汇管理局:《2014年中国对外直接投资统计公报》,中国统计出版社,2015年。

总体来看,一方面,亚洲经济地位和重要性决定了"一带一路"建设必将首先和重点关注该地区的投资发展环境,也必将影响甚至决定企业走出去开展投资发展的决策和预期回报。尽管亚洲国家投资环境整体上在不断改善,但是各地区投资环境发展不均衡,仍然存在很多短板、不足和瓶颈。尤其是从深化"一带一路"建设和进一步提升亚洲经济一体化发展目标来说,投资环境究竟如何,企业投资是否具有稳定的预期回报,这些问题仍然存在很多不确定性,影响和制约着企业对外投资的有效性和战略布局。

第三节 "一带一路"亚洲国家投资环境的指数化评估

本节主要基于文献资料以及"一带一路"沿线区域投资环境的发展实际,建立"一带一路"亚洲国家投资环境的评估指标体系。

一、评价指标体系的确定

在对不同投资环境进行评价时,选择的指标也将不尽相同;即使是同一个投资环境,随着评价的侧重点不一样,选择的评价指标也不尽相同。比如在分析一国国内投资环境时,经济要素是考察的重点;而在分析国际区域投资环境时,文化和制度等要素将是考察的重点。在对具体投资环境进行评价时,目前指标选择主要参考三个方面。一是世界银行和国家信息中心关于投资环境的评价指标体系,包括基础设施、国内市场的进入和退出壁垒、技能和技术禀赋、劳动力市场的灵活性、国际一体化、私人部门参与、非正常的支付、税收负担、司法效率、金融状况10个方面;二是研究机构的投资环境评价指标体系,比如综合开发研究院1993年的《投资环境比较研究》,从吸收国外直接投资的角度,把投资环境分为政治环境、政策环境、基础设施环境、市场环境和社会与经济宏观环境五大部分;三是有关文献对投资环境指标体系的选择,代表性文献见表5-2。

表5-2 有关投资环境指标体系的代表性文献

作者	时间(年)	文章	期刊	指标
吴玉明	2002	中国区域投资环境评估指标系统的构建及综合评价方法	南都学坛	经济环境、市场环境、科技与管理环境、资源环境、文教环境、基础设施环境、社会服务环境
王水林、徐立新、大卫·多拉尔等	2003	中国投资环境的国际比较	经济社会体制比较	参与国际一体化的情况、私营企业的发展、劳动力市场的灵活度、技能和技术禀赋、金融服务和政府效率
潘霞、范德成	2007	区域投资环境的评价研究	经济问题探索	自然环境、基础设施、经济环境、社会环境、政策环境
高志刚	2007	基于组合评价的中国区域投资环境研究	经济问题探索	资源、经济、市场、科管文教、基础设施、社会服务
杨晔	2008	中国区域投资环境评价指标体系建立与应用	经济问题	基础设施、人力资源、技能和技术存量、税收负担、商务成本、经济发展、市场规模、外资参与
张碧琼、田晓明	2012	中国对外直接投资环境评估:综合评分法及应用	财贸经济	资本抽回、外商股权、对外商的管制程度、货币稳定性、政治稳定性、对企业给予关税保护意愿、当地资本可供程度、近五年的通货膨胀率、基础设施状况、劳动力供给水平、市场需求度、商务成本

•资料来源:中国知网。

基于文献资料,本章在选取"一带一路"沿线评价指标时,遵循指标选择的系统性、可比性、可查找性和可操作性等原则,结合"一带一路"建设目标、内在要求以及沿线各个国家的实际情况,书中"一带一路"投资环境评价指标体系由政府表现、经济表现、人口劳动力、基础设施和人均资源禀赋5个一级指标、12个二级指标、35个三级指标构成,分三个层次建立"一带一路"沿线投资环境的指标评价体系。力求所选择的评价指标能够全面、系统地对投资环境作出反映的同时,对改善区域投资环境有具体的、针对性较强的启示和帮助。

在政府表现指标方面,主要包括国家秩序和政府效率两个方面。其中国家秩序主要是指政局稳定等;同时,一个高效廉洁的政府自然也会吸引大量投资进入。本章所选取的指标主要包括国家秩序、政府清廉程度、业务启动成本/人均可支配收入、税收收入/GDP、业务启动所花费的时间。

经济表现方面,市场规模的大小、金融市场的发达程度、产业结构和对外开放程度都会直接影响投资者的投资决策。市场规模主要包括总人口、人均GDP、GDP 增长率、城市人口比重、家庭消费/GDP、政府消费/GDP、国内资本总额/GDP;金融市场状况主要包括银行提供信用/GDP、股票市值/GDP;产业结构方面主要包括价值链的广度、第三产业的占比和产业聚集程度;对外开放程度主要包括进出口总额/GDP 和外资流入/GDP。

人口劳动力指标,主要包括劳动力参与程度和劳动力素质。具体指标主要包括劳动力参与率、成年人识字率、劳动力数量、15—64 岁人口比重。

基础设施包括交通基础设施、通讯水平和生活设施。其中,交通基础设施包括每平方千米铺设道路千米数、航空运输量、铺设铁路总千米数/国土面积;通讯水平主要包括每百人中互联网用户数量、每百人中手机用户数量和每百人固定电话数量;生活设施方面主要包括政府医疗卫生支出/GDP、每万人中的艾滋病人数、平均寿命、每千人中的医生数量。

人均资源禀赋方面,主要选取人均发电量和人均淡水资源量作为分析指标。相关指标具体见表 5-3。

表 5-3 "一带一路"亚洲国家投资环境的指标体系

一级指标	二级指标	三级指标	指标属性	数据来源
政府表现(A)	国家秩序(A0)	国家秩序(A01)	正	华东政法大学《国家治理指数报告》
	政府效率(A1)	政府清廉程度(A11)	正	世界经济论坛《全球竞争力指数》
		业务启动成本/人均可支配收入(A12)	逆	亚洲开发银行
		税收收入/GDP(A13)	逆	亚洲开发银行
		业务启动所花费的时间(小时)(A14)	逆	亚洲开发银行
经济指标(B)	市场规模(B2)	人均 GDP(B21)	正	世界银行
		总人口(B22)	正	世界银行

(续表)

一级指标	二级指标	三级指标	指标属性	数据来源
经济指标(B)	市场规模(B2)	城市人口的比重(B23)	正	亚洲开发银行
		家庭消费/GDP(B24)	正	亚洲开发银行
		政府消费/GDP(B25)	正	亚洲开发银行
		国内资本总额/GDP(B26)	正	世界银行
		GDP增长率(B27)	正	世界银行
	金融市场(B3)	银行提供的信用/GDP(B31)	正	亚洲开发银行
		股票市值/GDP(B32)	正	亚洲开发银行
	产业机构(B4)	价值链的广度(B41)	正	世界经济论坛《全球竞争力指数》
		产业集群程度(B42)	正	世界经济论坛《全球竞争力指数》
		第三产业增加值占比(B43)	正	世界银行
	对外开放程度(B5)	商品和服务出口+进口/GDP(B51)	正	世界银行
		外资流入/GDP(B52)	正	国际贸易中心①
人口劳动力(C)	劳动力数量(C6)	劳动力参与率(C61)	正	世界银行
		劳动力数量(C62)	正	世界银行
		15—64岁所占比重(C63)	正	亚洲开发银行
	劳动力素质(C7)	成年人识字率(C71)	正	世界银行
基础设施(D)	交通基础设施(D8)	每平方千米铺设道路千米数(D81)	正	亚洲开发银行
		航空运输量(D82)	正	世界银行
		铺设铁路总千米数/国土面积(D83)	正	亚洲开发银行
	通讯水平(D9)	每百人中互联网用户数量(D91)	正	世界银行
		每百人中手机用户数量(D92)	正	世界银行
		每百人固定电话数量(D93)	正	世界银行
	生活设施(D10)	政府安全医疗卫生支出/GDP(D101)	正	世界银行
		每万人中的艾滋病人数(D102)	逆	世界银行
		平均寿命(D103)	正	亚洲开发银行
		每千人中的医生数量(D104)	正	世界银行
人均资源禀赋(E)	人均资源禀赋(E11)	人均发电量(E111)	正	亚洲开发银行
		人均淡水资源量(E112)	正	亚洲开发银行

• 资料来源：作者整理。

① 国际贸易中心(International Trade Center)是WTO和联合国联合成立的机构，也由WTO和联合国共同管理(http://www.intracen.org/)。

二、评价指标权重的确定

在整个投资环境分析中,指标权重的确定具有举足轻重的作用。目前,在确定各种指标权重方面,主要有三种方法:一种是层次分析法,以发问卷形式,专家凭借自己的研究经验来确定每个指标的权重,主观性比较强;第二种是熵值赋权法,主要是根据指标变异程度来确定指标的权重,避免了人为因素的差异,更具有客观性,具有很高的再现性和可信度;第三种方法是综合评价法,就是以一定的权重把上面两种主观和客观评价得分加起来。本章为保持投资环境的客观属性,采取熵值赋权法,减少人为主观因素的影响,对"一带一路"亚洲国家投资环境做出客观的分析和评价。所谓熵值赋权法:因为信息是系统有序程度的一个度量,而熵是系统无序程度的一个度量,信息的增加意味着熵的减少,信息和熵成反比;各个指标所反映的信息都具有特定的熵值和一定的效用价值;在评价中,可以运用信息熵来评价所获系统信息的有序程度及信息的效用值。

使用熵值法进行投资环境评价也有先例可循,其中彭勇行1997年使用TOPSIS法和熵值法的组合分析法,对国际投资环境问题进行系统评价,从而有效地避免了评价的主观性,增加了评价结果的合理性,使得评价结果符合社会经济实际。吴春华、李巨文等2007年运用熵值法进行房地产投资环境的评价,并且通过实例证明熵值法在评价房地产投资环境中的合理性和实用性。张荣霞、史晓丹等2013年运用熵值法,对中国三大城市群35个城市的房地产投资环境进行综合评价,得到珠三角投资环境最优、长三角次之、京津冀最差的结论等。

(1) 原始数据矩阵:

假设有 m 个评价对象和 n 个指标,其中 $M=(M_1, M_2, \cdots, M_m)$;$D=(D_1, D_2, \cdots, D_n)$,被评价对象 M_i 对指标 D_j 的值记为 $X_{ij}(i=1, 2, \cdots, m; j=1, 2, \cdots, n)$,表示第 i 个对象的第 j 个指标的值。则原始数据矩阵为:

$$\begin{pmatrix} X_{11} & \cdots & X_{1n} \\ \vdots & \ddots & \vdots \\ X_{m1} & \cdots & X_{mn} \end{pmatrix}$$

(2) 对原始指标进行无量纲化处理:

越大越优型指标的处理方式:

$$V_{ij} = \frac{X_{ij} - \min(X_j)}{\max(X_j) - \min(X_j)}$$

越小越优型指标的处理方式：

$$V_{ij} = \frac{X_{ij} - \max(X_j)}{\min(X_j) - \max(X_j)}$$

(3) 计算第 i 个评价对象，第 j 个指标的的特征比重：

记第 i 个评价对象，第 j 个指标的的特征比重为 P_{ij}，则：

$$P_{ij} = \frac{V_{ij}}{\sum_1^m V_{ij}}$$

其中因为有 $0 \leqslant V_{ij} \leqslant 1$，所以有 $0 \leqslant P_{ij} \leqslant 1$

(4) 计算第 j 项指标的熵值 E_j：

$$E_j = \left(-\frac{1}{\ln(m)}\right) \sum_1^m (P_{ij} \times \ln P_{ij})$$

(5) 计算第 j 项指标的差异系数 D_j：

$$D_j = 1 - E_j$$

D_j 越大，该指标提供的信息量越大，越应给予较大的指标权重

(6) 确定各指标的熵权：

$$W_j = \frac{D_j}{\left(\sum_1^n D_j\right)}$$

(7) 分别计算各个评价对象的综合评价值：

$$V_i = \sum_1^n W_j P_{ij}$$

本章主要是以"一带一路"亚洲 29 个国家或地区作为评析样本[①]，其中，东南亚有 10 个：印度尼西亚、马来西亚、菲律宾、新加坡、泰国、文莱、越南、老挝、缅甸、柬埔寨；南亚有 7 个：尼泊尔、不丹、印度、巴基斯坦、孟加拉国、斯里兰卡、马尔代夫；中亚和西亚有 10 个：哈萨克斯坦、土库曼斯坦、吉尔吉斯斯

---

① 文中凡是出现香港，都是中国香港地区。

坦、乌兹别克斯坦、塔吉克斯坦、阿富汗、蒙古、阿塞拜疆、格鲁吉亚和亚美尼亚；东亚包括：中国香港地区和中国内地(表5-4)。

表5-4 "一带一路"亚洲国家/地区指标权重体系①

一级指标	二级指标	三级指标	熵值	差异系数	三级指标权重	指标排名	二级指标权重	指标排名	一级指标权重	指标排名
A(政府表现)	A0(国家秩序)	A01	0.965 1	0.034 9	0.007 9	26	0.008	11	0.040	5
	A1(政府效率)	A11	0.932 9	0.067 1	0.015 2	19	0.032	10		
		A12	0.982 9	0.017 1	0.003 9	35				
		A13	0.974 5	0.025 5	0.005 8	31				
		A14	0.966 0	0.034 0	0.007 7	27				
B(经济表现)	B2(市场规模)	B21	0.767 7	0.232 3	0.052 5	6	0.202	2	0.388	1
		B22	0.543 9	0.456 1	0.103 1	3				
		B23	0.927 3	0.072 7	0.016 4	18				
		B24	0.961 2	0.038 8	0.008 8	23				
		B25	0.973 9	0.026 1	0.005 9	30				
		B26	0.968 4	0.031 6	0.007 1	29				
		B27	0.964 5	0.035 5	0.008 0	25				
	B3(金融市场)	B31	0.909 4	0.090 6	0.020 5	14	0.071	7		
		B32	0.777 8	0.222 2	0.050 2	7				
	B4(产业结构)	B41	0.939 1	0.060 9	0.013 8	20	0.044	9		
		B42	0.920 1	0.079 9	0.018 0	16				
		B43	0.945 3	0.054 7	0.012 4	22				
	B5(对外开放程度)	B51	0.853 1	0.146 9	0.033 2	10	0.071	6		
		B52	0.831 6	0.168 4	0.038 1	9				
C(人口劳动力)	C6(劳动力数量)	C61	0.966 3	0.033 7	0.007 6	28	0.117	3	0.123	3
		C62	0.534 3	0.465 7	0.105 2	1				
		C63	0.980 0	0.020 0	0.004 5	33				
	C7(劳动力素质)	C71	0.976 5	0.023 5	0.005 3	32	0.005	12		
D(基础设施)	D8(交通基础设施)	D81	0.912 4	0.087 6	0.019 8	15	0.212	1	0.353	2
		D82	0.537 6	0.462 4	0.104 5	2				
		D83	0.609 5	0.390 5	0.088 2	4				
	D9(通讯水平)	D91	0.816 0	0.184 0	0.041 6	8	0.084	5		
		D92	0.943 1	0.056 9	0.012 9	21				

① 缺失数据的处理方法，本章采用的数据主要是2014年的数据，某些地区如果在某一指标上没有2014年数据，用最近三期数据的平均值进行替代；如果最近连续5年的数据都没有，文章主要根据某一地区的地理位置、人均GDP、FDI的流入情况等，寻找相近国家的数据进行替代；文章中的数据大多数是可以找得到的，只有个别国家的个别指标数据采取了这些方法进行处理。

(续表)

一级指标	二级指标	三级指标	熵值	差异系数	三级指标权重	指标排名	二级指标权重	指标排名	一级指标权重	指标排名
D(基础设施)	D9(通讯水平)	D93	0.8705	0.1295	0.0293	12	0.084	5	0.353	2
	D10(生活设施)	D101	0.9261	0.0739	0.0167	17	0.057	8		
		D102	0.9824	0.0176	0.0040	34				
		D103	0.9631	0.0369	0.0083	24				
		D104	0.8775	0.1225	0.0277	13				
E(人均资源禀赋)	E11(人均资源禀赋)	E111	0.8625	0.1374	0.0310	11	0.096	4	0.096	4
		E112	0.7115	0.2885	0.0652	5				

三、"一带一路"亚洲国家指数化评价结果

指数化评价结果见表5-5。

表5-5 "一带一路"亚洲国家/地区综合及二级指标指数和排名

国家及地区	政府表现		经济表现		人口劳动力		基础设施		人均资源禀赋		综合指数及排名	
中国香港地区	0.035	2	0.298	1	0.013	18	0.167	2	0.016	7	0.528	1
新加坡	0.037	1	0.253	2	0.014	11	0.194	1	0.025	4	0.523	2
中国内地	0.024	9	0.180	3	0.120	1	0.164	3	0.012	12	0.499	3
印度	0.024	7	0.159	4	0.071	2	0.048	14	0.003	24	0.306	4
泰国	0.022	15	0.102	8	0.020	6	0.141	4	0.009	15	0.294	5
马来西亚	0.029	4	0.133	5	0.013	20	0.062	10	0.025	3	0.262	6
文莱	0.018	23	0.122	6	0.013	19	0.040	20	0.040	2	0.233	7
格鲁吉亚	0.026	5	0.068	15	0.013	16	0.097	5	0.015	8	0.218	8
哈萨克斯坦	0.025	6	0.085	12	0.015	9	0.075	8	0.018	6	0.217	9
不丹	0.030	3	0.063	17	0.010	27	0.021	30	0.091	1	0.215	10
马尔代夫	0.021	18	0.106	7	0.012	21	0.052	11	0.003	26	0.195	11
越南	0.020	20	0.093	9	0.022	4	0.051	12	0.006	19	0.193	12
阿塞拜疆	0.019	22	0.057	19	0.014	12	0.090	6	0.007	17	0.187	13
蒙古	0.023	11	0.090	10	0.012	25	0.049	13	0.012	10	0.187	14
印度尼西亚	0.021	17	0.082	13	0.028	3	0.045	16	0.007	18	0.183	15
亚美尼亚	0.024	8	0.054	21	0.013	17	0.083	7	0.009	16	0.183	16
菲律宾	0.023	10	0.073	14	0.017	8	0.064	9	0.005	22	0.182	17
土库曼斯坦	0.016	25	0.086	11	0.012	26	0.037	21	0.010	14	0.160	18
吉尔吉斯斯坦	0.023	12	0.063	16	0.012	22	0.048	15	0.013	9	0.159	19
斯里兰卡	0.022	14	0.054	20	0.010	28	0.042	18	0.003	25	0.132	20

(续表)

国家及地区	二级指标指数及排名										综合指数及排名	
	政府表现		经济表现		人口劳动力		基础设施		人均资源禀赋			
孟加拉国	0.022	13	0.052	23	0.020	5	0.032	23	0.001	29	0.127	21
柬埔寨	0.012	28	0.062	18	0.014	10	0.033	22	0.005	21	0.126	22
老挝	0.014	27	0.053	22	0.012	24	0.023	27	0.024	5	0.125	23
乌兹别克斯坦	0.021	19	0.042	25	0.013	15	0.044	17	0.005	20	0.125	24
塔吉克斯坦	0.014	26	0.038	26	0.012	23	0.042	19	0.011	13	0.116	25
巴基斯坦	0.021	16	0.051	24	0.013	14	0.025	24	0.002	27	0.112	26
尼泊尔	0.020	21	0.035	27	0.013	13	0.025	25	0.005	23	0.098	27
缅甸	0.011	29	0.032	28	0.018	7	0.014	29	0.012	11	0.088	28
阿富汗	0.018	24	0.031	29	0.001	29	0.023	26	0.001	28	0.074	29

·资料来源：作者整理。

四、对指数排序结果进行检验

为检验文中所选熵值赋权来确定指标权重的科学性及指标评价体系的合理性，本章利用某一地区 FDI 流入量/GDP 和某一地区 FDI 流入量/29 个地区 FDI 流入量总和，按照 1∶1 的权重，作为投资环境优劣的整体表现，进行重新排名，然后对两者排名结果进行 Spearman 相关性检验。

表 5-6 "一带一路"亚洲国家/地区投资环境基于客观指标的排名

国家及地区	FDI 流入量/GDP	FDI 流入量/29 国 FDI 流入量总和	加权值(1∶1)	排名
中国香港地区	0.195 5	0.244 3	0.219 9	1
新加坡	0.175 4	0.207 1	0.191 3	2
中国内地	0.307 3	0.010 8	0.159 0	3
蒙古	0.005 6	0.170 4	0.088 0	4
哈萨克斯坦	0.061 8	0.103 1	0.082 5	5
越南	0.045 0	0.087 8	0.066 4	6
马尔代夫	0.000 9	0.106 3	0.053 6	7
吉尔吉斯斯坦	0.001 9	0.093 7	0.047 8	8
印度尼西亚	0.052 9	0.021 7	0.037 3	9
文莱	0.003 3	0.070 6	0.037 0	10
土库曼斯坦	0.008 4	0.063 9	0.036 1	11
阿塞拜疆	0.012 3	0.059 4	0.035 8	12
格鲁吉亚	0.002 8	0.061 1	0.031 9	13

(续表)

国家及地区	FDI 流入量/GDP	FDI 流入量/29 国 FDI 流入量总和	加权值(1∶1)	排名
印 度	0.050 3	0.008 9	0.029 6	14
马来西亚	0.027 7	0.029 8	0.028 8	15
泰 国	0.026 2	0.023 6	0.024 9	16
亚美尼亚	0.001 5	0.046 0	0.023 7	17
老 挝	0.000 8	0.025 1	0.012 9	18
柬埔寨	0.001 1	0.023 1	0.012 1	19
乌兹别克斯坦	0.003 0	0.017 2	0.010 1	20
斯里兰卡	0.002 5	0.011 6	0.007 1	21
菲律宾	0.005 6	0.007 1	0.006 4	22
塔吉克斯坦	0.000 3	0.011 7	0.006 0	23
不 丹	0.000 1	0.010 9	0.005 5	24
孟加拉国	0.003 1	0.006 6	0.004 8	25
缅 甸	0.001 2	0.007 0	0.004 1	26
巴基斯坦	0.003 2	0.004 7	0.003 9	27
阿富汗	0.000 2	0.003 8	0.002 0	28
尼泊尔	0.000 2	0.003 7	0.002 0	29

- 数据来源：国际贸易中心。

Spearman 检验的结果(表 5-7)：

表 5-7 综合指标排名和客观指标排名相关性检验

			28	29
等级相关系数	28	相关系数 显著性(双尾) N	1.000 . 28	.724** .000 28
	29	相关系数 显著性(双尾) N	.724** .000 28	1.000 . 28

- 注：** 表示相关性在 0.01 级别显著(双尾)。

根据 Spearman 检验结果，两者排序具有显著的相关性，证明了熵值赋权法在投资环境分析中的实用性，也表明本书所选指标体系对"一带一路"亚洲国家投资环境进行评析具有客观性和合理性。

五、基础设施先行对企业投资环境影响分析

本节重点从"一带一路"沿线国家的基础设施权重排名、国家排名进行分析，并且将中国与沿线主要区域进行比较，来明晰中国的相对优劣势。

（一）基于基础设施权重排名分析

从五个一级指标来看（见表 5-4 的权重数据），基础设施的权重居于第二位，为 35.3%，仅次于经济表现权重（38.8%），但是远高于居于第三位的人口劳动力、第四位的人均资源禀赋和第五位的政府效率，其权重分别为 12.3%、9.6%和 4.0%。权重排序表明，各国家及地区的投资环境在"基础设施"和"经济表现"层面的指标数据有相当大的差异，反映了更多的信息，即各地区投资环境差异主要体现在基础设施和经济表现方面，其次是人口劳动力及人均资源禀赋。

从十二个二级指标权重排序来看，交通基础设施权重居于第一位，为 21.2%，和居于第二位的市场规模权重（20.2%）相近。通信基础设施居于第五位，为 8.4%，略低于人均资源禀赋权重（9.6%），但是高于经济开放程度的权重（7.1%）。生活基础设施权重居于第八位（5.7%），比较靠后。

从 35 个三级指标排名情况来看，航空基础设施排名第二位，权重为 10.45%，仅次于劳动力数量权重（10.52%）；铁路运输居于第四位，权重为 8.82%；每百人中互联网用户数量居于第八位，其他如公路、移动电话和固定电话排名及生活基础设施各项三级指标权重排名都比较靠后。

因此，首先，对于"一带一路"沿线亚洲国家，其企业投资环境改善应该把完善基础设施同优化经济表现放在同等重要的位置上，这与"一带一路"倡议以基础设施建设为先导相符合，也进一步表明中国"一带一路"倡议的前瞻性和定位的准确性。其次，在基础设施建设层面，应该注重交通基础设施和通信基础设施建设水平的提升。再进一步细化，需要注重"一带一路"沿线亚洲国家航空基础设施建设、铁路基础设施建设和互联网基础设施建设。最后，由于基础设施建设周期长、风险高，在资金来源方面，需要由政府主导、各国及社会资金参与的联合投资来提供其所需要的建设资金。随着投资环境的改善，最终会形成沿线国家经济快速发展，反过来又促进沿线国家基础设施建设，再进一步优化企业投资环境的良性循环局面。

（二）基于基础设施指标国家排名分析

1. 排名前七的国家/地区投资环境分析

根据表 5-5，投资环境指数综合得分排名前七的国家/地区分别是中国香港地区、新加坡、中国内地、印度、泰国、马来西亚和文莱。从得分情况来看，中国香港地区、新加坡和中国内地（见图 5-4）远远高于其他国家，其基础设施也都分别居于前三位。其余 4 国的综合指标得分比较靠近，但是在基础设施排名方面,可以明显看到,除了泰国外,印度、马来西亚和文莱基础设施建设远远落后于其他指标,其未来投资环境优化的重点之一就是基础设施水平的提升。

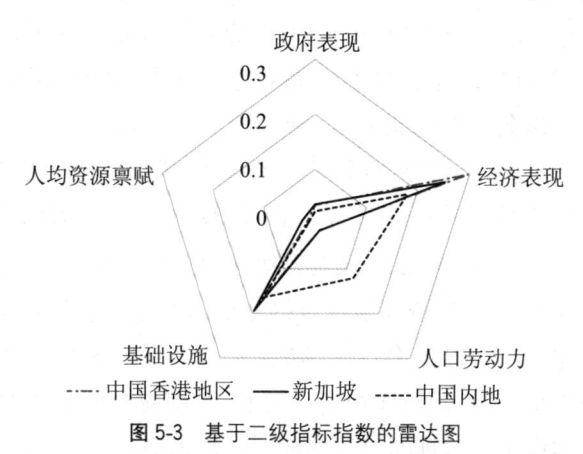

图 5-3 基于二级指标指数的雷达图

- 数据来源:作者计算得来。

2. 排名后七的国家投资环境分析

根据表 5-5,投资环境指数综合得分排名后七的国家分别是老挝、乌兹别克斯坦、塔吉克斯坦、巴基斯坦、尼泊尔、缅甸和阿富汗,主要位于中亚,大部分国家是内陆国。基础设施建设水平比较低成为提升这些国家环境水平的投资比较低的关键。投资环境排名靠后,一方面,表明这些国家有广阔的发展空间,拥有大量的闲置资源,随着"一带一路"基础设施先行,大量闲置资源将得到利用,在扩大整个区域市场容量的同时,也将促进世界经济全球化的发展;另一方面,排名靠后意味着巨大的基础设施建设风险,大规模投资进入时,需要综合考量和评估,加强与这些国家政府的沟通,保证基础设施先行得到顺利推进。

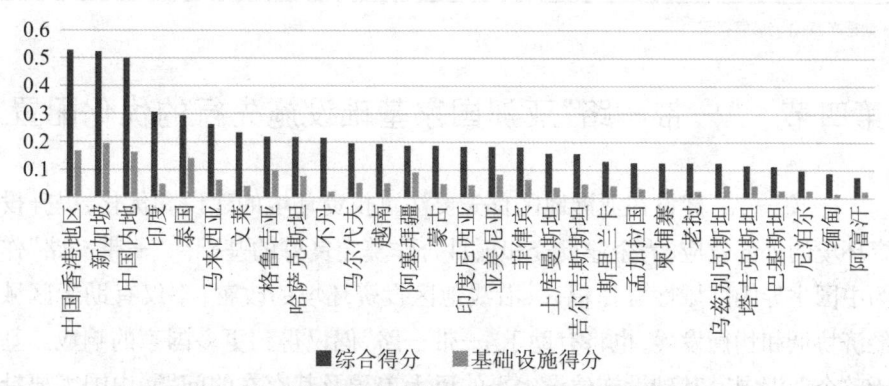

图 5-4 "一带一路"亚洲各国家/地区投资环境得分和基础设施得分图

- 数据来源:作者计算得来。

3. 排名居中的国家投资环境分析

根据图5-4,排名居中的15个国家投资环境综合得分比较靠近,表明其整体投资环境相近。同时根据表5-5,这些国家在二级指标的表现差别比较大,即使是同一国家,其二级指标排名的差异也非常大,表明这些国家的投资环境的改善相对于排名后七国家而言,会比较简单,只需要把某一项或某几项指标改进,整个综合排名将会大幅度上升,其中基础设施和政府表现是大多数国家表现欠佳的指标,将是其未来优化投资环境的重点方向。

(三)中国内地与各地区投资环境的比较分析

如表5-8所示:中国投资环境综合得分整体上优于东南亚、南亚和中西亚的平均水平。在二级指标排名层面,除在人均资源禀赋方面,中国劣于南亚和东南亚的平均水平,其他指标均高于南亚、东南亚和中西亚的平均水平,尤其是基础设施建设水平远远超过其他地区平均水平。

对于中西亚地区,需要通过大规模的基础设施投资来改善其投资环境;对于东南亚和南亚地区,在进行基础设施投资的同时,鉴于其人均资源、政府表现方面的优势,以及经济表现也仅次于中国的前提下,需要注重产业经济基础设施建设,通过经济表现的改善来进一步优化国家投资环境。

表5-8 中国和"一带一路"沿线各区的指数对比

国家及地区	政府表现	经济表现	人口劳动力	基础设施	人均资源禀赋	综合得分
中国	0.0240	0.1795	0.1197	0.1643	0.0118	0.4993
东南亚	0.0209	0.1004	0.0170	0.0666	0.0159	0.1004
南亚	0.0234	0.0783	0.0229	0.0367	0.0177	0.0783
中西亚	0.0209	0.0604	0.0118	0.0557	0.0093	0.0581

• 数据来源:作者计算得来。

第四节 "一带一路"亚洲国家基础设施先行的优化配置

"一带一路"建设在亚洲地区首先要注重投资环境的建设和优化,提升投资环境的外部效应,为企业投资和项目合作奠定良好的基础。"一带一路"作为中国主导的区域性合作倡议,沿线地区投资环境的改善,不仅有助于区域经济协调和均衡发展,也将有助于"一带一路"倡议得到更多国家的响应。基于整个亚洲国家基础设施建设水平的巨大差异及其存在的问题,中国需要针对亚洲不同区域经济发展阶段,进行差异化合理配置基础设施投资项目,尤其是重要交通基础设施项目差异化落地,将会有助于逐步改善沿线地区的投资环境。

一方面,要加快中西亚地区基础设施的建设,为投资环境的改善奠定坚实的基础,促进亚洲区域均衡发展。中西亚地区投资环境各项指标排名都比较靠后,是整个"一带一路"沿线经济最不发达地区,具有极大的投资风险。但是由于中西亚地域广阔,矿产资源丰富,地理位置独特,因此,中西亚地区投资环境的改善需要以基础设施建设为先导。在此基础上,学习新加坡对外投资模式,先通过产业园区建设,然后引进中小企业入驻,将企业风险降到最低;同时生产本地需要的生活必需品,改善当地的生活水平和文化教育水平,释放当地的闲置要素,促进当地经济的发展,缩小区域经济发展差距,促进区域均衡发展和亚洲国家投资环境水平的整体提升。中西亚地区是古丝绸之路必经之地,随着其投资环境的改善,一方面地区之间经贸关系加深,经济发展,这将有助于促进地区的和平稳定;另一方面,沿线基础设施互联互通,尤其是铁路互联互运,不仅有助于中国与中西亚之间的能源合作,更有助于中国和欧洲经济区之间形成以铁路为大动脉,以公路为毛细血管的陆上交通网络,对于减少中国对海上贸易的依赖,促进中国中西部地区的发展等具有重要作用。

另一方面要注重南亚和东南亚地区经贸合作区建设,促进其产业经济发展和投资环境的改善。根据前面的分析,南亚和东南亚很多地区投资环境的各项指标与中国非常接近,尤其是这些地区大多位于"一带"上,便利的海上交通和充沛的降雨量带来较高的人均发电量,加上这些地区积极对外开放,经济发展迅速,是全球 FDI 主要流入区,很多国家的人均 GDP 都高于中国,比如马来西亚、文莱等国,因此,中国在推进"一带一路"建设时,首先要注重产业投资基础设施建设,比如境外产业园区建设,促进中国成熟产业转移。其次,还需要以重点港口和产业园区为依托,加强经贸合作区的建设,比如马来西亚巴生港自由贸易区等,通过高层次的经贸往来,促进区域经济发展和投资环境的改善。

第五节 小 结

本章主要聚焦于"一带一路"沿线亚洲国家/地区企业投资环境的实证分析,通过熵值赋权法确定权重,进行排名打分,在客观上检验排名的合理性。

然后基于上述权重和排名打分对基础设施先行在企业投资环境优化中的作用进行分析,得出结论,基础设施先行应该放在与经济表现同等的地位上,并且应该重点发展交通基础设施,其核心是航空基础设施建设水平的提升。依据得分排名,大部分国家/地区企业投资环境排名和基础设施建设水平排名呈线性相关,基础设施建设是优化企业投资环境的重要层面。依据区域得分分析,中国基础设施建设水平整体上优于其他区域,中亚国家/地区重点是交通基础设施的建设,东南亚的产业基础设施建设是未来主要发展趋势。

最后,在政策建议上,本章提出"一带一路"亚洲国家基础设施建设要进行差异化配置,中西亚国家/地区应主要发展交通基础设施建设,南亚和东南亚国家/地区应主要发展产业经贸合作区等。

第六章
"一带一路"沿线亚洲国家基础设施先行的优化配置：
基于数字基础设施建设水平分析

全球范围内数字革命如火如荼，数字化时代已经到来。随着计算机、通信和信息处理技术水平的不断提升，以数字为引擎的服务制造业正在对全球贸易产生深刻影响，物联网、人工智能、3D 打印和区块链等新技术、新模式深刻地影响着国际贸易模式、主体和内容，也改变了比较优势理论下的各个经济要素（劳动力、资本等）的相对重要性，从而重塑国际分工格局。第一，人工智能降低了劳动力要素在生产中的相对重要性，使发展中国家在国际经贸格局中的劳动力优势减弱，使发达国家高端制造业回归成为可能。第二，数字化服务大大降低了贸易成本，包括运输成本、物流成本、跨境成本、信息和交易成本等，比如通过人工智能和自动化技术相结合的自动驾驶技术能够通过自主优化运输路线、减少驾驶员休息时间来降低运输成本；通过物联网和区块链技术来追踪货物进而简化验证和认证程序；通过 3D 打印技术使得部分高附加值零部件不再需要运输将会弱化距离对贸易的影响，通过区块链和人工智能技术来管理单一窗口进而降低通关成本等。第三，数字化服务正在促使服务贸易数字化，尤其是随着 VR、远程机器人和 3D 打印等技术不断成熟并商业化后，原来不可贸易的服务变得可贸易，比如远程医疗和远程教育等。

在国际分工格局重塑过程中，发达国家市场和新兴国家市场的角力日益激烈。一方面，数字化服务依托于数字基础设施（如互联网等）、制度和法律框架、数字技术积累水平等。目前，高收入国家在数字基础设施和数字技术积累上具有先发优势，使得高收入国家和中低收入国家之间"数字鸿沟"明显。另一方面，随着新兴市场中的消费者和企业积极使用在线技术和工具，企业与消费者合力，新兴市场企业正在数字经济的不同领域抢占市场份额，数字消费与数字化应用在新兴市场消费者中日渐普及，新兴市场正成为全球数字革命的引擎。①而"一带一路"沿线国家多为中低收入国家,在目前由发达国家主导的经贸格局下,加上自身在技术、资本、基础设施等方面的劣势,很难改变自身在全球价值链分工中的位置。而数字化服务正在打破这种传统的分工格局,为"一带一路"沿线国家经济发展提供新的战略契机,致力于数字贸易的培育和发展将是未来"一带一路"建设中的一个重要方面。

亚洲经济已成为全球经济最活跃的地区,亚洲沿线国家也是"一带一路"建设中无可比拟的首要选择区。②本章选择"一带一路"沿线亚洲国家作为分析标的,同时选择其数字化基础设施作为分析的侧重点,在评估"一带一路"沿线亚洲国家数字化服务水平基础上,采用引力扩展模型来分析数字化服务水平对不同收入水平国家双边的影响,以及数字化服务水平和自由贸易协定、信息通信技术等之间的相互作用,为"一带一路"沿线亚洲国家数字基础设施建设提供政策建议。

第一节 "一带一路"沿线亚洲国家数字化服务水平测度

数字化服务水平在基础设施建设上主要体现为互联网、移动电话、电脑等信息通信基础设施的建设水平,同时,由于数字化服务所涉及的内容比较广泛,很少有统计指标能够准确地衡量一国的数字化服务水平,一般采用替代指标对一国的数字化服务水平进行评估。根据前面文献内容,其中,Choi(2010), Riker(2014)和Benz(2017)使用互联网使用者、手机普及率等作为数字化服务水平的衡量指标;OECD在"Science, Technology and Industry Scoreboard 2017"中采用移动宽带的渗透率、互联网的接入年限、使用互联网人口比重三个指标来衡量一国的数字化服务水平。③本章依据文献以及数字化基础设施内容,选择与互联网相关指标作为评价数字化服务水平的替代变量,来代表一国数字化服务水平的未来发展潜力。基于上述分析,本章选择互联网使用者占比、固定宽带订购率、家庭电脑拥有率、移动电话拥有率和移动宽带订购率五个指标(见表6-1)来衡量一国数字化服务水平,采用主成分分析法,对五个指标进行拟合,具体结果见表6-2。

---

① 波士顿.数字化驱动:一日千里[EB], https://hy.chnmc.com/EMBA/reportcc/2018-08-09/6608.html.
② 权衡,张鹏飞.亚洲地区"一带一路"建设与企业投资环境分析[J].上海财经大学学报,2017, 19(1):88—102.
③ Science O., Scoreboard I., OECD Science, Technology and Industry Scoreboard 2007[J]. Sourceoecd Science & Information Technology, 2007, 46(3—4):1—178.

第六章 "一带一路"沿线亚洲国家基础设施先行的优化配置：基于数字基础设施建设水平分析

表6-1 "一带一路"沿线亚洲国家数字化服务水平评估指标体系

指标	数据来源
互联网使用者占比(使用互联网人数比率)	世界银行数据库
固定宽带订购率(100人中订购比率)	世界银行数据库
家庭电脑拥有率(100户中拥有比率)	ITU数据库
移动电话拥有率(100人中订购比率)	世界银行数据库
移动宽带订购率(100人中订购比率)	ITU数据库

• 资料来源：作者整理。

整体上来看，对于"一带一路"沿线亚洲国家而言，高收入国家和中低收入国家之间的数字化服务水平差距明显，高收入国家由于在资金、技术、制度等方面具有优势，其在宽带普及率、家庭电脑拥有率等方面高于中低收入国家。如表6-2所示，2016年得分超过200的国家为巴林和阿联酋，得分在100~200之间的国家为新加坡、卡塔尔、阿曼、以色列、塞浦路斯、马来西亚和沙特阿拉伯等国；而得分低于50的国家主要有孟加拉国、老挝、巴基斯坦和也门等，都是人均收入水平较低的国家。

表6-2 "一带一路"沿线亚洲国家数字化服务水平建设现状

国家	2010年	2011年	2012年	2013年	2014年	2015年	2016年
巴林	84.8	113.1	165.0	179.1	183.0	154.5	208.1
阿联酋	90.4	111.3	139.1	167.7	169.5	146.1	203.8
新加坡	135.2	154.7	165.6	177.1	173.1	145.2	172.8
卡塔尔	103.4	119.4	128.7	151.9	144.7	132.7	165.2
阿曼	78.8	104.5	124.6	137.8	142.2	118.7	149.1
以色列	100.1	114.8	125.1	127.1	125.0	119.1	142.1
塞浦路斯	89.3	103.4	114.8	115.3	120.3	112.5	142.0
马来西亚	76.3	95.3	109.7	106.3	125.4	112.1	139.3
沙特阿拉伯	86.1	124.1	136.6	144.4	155.6	122.8	135.8
哈萨克斯坦	66.3	105.4	131.2	136.9	135.2	109.8	133.1
泰国	43.9	60.3	73.4	95.5	110.9	83.8	129.7
约旦	49.2	67.6	81.3	90.4	89.0	92.3	123.5
文莱	76.3	90.9	102.1	103.1	100.2	90.6	111.0
黎巴嫩	54.3	70.3	92.1	101.9	106.9	99.3	110.7
土耳其	54.0	68.9	81.2	85.3	91.3	80.5	101.9
中国	44.0	58.2	70.2	77.2	87.1	80.2	101.1
印度尼西亚	36.7	54.5	65.8	73.1	75.3	54.9	97.5
菲律宾	36.8	53.3	68.8	75.0	80.0	68.6	92.3

(续表)

国　家	2010年	2011年	2012年	2013年	2014年	2015年	2016年
越　南	51.6	77.9	84.0	82.6	91.9	65.6	91.6
蒙　古	37.9	57.8	70.7	67.7	81.5	70.4	90.2
吉尔吉斯斯坦	43.3	61.4	67.5	70.5	77.9	55.7	85.9
柬埔寨	16.6	39.1	68.2	73.7	73.0	54.5	82.2
不　丹	21.3	33.1	41.9	48.8	60.6	58.2	74.6
斯里兰卡	30.8	44.5	51.9	55.6	64.0	50.0	74.5
尼泊尔	12.8	22.9	34.1	42.4	46.8	36.9	64.9
印　度	20.4	33.5	36.2	38.1	42.6	34.2	54.3
孟加拉国	14.4	23.9	28.1	33.8	43.9	30.6	48.9
老　挝	21.0	38.3	33.9	36.5	38.5	26.9	47.1
巴基斯坦	20.8	30.3	34.8	36.8	40.4	29.2	46.3
也　门	17.6	24.6	30.1	35.2	37.5	25.3	35.9

• 数据来源：作者根据指标数据计算得到。

从"一带一路"沿线亚洲国家数字化服务水平发展趋势来看，互联网使用者占比、固定宽带订购率、家用电脑拥有率、移动电话订购率和移动宽带订购率这些指标都提升得非常快。2010年至2016年，互联网使用者占比和移动宽带订购率增长最为明显，互联网使用者占比从2010年31.6％增加到2016年55.0％，移动宽带订购率从2010年12.5％增加到2016年68.3％（见表6-3）。从国家维度来看，高收入国家由于在技术、资金等方面具有先发优势，其数字化服务水平提升速度整体上比中低收入国家要快。

表6-3　"一带一路"沿线亚洲国家数字化指标均值　　　（单位：％）

指　标	2010年	2011年	2012年	2013年	2014年	2015年	2016年
互联网使用者占比	31.6	36.2	40.1	43.7	47.4	51.1	55.0
固定宽带订购率	6.5	7.4	7.9	8.5	9.3	10.0	10.4
家用电脑拥有率	37.8	40.3	44.7	47.3	46.8	46.4	48.8
移动电话拥有率	96.2	105.2	113.0	116.3	118.4	120.2	122.2
移动宽带拥有率	12.5	17.5	27.7	35.9	45.2	56.5	68.3

• 数据来源：作者自己整理。

在各项具体指标里面，整个"一带一路"沿线亚洲国家得益于移动手机价格低廉、方便携带等特点，移动手机的普及率非常高，2016已经高达122.2％，而家用电脑拥有率为48.8％。因此，未来围绕移动手机进行相关应用、移动通信设施建设等将是"一带一路"沿线数字化服务水平提升的重要着力点。

第二节　数字化服务水平对"一带一路"沿线亚洲国家双边贸易影响的实证研究

本章主要基于引力模式,对"一带一路"沿线基础设施数字化水平对区域双边贸易影响进行实证研究,并且对不同收入水平国家进行差别化分析。

一、模型选择及数据来源

本章选择引力扩展模型作为分析工具,引力模型自 Timbergen(1962)首次使用以来,已经被广泛用于分析国际经贸问题,并不断被扩展和完善。在 Anderson 和 Van Wincoop(2003)所采用的引力模型基础上,加入数字化服务水平变量对其扩展,同时引入数字化服务水平和自由贸易协定、信息通信技术的交互项对模型进行进一步扩展。具体如下:

$$X_{ij} = \frac{Y_i Y_j}{Y} \left(\frac{t_{ij}}{\Pi_i P_j}\right)^{(1-\sigma)} \tag{1}$$

其中,X_{ij} 表示 i 国向 j 国的出口,Y_i 和 Y_j 分别表示 i 国和 j 国的产出,Y 表示全球总产出;$\left(\frac{t_{ij}}{\Pi_i P_j}\right)^{(1-\sigma)}$ 表示与贸易相关的成本,t_{ij} 表示双边贸易成本,Π_i 和 P_j 分别表示内向和外向多边阻力。取自然对数后,得到线性引力模型:

$$\ln X_{ij} = \alpha_0 + \beta_1 \ln Y_i + \beta_2 \ln Y_j + \beta_3 \ln t_{ij} + \beta_4 \ln \Pi_i + \beta_5 \ln P_j + \epsilon_{ij} \tag{2}$$

采用人均 GDP($PGDP$)和总人口数(POP)的乘积来替代经济规模(Y_i 和 Y_j),用双边距离(Dis)、是否为邻国($Contig$)、是否有相同的殖民地文化(Col)、是否具有相同的语言($Comlang$)、是否签署自贸协定(FTA)以及两国数字化水平(Dig)来代表双边贸易成本,将上述变量带入方程(2),得到本章的实证回归模型:

$$\begin{aligned}\ln X_{ij} = & \alpha_0 + \beta_1 \ln PGDP_i + \beta_2 \ln PGDP_j + \beta_3 \ln POP_i + \beta_4 \ln POP_j \\ & + \beta_5 \ln Dis_{ij} + \beta_6 Contig_{ij} + \beta_7 Col_{ij} + \beta_8 Comlang_{ij} + \beta_9 FTA_{ij} \\ & + \beta_{10} \ln Dig_i + \beta_{11} \ln Dig_j + \epsilon_{ij} \cdots\cdots \end{aligned} \tag{3}$$

其中,出口数据来自联合国贸易数据库(UN Comtrade Database),人均

GDP、总人口、ICT进口占总进口比重数据来自世界银行数据库（World Bank Database），双边距离、是否为邻国、是否有相同的殖民地文化、是否具有相同的语言均来自CEPII数据库（http://www.cepii.fr/），而FTA数据来自WTO数据库（World Trade Organization），数字化水平数据来自作者进行的评估结果。

本章以"一带一路"沿线亚洲三十国为分析对象，分别是中国、巴林、孟加拉国、不丹、文莱、柬埔寨、塞浦路斯、印度、印度尼西亚、以色列、约旦、哈萨克斯坦、吉尔吉斯斯坦、老挝、黎巴嫩、马来西亚、蒙古、尼泊尔、阿曼、巴基斯坦、菲律宾、卡塔尔、沙特阿拉伯、新加坡、斯里兰卡、泰国、土耳其、阿联酋、越南和也门。同时，由于有些指标2017年的数据还没有统计出来，此处分析的时间区间确定为2010年到2016年。

二、回归结果及回归分析

为了区分数字化水平对不同收入水平国家进口的影响，本章按照世界银行的划分标准，把人均收入1.2万美元以上的国家归为高收入国家，其他为中低收入国家，其中高收入国家有巴林、卡塔尔、沙特阿拉伯、新加坡、阿联酋、以色列、塞浦路斯、文莱和阿曼，中低收入国家为中国、孟加拉国、不丹、柬埔寨、印度、印度尼西亚、约旦、哈萨克斯坦、吉尔吉斯斯坦、老挝、黎巴嫩、马来西亚、蒙古、尼泊尔、巴基斯坦、菲律宾、斯里兰卡、泰国、土耳其、越南和也门。

然后，本书按照方程（3）对样本进行回归（见表6-4），首先是对全样本进行回归（第二列），然后把全样本分成四组，分别是"一带一路"沿线亚洲高收入国家向高收入国家出口（第三列）、高收入国家向中低收入国家出口（第四列）、中低收入国家向高收入国家出口（第五列）和中低收入国家向中低收入国家出口（第六列）四组。

在回归方法上，本书根据Silva和Tenreyro[1]、丁建平和刘敏[2]等的研究结果，由于使用OLS方法来估计存在异方差的引力模型，存在夸大距离和GDP作用的问题，而采用PPML（泊松伪极大似然估计）可以很好地规避这个问题。因此，本书采用PPML方法进行实证回归，回归结果如下：

---

[1] Silva J.M.C.S., S.Tenreyro. The Log of Gravity[J]. Review of Economics & Statistics, 2006, 88(4):641—658.
[2] 丁剑平,刘敏.中欧双边贸易的规模效应研究：一个引力模型的扩展应用[J].世界经济,2016, 39(6):100—123.

表 6-4 回归结果

变量	全样本	高—高	高—中低	中低—高	中低—中低
$\ln PGDP_i$	0.145***	0.131***	0.168***	0.165***	0.152***
P 值	0.000	0.000	0.000	0.000	0.000
$\ln PGDP_j$	0.101***	0.102***	0.125***	0.105***	0.133***
P 值	0.000	0.000	0.000	0.000	0.000
$\ln Dis_{ij}$	−0.108***	−0.036**	−0.097***	−0.081***	−0.146***
P 值	0.000	0.014	0.000	0.000	0.000
$\ln POP_i$	0.140***	0.129***	0.124***	0.144***	0.139***
P 值	0.000	0.000	0.000	0.000	0.000
$\ln POP_j$	0.106***	0.121***	0.111***	0.129***	0.093***
P 值	0.000	0.000	0.000	0.000	0.000
$Contig_{ij}$	0.016*	−0.050	0.007	0.049**	0.028**
P 值	0.096	0.103	0.802	0.041	0.013
$Comlang_{ij}$	0.050***	0.001	0.045***	0.098***	0.023*
P 值	0.000	0.972	0.007	0.000	0.063
Col_{ij}	0.095***	0.032	0.023	0.121***	0.177***
P 值	0.000	0.199	0.158	0.000	0.000
FTA_{ij}	0.063***	0.292***	0.100***	0.051***	0.043***
P 值	0.000	0.000	0.000	0.004	0.000
$\ln Dig_i$	0.051***	0.085*	0.195***	0.049**	0.051***
P 值	0.000	0.097	0.000	0.045	0.003
$\ln Dig_j$	0.028**	0.147**	−0.011	0.012	−0.017
P 值	0.012	0.050	0.654	0.724	0.284
常数项	−3.543***	−4.805***	−4.398	−4.320***	−3.105***
P 值	0.000	0.000	0.000	0.000	0.000
截面数	5 613	566	1 314	1 335	2 398
R^2	0.644	0.614	0.606	0.669	0.693

- 注: *** 表示在1%水平下显著, ** 表示在5%水平下显著, * 表示在10%水平下显著。

在全样本回归结果中(表 6-4 第二列), $\ln Dig_i$ 和 $\ln Dig_j$ 系数分别为 0.051 和 0.028, 且都在 5% 水平下高度显著, 表明: 对于"一带一路"沿线亚洲国家而言, 贸易双方无论是出口国还是进口国, 数字化服务水平的提升对双方贸易具有明显的促进作用, 并且相比进口国数字化服务水平提升对出口的提升, 出口国自身数字化服务水平对出口的提升更加显著, 效果更加明显, 主要由于在贸易关系中,进口国是贸易信息的寻找方,而出口国是贸易信息的表现方,由于"一带一路"沿线亚洲国家大多数是发展中国家,贸易品技术含量不是很高,替代性比较强,这就使得作为贸易信息表现方出口国的数字化服务水平显得尤为重要,比如通过互联网线上展示平台及时将本国产品推介出去,对于获得出口订单非常重要。

在高收入国家向高收入国家出口的回归结果中(表6-4第三列),$\ln Dig_i$和$\ln Dig_j$系数分别为0.085和0.147,前者在10%水平下显著,后者在5%水平下显著,表明数字化服务水平的提升对"一带一路"沿线亚洲高收入国家间的出口具有促进作用,但是显著性相对有下降,主要是因为,"一带一路"沿线亚洲高收入国家除了新加坡外,多为能源型经济体,其出口也主要是自然资源,相互之间出口的也主要是和资源相关的高端互补型产品,外加这些国家本身的数字化服务水平本就相对较好,因此,数字化服务水平对出口影响的重要性相对减弱。与此同时,由于购买的是本国稀缺的高技术含量的产品,大部分是定制服务,因此,进口方的数字化服务水平相对出口方而言,就会显得更加重要。

在高收入国家向中低收入国家出口的回归结果中(表6-4第四列),$\ln Dig_i$系数为0.195,在1%水平下高度显著,而$\ln Dig_j$系数不显著,表明"一带一路"沿线亚洲高收入国家的数字化服务水平提升有助于这些国家向沿线发展中国家进行出口,而"一带一路"沿线亚洲中低收入国家数字化服务水平的提升对这些国家从高收入国家的进口没有显著的影响,主要是因为"一带一路"沿线亚洲中低收入国家从高收入国家进口的主要是本国所必需的基础矿产资源比如石油和天然气等,而这些资源拥有国家之间存在明显的竞争关系,在竞争方中其数字化服务水平高对于出口自然非常关键,有助于提升自身的竞争力,扩大本国自然资源的出口;中低收入国家作为进口国,是产品信息的寻找方,其数字化服务水平提升反倒显得不那么关键。

在中低收入国家向高收入国家出口的回归结果中(表6-4第五列),$\ln Dig_i$系数为0.049,在5%水平下显著,而$\ln Dig_j$系数不显著,表明"一带一路"沿线亚洲中低收入国家数字化服务水平提升有助于提升其向高收入国家的出口,但是同时由于"一带一路"沿线亚洲中低收入国家多为发展中国家,向高收入国家提供的主要是初级产品,替代性比较强,相互之间竞争性比较强,同时对于高收入国家而言,也是比较容易买到这些初级产品,使得中低收入国家的数字化服务水平对出口贸易的促进作用明显,而进口国不是很显著。

在中低收入国家向中低收入国家出口的回归结果中（表6-4第六列），$\ln Dig_i$系数为0.051，在1％水平下显著，而$\ln Dig_j$系数不显著，表明数字化服务水平提升对"一带一路"沿线亚洲中低收入国家间的相互出口具有显著的提升作用，但是由于经济能级不高使得相互之间进口的主要是互补型的初级产品，同时，这些中低收入国家能够提供的也主要是初级产品，替代性强，竞争程度高，是一个卖方市场，所以出口国数字化服务水平提升有助于降低信息和交易成本，提升贸易便利化水平，进而提升其出口产品的国际竞争力，促进这些国家出口额的增加。

紧接着，为了弄清楚数字化服务水平在促进"一带一路"沿线亚洲国家双边贸易中可能存在的其他影响因素，本书将出口国的数字化服务水平分别和自由贸易区（FTA）以及信息通信技术（ICT）进口占总产品进口比重两个变量的交互项带入引力模型进行回归，得到如下结果（见表6-5）。对于出口国数字化水平和FTA的交互项而言，其系数为0.019，并且在10％水平下显著，表明一国贸易自由化程度越高，数字化水平越强，出口就会越多，贸易自由化和数字化服务水平之间存在相互促进作用，主要是由于贸易自由化程度越高，对数字化基础设施要求就越高，其数字化服务水平自然就会越高，又由于数字化服务能够降低贸易成本、提升通关便利性等，有助于贸易自由程度的提高，因此两者会相互作用，共同促进一国出口的增加。

对于出口国数字化服务水平和信息通信技术（ICT）进口比重的交互项而言，其系数为0.048，并且在1％水平下显著，表明信息通信技术的发展和数字化服务水平能够明显地促进一国出口的增长，主要是因为信息通信进口增加，至少表明该国注重信息通信产业的发展，又由于信息通信技术产业的发展是移动通信和固定宽带等数字化基础设施建设的核心，那么信息通信进口的增加自然会促进数字化水平的提升，自然会带动该国出口的增加。

综上所述，对于"一带一路"沿线亚洲国家而言，数字化服务水平提升对贸易影响表现出如下特点：一是整体上，贸易双方数字化服务水平提升都能够促进本国出口，但是出口国数字化服务水平提升对贸易的促进作用更加明显；二是数字化服务水平对不同收入水平国家出口的促进作用是不同的，对高收入国家出口的促进效应更加明显；三是数字化服务水平和自由贸易区建设之间存在相互促进作用，能够相互作用共同促进出口的增加；四是信息通信产品进口也能够和数字化服务水平之间相互作用共同促进出口的增加。

表 6-5 交互项回归结果

变量	全样本	全样本
$\ln PGDP_i$	0.145***	0.143***
P 值	0.000	0.000
$\ln PGDP_j$	0.101***	0.104***
P 值	0.000	0.000
$\ln Dis_{ij}$	−0.107***	−0.110***
P 值	0.000	0.000
$\ln POP_i$	0.140***	0.141***
P 值	0.000	0.000
$\ln POP_j$	0.106***	0.106***
P 值	0.000	0.000
$Contig_{ij}$	0.015	0.018*
P 值	0.108	0.058
$Comlang_{ij}$	0.049***	0.046***
P 值	0.000	0.000
Col_{ij}	0.096***	0.086***
P 值	0.000	0.000
FTA_{ij}	0.063***	0.058***
P 值	0.000	0.000
$\ln Dig_i$	0.049***	0.058***
P 值	0.000	0.000
$\ln Dig_j$	0.028**	0.021*
P 值	0.011	0.061
	0.019*	—
P 值	0.100	—
	—	0.048***
P 值	—	0.000
常数项	−3.540***	−3.536***
P 值	0.000	0.000
截面数	5 613	5 613
R^2	0.644	0.646

• 注：*** 表示在 1% 水平下显著，** 表示在 5% 水平下显著，* 表示在 10% 水平下显著。

第三节 政策建议

根据前文实证分析结果,数字化服务水平提升能够有效地促进"一带一路"沿线亚洲国家双边贸易的发展,但是因为数字基础设施建设水平的差异,使得高收入国家和中低收入国家之间存在数字鸿沟,为了持续发挥数字化服务的经济效应,促进"一带一路"沿线亚洲国家贸易持续健康发展,需要注重以下几个方面。

一是高收入国家应该注重数字关键应用技术的发展和数字监管规则的制定。根据前文分析,数字化服务水平提升对高收入水平国家出口具有明显的促进作用,且信息通信产品和数字化服务水平之间相互作用共同促进贸易发展,同时,由于这些国家大都是能源型经济体,因此,这些国家数字化服务水平的提升,一方面,应该依托自身在资金方面的优势,注重关键数字技术的引进和突破,尤其是信息通信技术产业的发展,比如集成电路、云计算、卫星通信技术等,将不仅能够实现这些国家经济结构多元化,更能够使自身处于数字化服务产业链的高端环节,进而带动辐射整个"一带一路"沿线区域;另一方面,这些国家需要关注数据流、消费者保护等数字监管规则问题,当下全球还没有形成全球统一的数据监管规则,这些国家可以通过联合"一带一路"中低收入国家建立代表发展中国家的数字贸易规则,促使未来全球数字贸易均衡发展。

二是中低收入国家应该注重提升数字化基础设施普及率和数字联通性水平。基于前文分析,中低收入国家在数字化服务基础设施建设水平上和高收入国家差距明显,比如宽带普及率、家用电脑拥有率上还有很大的提升空间。因此,中低收入国家应该通过国际合作等方式加快宽带等数字化基础设施建设,尤其是当下"一带一路"沿线中低收入国家在资金、技术等要素缺乏的情况下,提升国家移动宽带速度、提高移动手机普及率等,对于促进"一带一路"沿线中低收入国家数字化服务能力的增强就非常关键。

此外,根据前文分析,数字化服务水平和贸易自由化能够共同促进双边贸易发展,同时结合这些中低收入水平国家数字对外开放程度较低的事实,这些中低收入水平国家还需要注重数字化联通水平建设。数字化服务是以互联网为基础,强调区域数据互联。目前在轨宽带卫星通信网络对"一带一路"沿线亚洲国家(比如中亚和东南亚部分国家等)的覆盖尚有缺失[1](加上这

---

[1] 沈宇飞,周钠,高素,冯瑄.基于空间通信信息系统的"一带一路"信息联通走廊[J].卫星应用,2016(10):12—15.

些国家因为自身监管不到位,出于对国家信息安全考虑或者出于对舆论限制等原因限制本国互联网和外部网络的联通),因此,提升"一带一路"沿线亚洲中低收入国家数字化联通水平,可以通过在有限区域内实现数字自由流动,比如数字自由贸易港、离岸数据中心等来实现数字在局部地区的开放,与境外进行联通;然后随着这些国家相关数字监管规则等的不断完善,逐渐实现全境对外开放;同时也需要通过合作,加快推进卫星通信等对整个"一带一路"沿线的覆盖,比如促进中国北斗导航系统优先向"一带一路"沿线国家提供服务等。

总之,"一带一路"沿线亚洲国家数字化服务水平提升有助于促进沿线国家贸易发展,并且数字化服务水平和贸易自由化、信息通信产业发展会共同促进沿线贸易的发展。但是,"一带一路"沿线国家高收入国家和中低收入水平国家之间在数字基础设施上存在"鸿沟",因此,提升"一带一路"沿线亚洲国家数字化服务水平,需要沿线国家加强合作,不断扩大开放,来提升其数字化服务的创新能力、联通水平和数字国际规则的话语权。关于这一研究方向,笔者未来将会进一步结合"一带一路"沿线国家数字化制度建设现状,为"一带一路"国家数字监管规则的完善提供依据。

第七章
"一带一路"沿线国家基础设施先行的优化配置:基于产业园区的研究

"一带一路"建设已经六年有余,产业园区作为政府和市场的联合产物,已经成为"一带一路"沿线产业合作的重要抓手和平台,主要是由于产业园区无论基于经济还是政治等因素的考虑,都具有诸多优势:一是出于当地产业发展需要以及未来的产业规划,当地需要对某些特定产业进行扶持,形成产业链,来促进本地和沿线经济的发展;二是产业园区可以发挥规模经济优势,带动沿线基础设施、金融及管理等关联产业的发展,在解决就业和发展经济的同时,发挥园区辐射作用,短时期内可以带动区域经济的快速发展;三是产业园区可以发挥利益平衡优势,减少利益冲突,有利于形成共识,特别是对于沿线有关国家进行合作而言,各方利益容易平衡,有助于园区建设得到当地政府的认可,风险也可控,来自各方面的阻力会比较小;四是可以发挥园区发展的各种优惠和特殊政策,引导生产要素迅速流动与合理配置,短期内形成较大规模的投资推动效应,而且也有利于降低各种政策和贸易成本,提高发展速度和效率。本章将在对"一带一路"沿线产业园区的产业发展现状进行梳理分析的基础上,结合中国的产业发展需要,提出中国未来在"一带一路"沿线重点产业园区的建设规划。

第一节 "一带一路"沿线产业园区的产业发展现状

当前,"一带一路"沿线境外产业园区基于前期基础设施投资,同时融合东道国的产业发展,正处于加速发展阶段,已经成为"一带一路"沿线经贸合作的重要承载区,是中国推动"一带一路"建设过程对区域合作模式的重大创新。

一、中国境外产业园区的发展历程

改革开放四十年,中国境内各类产业园区建设经验丰富、成果丰硕,以现代化园区为载体形成产业集聚,以扁平化管理模式集中优势政策进行扶持,以有限资源的滚动式开发来加速产业集聚,中国境内产业园区的主导产业正在从劳动密集型向资金、技术和知识密集型转变,为中国境外产业园区的发展积累了丰富的发展经验和相对比较优势(主要体现在技术、资本等经济要素上)。

中国境外产业园区发展始于20世纪90年代,当时中国特区的成功经验已经为很多发展中国家所学习和借鉴。1994年,时任埃及总统穆巴拉克访华时,在参观天津技术开发区时,对产业园区建设产生了兴趣,并邀请天津开发区的天津泰达建设集团赴埃及交流合作园区建设经验。与此同时,中国一些企业基于自身的海外业务发展需要,以自筹资金的方式,在海外进行经贸合作区建设。如1998年,福建华侨实业公司投资六万平方米的境外加工贸易区;1999年,海尔集团在美国南卡罗来纳州建设海尔美国工业园,等等。

到了21世纪初期,在商务部出台的一系列支持、规范境外合作区的政策鼓励下,境外经贸合作区进入了快速发展阶段,海尔—鲁巴经济区成了中国和巴基斯坦共同推进的第一个中国境外经贸合作区,并且形成了以海尔集团的优势产业——家电、电子产业为核心的园区产业链模式。此外,国内一些优势地产开发企业租用土地,建设配套齐全的境外经贸合作区,并进行招商引资。截至2018年年底,根据商务部数据,中国境外产业园区累计投资超过四百亿美元,上缴东道国税费超过三十亿美元,为当地创造三十万个就业岗位。2019年,中国在"一带一路"沿线在建境外产业项目就有五个:在塞尔维亚投资建设中塞友好工业园区项目,在阿联酋开展中阿(联酋)产能合作示范园产业及科技合作项目,在柬埔寨开展西港特区产业升级及社会发展合作项目,在塔吉克斯坦投资建设中泰新丝路塔吉克斯坦农业纺织产业园项目,等等。

二、"一带一路"沿线境外产业园区的规模和结构特征

根据商务部官网数据,截至2018年11月,"一带一路"沿线共有产业园区八十个,其中经商务部确认产业园区有二十个。同时根据商务部最新发布的《中国"一带一路"境外经贸合作区助力可持续发展报告》,除了经营不到十年的境外经贸合作区尚未盈利外,12%的境外合作园区获得了可观的利润,33%获得了一定的利润。

从园区合作模式来看,中国境外产业园区根据主导企业的性质,主要分为民营和国有两类。在建设初期,主导企业就园区规划、政策优惠、筹集资金等方

面与东道国进行谈判,然后按照中国国内企业园区的建设标准和管理经验,根据东道国的具体情况,开辟各种类型的产业园区,并负责园区的日常运营管理。以商务部公布的八十个境外产业园区为基础,51.25%的境外产业园区的主导企业为民营企业,48.75%的为国有企业,可见民营与国有企业占比相当。

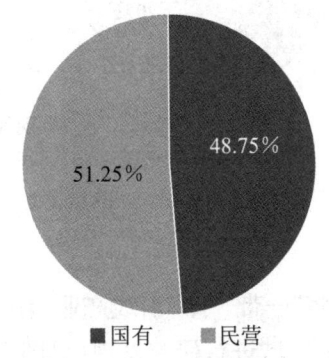

图 7-1 "一带一路"沿线产业园区性质

• 数据来源:作者依据商务部公布的 80 个"一带一路"境外产业园区进行统计得到。

  从园区类型及主导产业来看,目前中国境外产业园区根据主导产业及运营模式主要分为以下几类:一是农业产业园区,主要是指农业及其加工产业类园区,如吉尔吉斯斯坦亚洲之星农业产业合作区、俄罗斯北极星林业经贸合作区、俄罗斯泰源农业与牧业产业园区等;二是轻工业产业园区,主要是指第二产业中制造业类园区,比如纺织类、食品类、家电类等,如中国阿联酋(迪拜)食品工业园、乌兹别克斯坦安集延纺织园区、中国埃及曼凯纺织产业园等;三是重工业产业园区,主要是指第二产业类的园区,比如石油类、电子类、化学类等能源资源加工,如阿尔及利亚中国江铃经济贸易合作区、特变电工印度绿色能源产业园、印度尼西亚苏拉威西镍铁工业园等;四是高新技术产业园区,主要是指为生产前沿高科技产品的经贸合作园区,如中哈金土地高科技产业园区、中塔(河南)农业产业科技示范园区等;五是现代服务产业园区,主要是指第三产业类的园区,包括金融、物流、展览等,如阿联酋中阿(富吉拉)商贸物流园等;六是综合产业园区,主要是指集多种功能于一体的产业园区,如阿治曼中国城、格鲁吉亚华凌自由工业园、老挝万象赛色塔综合开发区等。

  图 7-2 表明,"一带一路"沿线的境外产业园区主要是以综合类为主,占比为 28%;其次是农业产业类园区和轻加工类产业园区,占比均为 20%;而现代服务业产业园区和高科技产业园区占比较低,分别为 10%和 7%。

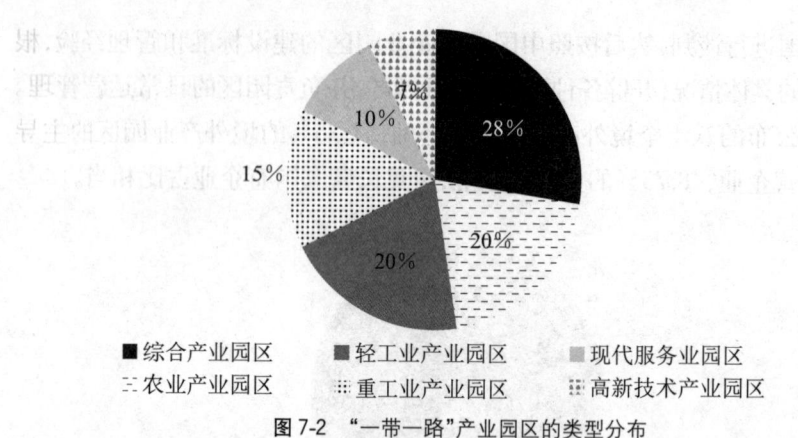

■ 综合产业园区　■ 轻工业产业园区　■ 现代服务业园区
≡ 农业产业园区　⋮⋮ 重工业产业园区　⋮⋮ 高新技术产业园区

图7-2 "一带一路"产业园区的类型分布

- 数据来源：作者自己依据商务部公布的八十个"一带一路"境外产业园区进行统计得到。

在园区地理分布上，将"一带一路"沿线产业园区按照东南亚、中东欧、中亚、南亚、西亚和非洲几个区域进行研究发现（见图7-3），"一带一路"沿线产业园区主要分布在东南亚，有二十六个，占比约为32%；其次是非洲，有二十五个，占比约为31%；西亚占比最少，只有两个产业园区。结合各个地区的产业园区类型分析，位于东南亚的产业园区，门类最为齐全，几乎涵盖了所有的产业园区类型；位于非洲的产业园区主要是农业产业园区和轻工业产业园区；位于中东欧的产业园区主要是高科技产业园区和现代服务业园区，但是俄罗斯除外，俄罗斯主要是木材加工类的产区园区；位于中亚和西亚的产业园区主要是能源加工产业园区；位于南亚的主要是轻工业产业园区。

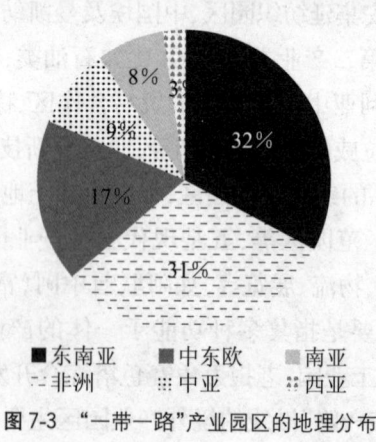

■ 东南亚　■ 中东欧　■ 南亚
≡ 非洲　⋮⋮ 中亚　⋮⋮ 西亚

图7-3 "一带一路"产业园区的地理分布

- 数据来源：作者自己依据商务部公布的八十个"一带一路"境外产业园区进行统计得来。

在地缘政治上,根据"一带一路"沿线的境外产业园区所在东道国与中国的合作关系,主要分为以下几类:一是全面战略伙伴关系,包括全面战略协作伙伴关系、全天候战略合作伙伴关系和全面战略合作伙伴关系;二是战略合作伙伴关系,包括战略合作伙伴关系、全方位战略伙伴关系、全面战略伙伴关系;三是战略伙伴关系,包括战略伙伴关系、全面友好合作伙伴关系、全面合作伙伴关系。图 7-4 表明:"一带一路"沿线产业园区的地理分布具有明显的地缘政治考量,其中境外产业园区所在国和中国是全面战略伙伴关系的国家占比为 41%,是战略合作伙伴关系的占比为 36%,是战略伙伴关系的占比为 19%,其他占比仅为 4%。

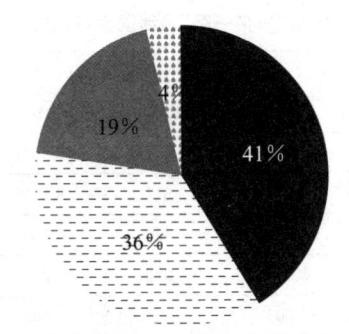

图 7-4 "一带一路"产业园区的地缘政治关系

• 数据来源:作者依据商务部公布的八十个"一带一路"境外产业园区进行统计得来。

第二节 中国产业与"一带一路"沿线国家的相对比较优势

经过改革开放 40 年的发展,中国经济规模已经连续多年位居世界第二,已进入到以服务业为主体的服务经济新时代。中国人均 GDP 在 2019 年首次突破一万美元,产业发展处于升级转型的关键时期,尤其是在中美贸易摩擦以及本次新型冠状肺炎引发的全球公共卫生事件等影响下,在外面临美国等发达经济体的技术封锁,在内面临制造业被东南亚等地的产业分流的影响,未来依托"一带一路"沿线境外产业园区构筑中国产业发展的新产业链,将是中国产业转移和产业升级转型的重要举措。因此,本节将从中国与"一带一路"沿线国家的货物贸易、服务贸易以及全球价值链地位角度,对中国产业与

"一带一路"沿线国家的相对比较优势进行分析。

一、中国与"一带一路"沿线国家的货物贸易结构特征

2018年,中国与"一带一路"沿线国家的贸易总规模为12 773亿美元,相比2009年,翻了一倍多。在具体产品进出口方面,中国与"一带一路"国家货物贸易规模在进口和出口层面差别明显。在进口产品层面(图7-5),中国从"一带一路"沿线国家进口的燃料和矿石比较多,占比为41%;其次是办公和电信设备,占比为22.2%。在出口产品层面,除该九类商品外的其他商品占比较高,为44.72%,其次是办公和电信设备,占比为16.5%。

表7-1 中国与"一带一路"沿线国家货物按产品分类　　　　单位:亿美元

	进口		出口		进出口合计	
	规模	占比	规模	占比	规模	占比
办公和电信设备	1 252	22.20%	1 177	16.50%	2 337	18.30%
纺织品	89	1.57%	611	8.57%	766	6.00%
服装	51	0.90%	450	6.30%	549	4.30%
钢铁	38	0.68%	372	5.21%	465	3.64%
化工产品	620	11.00%	535	7.50%	1 060	8.30%
农产品	564	10.00%	293	4.10%	754	5.90%
汽车	96	1.70%	207	2.90%	294	2.30%
燃料和矿产品	2 312	41.00%	250	3.50%	2 299	18.00%
医药品	6	0.11%	50	0.70%	54	0.42%
除该九类外的其他产品	611	10.84%	3 191	44.72%	4 195	32.84%
合计	5 638	1	7 135	1	12 773	1

· 数据来源:WTO数据库。

在技术含量层面,中国与"一带一路"沿线国家进口产品主要是能源类初级产品,占比为35.77%,主要由于中国是消费大国,对能源需要巨大,而"一带一路"沿线国家多为资源型国家,比如中东地区、中亚及俄罗斯等;其次为高技术制造业(电子和电气),占比为23.89%,主要是由于中国需要从东南亚、中东欧等地进口高技术中间品进行国内组装。

在出口层面(图7-6),中国对"一带一路"沿线出口低等技术产品占比为31.99%(纺织、服装和鞋帽为16.07%、其他为15.92%)和中等技术产品占比也为31.99%(机械工程类为20.23%、加工类为8.47%、自动化产品为3.29%),

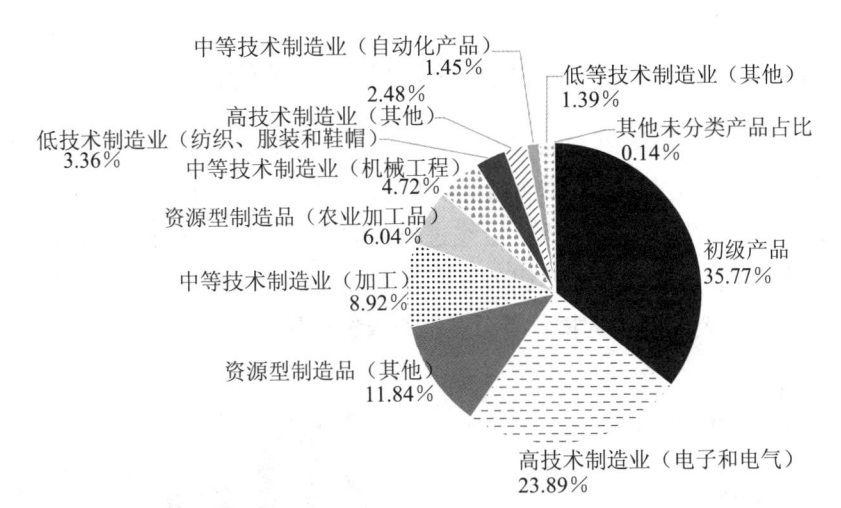

第七章 "一带一路"沿线国家基础设施先行的优化配置:基于产业园区的研究

图 7-5　2018 年中国与"一带一路"沿线国家的进口产品结构

中等技术制造业（自动化产品） 1.45%
低等技术制造业（其他） 1.39%
高技术制造业（其他） 2.48%
其他未分类产品占比 0.14%
低技术制造业（纺织、服装和鞋帽） 3.36%
中等技术制造业（机械工程） 4.72%
资源型制造品（农业加工品） 6.04%
中等技术制造业（加工） 8.92%
资源型制造品（其他） 11.84%
高技术制造业（电子和电气） 23.89%
初级产品 35.77%

- 资料来源:WTO 数据库;分类法参考:Lall, S.(2000)"The Technological Structure and Performance of Developing Country. Manufactured Exports, 1985—98", Oxford Development Studies, 28(3):337—369。

主要是因为沿线国家大多数为发展中国家,工业发展平均水平相对较低,对中低技术产品需求较大,也有一大部分高技术产品,其中电子和电气类占比为 21.72%,主要是由于区域供应链下带来的中国和整个东盟之间的产品内贸易。

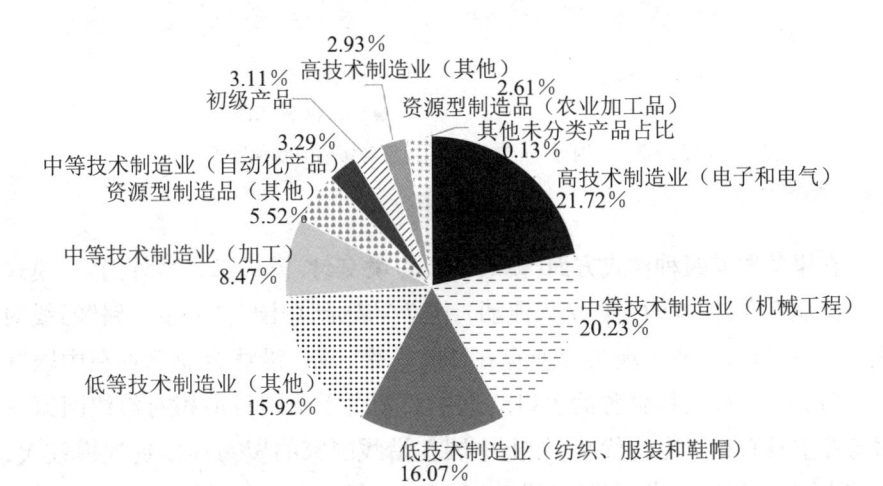

图 7-6　2018 年中国与"一带一路"沿线国家出口产品结构

高技术制造业（其他） 2.93%
资源型制造品（农业加工品） 2.61%
初级产品 3.11%
中等技术制造业（自动化产品） 3.29%
其他未分类产品占比 0.13%
资源型制造品（其他） 5.52%
中等技术制造业（加工） 8.47%
低等技术制造业（其他） 15.92%
低技术制造业（纺织、服装和鞋帽） 16.07%
中等技术制造业（机械工程） 20.23%
高技术制造业（电子和电气） 21.72%

- 资料来源:WTO 数据库;分类法参考:Lall, S. (2000)"The Technological Structure and Performance of Developing Country. Manufactured Exports, 1985—98", Oxford Development Studies, 28(3):337—369。

二、中国与"一带一路"沿线国家的服务贸易结构特征

根据商务部数据,2018年中国与"一带一路"沿线国家或地区的服务进出口额达到1 217亿美元,占中国服务贸易总额的15.4%。在服务贸易进口层面(图7-7),中国从"一带一路"沿线进口主要集中在与贸易有关的服务(分销)、运输服务、计算机与视听服务三大类上,占比分别为17.42%、19.55%和16.29%,还主要是基于货物贸易而发生的服务交易。

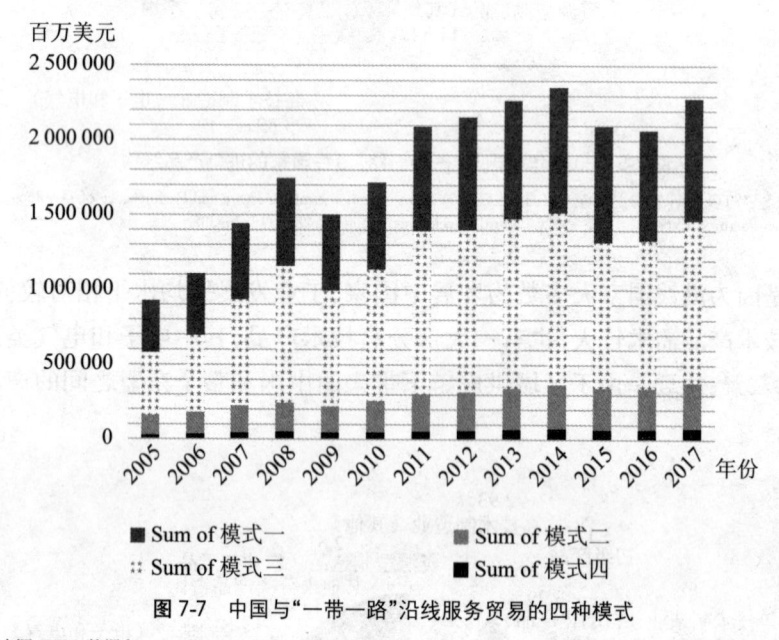

图 7-7 中国与"一带一路"沿线服务贸易的四种模式

• 资料来源:WTO数据库。

在服务贸易四种模式方面(模式一为跨境交付,模式二为境外消费,模式三为商业存在,模式四为自然人流动),图7-7表示,中国与"一带一路"沿线的服务贸易进口,主要表现为商业存在,即"一带一路"沿线企业选择在中国开办服务类企业来进行服务的进口。这主要是由于中国目前相对沿线国家在服务业上具有相对比较优势,加上中国在沿线国家的贸易和投资规模较大,目前中国已经是"一带一路"沿线26个国家的第一大贸易国和21个国家的第二或第三大进口贸易国,在中国服务业尚未完全开放的前提下,加上服务业在技术等方面的限制,使得商业存在模式的服务贸易的占比超过跨境交付模式的服务贸易。与此同时,跨境交付紧随其后,占比为35.79%,主要是跨境

电子商务占了很大比重。

在服务贸易地理分布方面,目前和中国进行服务贸易的国家主要为新加坡、俄罗斯、印度、波兰等服务经济比较发达的经济体,比如新加坡在金融、专业服务、研发等方面以及印度在软件等方面都具有相对比较优势,是中国服务贸易主要进口国。而中国从大多数发展中国家的服务进口较少。

三、中国与"一带一路"沿线国家在全球价值链中的地位

"一带一路"沿线很多国家没有参与到全球价值链中来,有些国家尽管进出口规模很大,但是在全球价值链中的地位很低,主要位于劳动密集型等低端环节。本节基于 Koopman(2010)的方法,采用 OECD-TIVA 数据库数据来对"一带一路"沿线国家的全球价值链(GVC)参与指数和 GVC 地位指数进行测度。

(一)中国与"一带一路"沿线国家的全球价值链的参与度

从时间维度上来看,从 2009 年到 2016 年,越南、俄罗斯、柬埔寨等国的GVC 参与度指数增长明显(表 7-2),其中,越南的 GVC 参与度指数从 0.56 增加到 0.65,俄罗斯从 0.39 增加到 0.49,柬埔寨从 0.39 增加到 0.42,表明这些国家在全球生产网络背景下的全球价值链参与度越来越高,并且这些国家 GVC 参与度指数在 2013 年以后增长趋势更加明显,这也在一定程度上表明"一带一路"建设对这些国家的全球价值链参与度提升起到很好的促进作用。印度、菲律宾、新加坡、希腊等国的 GVC 参与度指数变化比较小,处在相对比较稳定的状态。以色列、哈萨克斯坦等国近年来在全球价值链参与度方面有所减缓,其 GVC 参与指数呈下降趋势。此外,2008 年金融危机和近年来逆全球化思潮引起了这些国家的全球价值链参与度指数出现不同程度的波动。

从纵向国别维度来看,从 2005 年到 2016 年的十二年间,平均 GVC 参与指数大于 0.6 的国家有保加利亚、中国、捷克、匈牙利、马来西亚、新加坡、斯洛伐克、泰国和越南,其中,中国的平均 GVC 参与指数是最高的。而中亚、中东地区的平均 GVC 指数相对较低,说明这些国家参与全球生产网络水平较弱。此外,中东欧国家由于贸易开放程度、产业管理水平、城市发展水平等方面都具有一定优势,在全球产业价值链中有更深的参与度,其 GVC 参与度指数整体上较高。

表7-2 "一带一路"沿线国家的 GVC 参与度指数

国家	2005年	2006年	2007年	2008年	2009年	2010年	2011年	2012年	2013年	2014年	2015年	2016年	均值
保加利亚	0.57	0.60	0.63	0.63	0.58	0.62	0.63	0.61	0.61	0.61	0.60	0.57	0.60
文莱	0.22	0.22	0.20	0.23	0.21	0.21	0.24	0.26	0.26	0.22	0.16	0.19	0.22
中国	0.68	0.68	0.68	0.67	0.66	0.65	0.66	0.68	0.68	0.68	0.68	0.70	0.67
塞浦路斯	0.46	0.45	0.46	0.48	0.48	0.45	0.43	0.43	0.43	0.45	0.45	0.39	0.45
捷克	0.60	0.61	0.62	0.61	0.59	0.61	0.62	0.62	0.62	0.62	0.61	0.60	0.61
爱沙尼亚	0.54	0.54	0.54	0.55	0.52	0.57	0.59	0.59	0.60	0.59	0.57	0.56	0.56
希腊	0.45	0.47	0.47	0.42	0.44	0.51	0.51	0.55	0.55	0.51	0.50	0.47	0.49
克罗地亚	0.46	0.47	0.47	0.46	0.44	0.46	0.45	0.45	0.45	0.44	0.45	0.44	0.45
匈牙利	0.64	0.65	0.64	0.65	0.62	0.64	0.64	0.63	0.62	0.61	0.58	0.59	0.63
印度尼西亚	0.47	0.43	0.43	0.43	0.43	0.42	0.43	0.43	0.45	0.46	0.46		0.44
印度	0.55	0.54	0.54	0.55	0.56	0.56	0.56	0.56	0.55	0.54	0.51	0.50	0.54
以色列	0.44	0.44	0.42	0.43	0.44	0.41	0.40	0.39	0.38	0.38	0.37	0.35	0.40
哈萨克斯坦	0.47	0.46	0.46	0.41	0.39	0.32	0.33	0.33	0.32	0.30	0.30	0.27	0.36
柬埔寨	0.39	0.40	0.40	0.39	0.39	0.41	0.39	0.39	0.40	0.40	0.40	0.42	0.40
立陶宛	0.48	0.49	0.48	0.54	0.51	0.53	0.51	0.50	0.49	0.49	0.45	0.50	
拉脱维亚	0.48	0.51	0.50	0.48	0.47	0.50	0.50	0.51	0.50	0.50	0.51	0.48	0.49
马来西亚	0.66	0.65	0.66	0.64	0.65	0.64	0.63	0.62	0.62	0.62	0.63	0.63	0.64
菲律宾	0.49	0.54	0.47	0.47	0.46	0.47	0.47	0.47	0.46	0.45	0.45	0.47	0.47
波兰	0.56	0.57	0.58	0.58	0.55	0.57	0.58	0.57	0.57	0.57	0.55	0.55	0.57
罗马尼亚	0.52	0.51	0.49	0.46	0.46	0.50	0.53	0.55	0.56	0.56	0.50	0.50	0.51
俄罗斯	0.39	0.38	0.39	0.40	0.43	0.42	0.40	0.39	0.40	0.40	0.47	0.49	0.41
沙特阿拉伯	0.14	0.14	0.14	0.10	0.10	0.10	0.10	0.11	0.12	0.15	0.16	0.12	
新加坡	0.61	0.63	0.60	0.61	0.60	0.60	0.62	0.62	0.62	0.62	0.61	0.60	0.61
斯洛伐克	0.61	0.63	0.64	0.66	0.63	0.66	0.65	0.65	0.65	0.64	0.63	0.64	
斯洛文尼亚	0.55	0.56	0.57	0.57	0.54	0.56	0.57	0.57	0.55	0.54	0.52	0.55	
泰国	0.63	0.63	0.63	0.64	0.63	0.63	0.63	0.62	0.62	0.60	0.61	0.63	
土耳其	0.51	0.53	0.54	0.56	0.53	0.55	0.55	0.53	0.53	0.53	0.53	0.54	
越南	0.56	0.57	0.59	0.60	0.59	0.61	0.62	0.62	0.63	0.63	0.66	0.65	0.61

• 数据来源：OECD-TIVA 数据库计算得来。

表 7-3 "一带一路"沿线国家 GVC 地位指数

国家	2005年	2006年	2007年	2008年	2009年	2010年	2011年	2012年	2013年	2014年	2015年	2016年	均值
保加利亚	−0.06	−0.11	−0.13	−0.14	−0.05	−0.05	−0.09	−0.11	−0.12	−0.11	−0.10	−0.06	−0.09
文莱	0.07	0.08	0.07	0.08	0.05	0.06	0.05	0.03	0.01	0.07	0.05	0.04	0.06
中国	0.11	0.12	0.14	0.16	0.20	0.18	0.17	0.19	0.20	0.21	0.25	0.27	0.18
塞浦路斯	−0.01	−0.03	−0.03	−0.06	−0.03	−0.05	−0.04	−0.04	−0.07	−0.08	−0.09	−0.07	−0.05
捷克	−0.07	−0.08	−0.09	−0.07	−0.06	−0.10	−0.11	−0.12	−0.12	−0.14	−0.13	−0.12	−0.10
爱沙尼亚	−0.05	−0.05	−0.06	−0.07	−0.03	−0.09	−0.13	−0.14	−0.12	−0.11	−0.11	−0.10	−0.09
希腊	0.05	0.03	0.00	0.01	0.08	0.04	0.00	−0.04	−0.03	−0.04	0.00	0.03	0.01
克罗地亚	0.01	0.02	0.02	0.02	0.05	0.04	0.05	0.06	0.04	0.04	0.04	0.04	0.04
匈牙利	−0.18	−0.21	−0.21	−0.22	−0.19	−0.24	−0.24	−0.24	−0.23	−0.24	−0.22	−0.23	−0.22
印度尼西亚	0.09	0.11	0.12	0.11	0.16	0.15	0.13	0.13	0.13	0.14	0.17	0.19	0.13
印度	0.14	0.10	0.10	0.05	0.10	0.07	0.05	0.04	0.04	0.06	0.10	0.14	0.08
以色列	−0.06	−0.08	−0.04	−0.01	0.00	−0.03	−0.02	0.00	0.00	0.00	0.02	0.01	−0.03
哈萨克斯坦	0.05	0.08	0.05	0.07	0.09	0.11	0.14	0.11	0.12	0.13	0.15	0.10	0.10
柬埔寨	−0.17	−0.15	−0.15	−0.14	−0.10	−0.10	−0.12	−0.13	−0.12	−0.12	−0.12	−0.12	−0.13
立陶宛	−0.09	−0.08	−0.08	−0.09	−0.12	−0.11	−0.10	−0.12	−0.13	−0.13	−0.11	−0.11	−0.11
拉脱维亚	0.04	0.03	0.02	0.02	0.08	0.05	0.03	0.01	0.02	0.05	0.05	0.05	0.04
马来西亚	−0.18	−0.16	−0.17	−0.13	−0.11	−0.13	−0.12	−0.11	−0.10	−0.09	−0.08	−0.07	−0.12
菲律宾	−0.03	−0.07	−0.01	−0.02	0.02	0.00	0.00	0.00	0.03	0.04	0.01	0.00	0.00
波兰	0.05	0.02	0.02	0.02	0.05	0.03	0.01	0.02	0.02	0.01	0.01	0.01	0.02
罗马尼亚	−0.03	−0.03	−0.02	0.01	0.05	0.06	0.04	0.05	0.07	0.07	0.04	0.05	0.03
俄罗斯	0.16	0.16	0.17	0.16	0.18	0.18	0.18	0.18	0.18	0.18	0.20	0.23	0.18
沙特阿拉伯	0.06	0.04	0.03	0.04	0.04	0.04	0.04	0.04	0.04	0.04	0.05	0.06	0.04
新加坡	−0.19	−0.20	−0.18	−0.22	−0.18	−0.17	−0.19	−0.19	−0.18	−0.19	−0.16	−0.15	−0.18
斯洛伐克	−0.19	−0.23	−0.21	−0.21	−0.18	−0.21	−0.21	−0.21	−0.21	−0.19	−0.20	−0.20	−0.20
斯洛文尼亚	−0.09	−0.11	−0.12	−0.11	−0.06	−0.09	−0.11	−0.10	−0.10	−0.09	−0.09	−0.09	−0.10
泰国	−0.10	−0.09	−0.07	−0.11	−0.05	−0.07	−0.11	−0.11	−0.10	−0.09	−0.06	−0.03	−0.08
土耳其	0.16	0.14	0.14	0.13	0.19	0.16	0.11	0.11	0.12	0.13	0.15	0.16	0.14
越南	−0.13	−0.15	−0.18	−0.18	−0.12	−0.15	−0.17	−0.15	−0.16	−0.17	−0.17	−0.17	−0.16

• 数据来源：OECD-TIVA 数据库计算得来。

(二)"一带一路"沿线国家全球价值链的地位分布

由于 GVC 参与度指数无法体现一国在全球价值链中所处的位置,也无法体现一国贸易出口对国内贸易的真实贡献,比如新加坡的平均 GVC 参与度指数为 0.61,但是其平均 GVC 地位指数为 -0.18,表明新加坡尽管全球价值链的参与度很高,但是在全球价值链中的地位不是很高。因此,GVC 参与度指数和 GVC 地位指数并不完全正相关,为此本书进一步计算出各国 GVC 的地位指数(见上表 7-3)。

从 2005 年到 2016 年,GVC 平均地位指数在 0.1 以上的国家有中国、印度尼西亚、哈萨克斯坦、俄罗斯和土耳其。其中,中国、印度尼西亚、俄罗斯的 GVC 地位指数处于上升状态,而哈萨克斯坦和土耳其的 GVC 指数有一定程度的波动。GVC 平均地位指数小于 -0.1 的国家有新加坡、马来西亚、越南、斯洛文尼亚、斯洛伐克、立陶宛、柬埔寨、匈牙利和捷克,其中,新加坡、马来西亚、柬埔寨处于上升状态。

最后,将 GVC 参与度指数和 GVC 地位指数结合起来看,可以发现:尽管哈萨克斯坦等国 GVC 平均参与度指数不高,但是其 GVC 平均地位指数很高,说明这些国家的进出口规模很大,但是贸易中间品增加值部分的进出口较少,或者表明这些国家过分依赖国外增加值出口。而新加坡、马来西亚等东盟国家和中东欧国家正好相反,其 GVC 平均参与度指数很高,但 GVC 平均地位指数很低,表明这些国家参与全球生产网络程度较高,但是他们在全球价值链中所处的位置较低。中国的 GVC 平均参与度指数和 GVC 平均地位指数都很高,一方面,表明中国贸易规模大,全球贸易参与程度很高;另一方面,也表明中国在全球价值链中地位也较高。

第三节 "一带一路"沿线重点产业园区筛选及介绍

中国产业发展现在面临由要素驱动向技术驱动和创新驱动过渡的重要时期,即需要攻克卡脖子的高端产业领域,依据《中国制造 2025》规划内容,包括新一代信息技术如集成电路、高端数控机床和机器人、航空航天装备、海洋工程装备、新能源和新材料等。与此同时,中国也是一个消费大国,面临人口老龄化、资源能源短缺、要素成本上升等因素的影响,中国当下更需要依托自身的产业优势,构建更加安全和更具有竞争力的产业链,来不断维持和提升中国产业的国际竞争力。据此,本节将在"一带一路"沿线根据中国产业发展战略、产业比较优势等来选择重点产业园区,并介绍其重点合作方向。

一、未来重点产业园区的主要合作方向

未来重点合作方向的选择,不仅对中国与"一带一路"沿线国家的双边经贸合作至关重要,也是沿线产业园区融入当地价值链、能够可持续发展的关键,在促进沿线国家工业化不断发展的同时,将会带动整个区域的发展。

一是资源能源领域,是弥补国内经济要素短缺的关键。中国目前劳动力成本高企、劳动力供给短缺;随着城市化进程的不断加快,未来的农业用地和工业用地都将受限;同时,中国是消费大国,对能源消耗巨大,比如天然气、石油等依赖于进口。从沿线国家来看,大多数是发展中国家且资源能源等初级经济要素丰沛,对其一定程度上的合理的开发利用,将对沿线国家解决就业、增加收入、促进工业化等非常关键。因此,对于这些资源能源丰富的地区,通过建立产业园区,很容易得到沿线国家的支持,并能很快融入当地产业价值链。这是"一带一路"沿线产业园区未来重点合作方向。

二是专业服务领域,是提升沿线双边经济效率的关键。尽管目前中国在专业服务领域具备一定的基础,但是相比新加坡等国,差距依然明显,但是相对"一带一路"沿线大多数国家而言,中国在专业服务领域还是具有一定优势的,未来加强专业服务合作,尤其是在会计、法律咨询、跨境结算、融资保险、物流等领域,对于沿线企业降低运营和交易成本、防控风险非常关键,也能进一步促进中国相关对应企业加速"走出去"。

三是高科技领域,是促进双边全要素生产率提升的关键。中国在很多高科技领域,依然存在短板和瓶颈,需要加强合作,进行技术突破创新。而"一带一路"沿线国家如以色列、俄罗斯、中东欧等一些国家在一些关键技术上具有相对优势,中国需要和这些国家加强合作,在绿色能源、生物技术等方面加强协作、联合攻关。

二、"一带一路"沿线重点产业园区的选择

基于上述三点考虑,同时结合东道国和中国的地缘政治关系、相对产业比较优势,笔者在"一带一路"沿线不同区域选择重点产业园区,并对于目前没有的重点产业园区的区域,进行前瞻性规划。

在东南亚区域,结合东南亚和中国的经济地理优势,由于大多数国家目前都是 RCEP 谈判国,加上这些国家水资源和有色金属等资源丰富,并且具

备一定的产业基础,目前是国内制造业分流的主要流向地,将是未来产业价值链发展的重点和核心区域。因此应该在能源、服务和高科技领域进行全面布局。未来重点发展的产业园区包括:柬埔寨的西哈努克港经济特区,重点合作方向为劳动密集型的轻工业领域;泰国的罗勇工业园,重点合作方向是汽配、机械等重工业领域;越南的龙江工业园,重点合作方向是电子和化工领域;老挝的万象赛色塔综合开发区,重点合作方向是能源化工领域。此外,还需要与新加坡加强合作,在第三国开辟服务业园区,比如金融、物流等中心,具体参考地点为马来西亚等地。

在东北亚区域,结合东北亚与中国地理上的比较接近优势,加上韩国在高新技术上具有比较优势,可以加强与东北亚地区在高新技术领域的合作,比如中韩科技创新经济园区,着眼于人工智能等领域,促进中国高新技术企业融合国际化的步伐。

在欧盟区域,以德国和法国为代表的欧盟地区,在制造业和金融领域,走在世界前列,可以和两国联合在第三方国家合作开发高科技园区和服务业园区,比如比利时科技园,双方可以联合德国、法国等在研发领域进行合作,为中国研发企业进入欧洲提供通道,也为欧盟研发企业进入中国市场提供通道。此外,还需要充分利用伦敦作为全球最大离岸人民币中心的地位,布局金融保险、咨询类的产业园区,为整个西亚、北非、欧洲的中国企业提供服务。

在中东欧区域,主要是以俄罗斯为核心的苏联国家,其相对中国的比较优势是工业和能源,因此,未来的合作方向主要是能源和工业领域,重点产业园区为:中国—白俄罗斯工业园,重点是电子信息、生物医药、精细化工、高端制造等领域;俄罗斯中俄托木斯克木材工贸合作区,重点在木材及家具制造等领域的合作。此外还应在俄罗斯加速建设能源产业合作区。

在西亚北非区域,矿产资源丰富,因此未来产能合作是主要方向,重点产业园区为阿联酋中阿产能合作示范园。此外,基于埃及地理位置的考虑,还应该包括埃及苏伊士经贸合作区,重点是物流、金融服务、商务咨询等为核心的服务业园区。

在东非区域,由于东非地区目前经济水平比较低,中国和东非的合作主要聚焦于基础设施建设,未来加工业和机械制造将是一个重要合作方向,主要是服务于未来整个非洲开发的需要,比如华坚埃塞俄比亚轻工业城,以轻工业为主要合作产业,满足非洲当下经济需要;埃塞俄比亚东方工业园,目前是集工业、商业等于一体的综合产业园区,未来应以物流、金融、重工业为主导产业方向,注重整个非洲未来的发展。

在南亚区域,主要是巴基斯坦和印度。尤其是印度在服务经济如软件等方面具有很强的相对比较优势,和印度未来的产业园区合作方向是软件、医疗、器械等方面,如万达印度产业园;而巴基斯坦在地缘政治上,和中国关系紧密,因此,和巴基斯坦未来的产业园区合作方向主要是劳动密集型产业园区,如鲁巴经济区。

第八章
"一带一路"亚洲国家基础设施先行的政策规划:基于欧盟跨区域基础设施网络建设的经验启示

第四章和第五章从需求端基于区域公共产品供给理论论述了贸易便利化和投资环境优化对"一带一路"沿线亚洲国家基础设施先行优化配置的需要,本章将基于区域公共产品政策规划相关理论,通过对欧盟跨区域基础设施网络建设经验梳理来对"一带一路"亚洲国家基础设施先行的政策规划进行论述。

第一节 "一带一路"亚洲国家基础设施先行与政策规划

对于"一带一路"建设而言,大型区域基础设施,比如铁路、公路、码头、天然气管道、输电网等,是"一带一路"建设优先领域,也是形成区域一体化市场的前提条件,有助于区域内经济要素流动,提高区域要素配置效率,促进区域经济发展。韩国因为夏季温度比较高需要降温,对电力的需求比较大,而俄罗斯夏季气温不是很高,相反冬季因为严寒需要取暖,对电力需求比较高,这种因为季节性气候差异导致一国能源需求的季节性变化,就可以通过区域能源网络来进行合理配置,使得双方都获利。在韩国和俄罗斯远东地区建立大型的高压输电网,把韩国冬季过剩的电力输送给俄罗斯远东,同时把俄罗斯远东夏季过剩的电力输送给韩国,这样会使得两国达到双赢,也减少了资源的浪费。

但是跨区域基础设施建设不同于国内基础设施建设,其背后往往是具有独立主权国家的利益考量,不仅仅需要大量资金,还需要各国在基础设施建设及运营中的相关规则、标准和指令互联互通,才能使跨区域基础设施真正发挥配置经济资源的作用。这种政策规划上的互联互通对于"一带一路"沿线亚洲国家基础设施先行来讲,目前仍然有很多问题需要解决,主要是因为:一,"一带一路"沿线亚洲国家没有一个像欧盟委员会这样强大的国际组织居中协调,一旦区域整体利益和国内利益发生冲突,整个基础设施项目可能被搁置或者推迟;二,"一带一路"沿线亚洲国家基础设施领域目前开放程度比较低,大部分国家基础设施领域都是国有企业控股,尤其是能源领域表现最为突出;三,跨区域基础设施建设本身就比较复杂,包括环境保护和拆迁等问题,需要多个政府部门一起协商讨论解决,对政府效率要求比较高;四,各参与国在跨区域基础设施建设中承担的成本与获取的收益很难被估量,也包括前期建设过程中对环境的影响以及建成后其经济外部性很难被估算,这就很容易造成不同国家间成本收益的不平衡;五,跨区域基础设施建设注重整体网络效应,需要参与国共同维护基础设施,才能保证整个基础设施网络的整体效率,任何一个环节发生问题都会影响到整体经济效率,这需要参与国具备一定经济基础进行保证。基于上述表述,"一带一路"沿线亚洲国家经济水平各异、政治环境复杂、区域经济一体化程度不是很高等,使得在基础设施建设中很容易发生利益纠纷等问题。

因此,对于跨区域基础设施建设而言,除了优化配置外,政策规划将也是一个重要和关键的环节。欧盟作为经济一体化水平非常高的区域组织,尽管"一带一路"未来发展趋势未必是欧盟现在的格局,但是其在跨欧盟基础设施网络构建中有许多值得学习和借鉴的地方。本章也将基于跨欧盟基础设施网络构建过程中在政策规划上的经验,对"一带一路"沿线亚洲国家基础设施先行提出政策上的建议。本章的分析架构为,第一部分介绍跨欧盟基础设施网络构建的背景;第二部分介绍跨欧盟交通基础设施网络构建过程的政策规划;第三部分介绍跨欧盟能源基础设施网络构建过程中的政策规划;第四部分是推进"一带一路"沿线亚洲国家基础设施网络建设的政策规划与建议。

第二节 欧盟跨区域网络建设背景及主要内容

一、欧盟跨区域网络建设背景

因为"二战"的发生,欧洲国家在战后合作主要是围绕如何避免发生区域战争,维护欧洲地区的安全和稳定。欧盟的起源最早可以追溯到1948年由美国发起成立的欧洲经济合作组织,主要是用来协助马歇尔计划的实施,进行欧洲重建工作。随着欧洲经济不断复苏,为了进一步防止地区军事冲突,欧洲国家强化对煤炭和钢铁的管理,并于1951年建立欧洲煤钢共同体,开启了功能性区域合作的新模式。

为了进一步协调解决欧洲各国之间矛盾与分歧，同时应对来自苏联的威胁，西欧国家加强了在经济等层面的相互合作，比如1957年，法国、德国、意大利、荷兰、比利时和卢森堡六国政府首脑和外长在罗马签署《罗马条约》，主要包括《欧洲经济共同体条约》和《欧洲原子能共同体条约》，该条约于1958年生效。《罗马条约》核心内容是建立关税同盟和农业共同市场来协调经济，建立区域性社会政策，实现成员国内商品、人员、服务和资本的自由流通。1967年，欧洲煤钢共同体、欧洲经济共同体和欧洲原子能共同体合并为欧共体。

　　此后，随着欧共体成员国在区域经济合作上取得一系列巨大成就，成员国数量不断增加。为了进一步加强成员国之间的经济联系，在欧共体内部建立一个统一市场，1991年欧共体首脑会议在荷兰马斯特里赫特签署了《欧洲联盟条约》。该条约在成员国中形成了一系列经济政策，包括统一货币、统一货币兑换率，以及建立一个制定和执行欧共体政策的欧洲中央银行体系等，这标志着欧盟的诞生。

　　随着欧共体成员国数量不断增加，尤其是1973年英国、爱尔兰和丹麦的加入，加上石油危机的发生，欧共体内部成员国之间的经济差距不断扩大。为了均衡区域发展，缩小区域成员国之间的经济发展差距，1975年欧洲区域投资基金建立，其成立的主要目的是把资金以拨款等转移支付手段对经济落后国家进行资助，主要用于基础设施建设，带有很强的援助性质。

　　对于整个欧洲地区来讲，真正的区域性政策是在1988年制定的。当时欧盟委员会主席雅克·德洛尔对欧盟委员会预算进行了改革，其最大亮点就是欧委会和成员国当局共管区域建设资金，并且明确了区域投资基金拨款项目的具体标准。此外，欧委会可以直接参与到项目的执行和准备阶段，这样有利于欧洲基础设施整体规划，比如基于欧洲基础设施建设整体考虑，更加注重对经济薄弱地区基础设施建设的拨款力度。这将不仅有助于增强欧盟在区域经济发展中的主导作用，更将有助于对欧盟发展进行长远规划，进一步提升其经济一体化水平。

二、欧盟跨区域网络主要内容

　　早在1978年，欧共体由于不具备在运输、能源和通信等基础设施领域进行投资的专业能力，和成员国一起组建运输基础设施委员会。委员会成员主要是由欧共体和成员国派遣人员组成，致力于通过多边合作，来促进区域基础设施建设，从而为整个欧共体经济发展打下坚实的基础。

而为跨欧洲区域基础设施网络建设提供政策依据的是《欧洲联盟条约》。在此之前,由于欧共体成员国之间交通、能源和通信设施互联互通水平比较低,极大地阻碍了成员国之间的货物、服务、资本和劳动力等经济要素流动,最终导致市场分割以及区域不均衡发展,不利于欧洲经济一体化发展。1988年,切基尼报告详细地估算了如果欧洲不建立一体化市场的机会成本,报告认为这一机会成本相当高昂,可以通过区域基础设施联通来促进成员国之间贸易、资本、人力资源流动,来提升欧洲整体利益。基于上述考虑,《欧洲联盟条约》明确规定需要建立跨欧盟基础设施网络,并在《欧盟执行条约》里面明确了欧盟应该采取的政策和措施。

跨欧盟基础设施网络主要包括三个方面,分别是跨欧盟交通基础设施网络、跨欧盟电信基础设施网络和跨欧盟能源基础设施网络。其主要是通过区域基础设施整合,一方面,给欧盟企业和居民带来真真切切的经济和社会利益;另一方面,通过欧盟基础设施合作如国家之间基础设施网络互联和互相操作来优化各类相关政策对接,促进欧盟共同市场的良好运作。除此之外,跨欧盟基础设施网络建设有助于加强整个欧盟地区成员国之间的经济联系,可以把欧盟边缘地区和欧洲经济核心地区联系起来,使得欧盟成员国之间联系更加紧密,进一步完善欧盟共同市场,最终将有助于欧盟经济的均衡发展和可持续发展,比如 Moussis 所言,通过跨欧盟基础设施网络构建,将会为欧盟经济发展打开一条通过共同市场带来规模经济效应的新发展道路。[1]

根据《欧盟执行条约》第 171 条规定,促进跨欧盟基础设施网络的具体措施包括:

- 通过制定一系列详细的标准来明确关系成员国共同利益的基础设施项目,并提出具体项目目标和优先事项,以及项目所涉及的社区行动等,并与成员国国家政策协调对接;
- 通过一系列措施来制定区域基础设施统一的技术标准;
- 对会员国在开展具体项目建设时遇到的财政等问题,进行协助解决,比如协助进行可行性研究,为成员国贷款提供信用担保或对其贷款进行利率补贴等;
- 通过联合基金(the Cohesion Fund)直接为运输领域基础设施具体项目建设提供资金。

---

[1] Moussis, N., Access to social Europe[EB], 2004, https://data.bnf.fr/en/3337055/nicolas_moussis/fr.pdf.

目前,在跨欧洲网络建设中,交通基础设施网络由于能够直接降低运输成本,促进区域贸易发展等,是实现联通最早的也是进展最快的领域;能源基础设施网络由于各成员国出于国家能源安全考虑,加上其大部分是国有企业控股,进展比较缓慢;通信基础设施网络由于欧盟区域内基本上都采用全球移动通信系统标准,不存在网络建设。

和欧盟跨区域网络建设相比,尽管"一带一路"建设没有一个统一的标准的制度框架,也没有一个区域性组织如欧委会居中协调推进,其合作模式主要是结合具体项目推进,不像欧盟那样基于整个基础设施网络规划来通过一系列区域性条约自上而下推进。但是跨欧盟基础设施网络建设和"一带一路"基础设施先行又具有一些共同点。一是两者要解决的问题基本上相同,两者都面临区域内经济发展巨大差距,要通过基础设施联通来促进区域内要素流动,形成统一市场,来缩小区域经济发展差距;二是两者区域内都存在很多经济相对薄弱的国家,基础设施水平本身比较落后,已经制约到自身经济发展,需要通过基础设施建设促进其经济发展,进而缩小区域经济发展差距;三是两者都面临区域内基础设施项目评估技术和行政管理规则等千差万别,不利于区域要素流动,亟待进行政策联通,来提高基础设施供给和运营效率。基于此,尽管两者有区别,但是两者面临的基本诉求和主要问题是相似的。由于欧盟已经在跨欧盟区域网络建设中取得了一些成就,尤其是在推进过程中在政策规划上有一些创新,对于"一带一路"建设过程中项目推进具有重要的借鉴和启示作用。因此,本章将重点分析欧盟在交通网络和能源网络建设中的政策规划对"一带一路"基础设施先行政策规划的启示作用。

第三节　跨欧盟交通网络建设的政策规划[①]

本节重点分析跨欧盟交通网络顶层设计的基本原则等,以及在体制机制、融资安排等上的创新性举措,为"一带一路"基础设施先行提供经验借鉴。

一、跨欧盟交通网络的顶层设计

跨欧盟交通网络主要是欧委会针对欧盟境内的公路、铁路线、内河航道、

---

① 这节主要内容由欧盟跨欧盟交通基础设施网站相关资料整理,commission working document-consultation on the future trans-european transport network policy, http://eur-lex.europa.eu/legal-content/en/all/?uri=cel-ex:52010DC0212。

海上航线、港口、机场和铁路终端等基础设施网络联通而实施的一项行动规划。具体交通网络建设主要包括两个层面，一个是覆盖整个欧盟地区的综合交通基础设施网络，另外一个是联结关键节点和环节的核心交通基础设施网络。跨欧盟网络建设部门帮助解决欧盟成员国在交通基础设施建设中存在的瓶颈和技术壁垒，如新建基础设施时采用创新数字技术和通用标准，对原有基础设施进行现代化升级等，来缩小区域交通基础设施差距，同时强化欧盟在经济和社会等层面的区域合作。目前，跨欧盟交通网络建设可谓成果丰硕，有九个核心网络通道已经建成，对整个欧盟交通基础设施网络建设起到了很好的示范和引领作用。此外，还有两个平行推进的项目，分别是欧洲铁路管理系统和"海上高速公路"，两者作为对跨欧盟核心交通基础设施网络的一个补充，共同促进跨欧盟交通基础设施网络的联通。

（一）跨欧盟交通基础设施网络规划的基本原则

交通基础设施网络在战略层面的规划需要最大化平衡成员国和欧盟之间的利益诉求，需要考虑整个战略的可执行性和可操作性，既要其遵守各成员国的国家主权，又要满足整个欧盟的利益诉求，其需要遵守的基本原则包括：

- 注重多式联运模式的运用，包括多种运输模式连通和联合运输，相互补充，充分发挥各种运输模式的优势；
- 注重整个运输网络的联通，并对薄弱环节进行升级、优化和提升；
- 注重基础设施项目建设的可持续性，包括遵守欧盟环境立法，比如在进行基础设施项目建设时，注重对沿线动物栖息地和水资源、生物多样性等的保护；
- 注重货运服务和客运服务质量的提升，包括采用一些先进技术来提升货运和客运的服务质量；
- 注重运输基础设施的安全性，减少交通事故的发生，切实为用户的生命财产提供保障；
- 注重最小化投资、维护和运行成本，同时需要建立统一的维护和运行标准等，来满足相关协议要求。

（二）综合交通基础设施网络规划

综合交通基础设施网络由核心交通基础设施网络和非核心交通基础设施网络组成，是基于核心基础设施网络联通组成的覆盖整个欧盟区域的交通基础设施网络，为旅客和货物运输提供多式联运服务，有助于欧盟一体化建设和共同市场形成。在整个综合交通基础设施网络建设过程中，需要注重土地使用前的合理规划、欧盟环境相关立法比如生物多样性保护等、不同成员国在技术和法律上的相互可操作性和安全性要求、不同成员国技术标准的统一等。除此之外，综合交通基础设施网络的建设还需要注重以下几点：

- 注重升级目前的综合交通基础设施网络，并且及时跟踪其进展情况，在需要时及时对其进行调整来适应各成员国的发展规划；
- 注重明显缺失环节和关键节点之间的联结，特别是现有基础设施网络与2004年之后新加入欧盟成员国之间的联结，以确保整体欧盟网络的联通；
- 注重综合交通基础设施网络和国家网络的联通，有助于形成跨欧盟交通基础设施网络；
- 注重消除现有综合交通基础设施网络中的死角和孤立环节；
- 注重综合交通基础设施网络建设中的任何内容都需要遵守欧盟在运输及相关部门的立法，包括铁路联通技术规范、隧道安全等。

（三）核心交通基础设施网络规划

核心交通基础设施网络主要是由在整个欧盟中最具有战略价值的关键节点和交通线路组成，涵盖了所有的交通形式，包括智能运输网络以及通过机动灵活方式提供的基础设施要素，为交通领域和其他领域所要达到的政策目的提供必要的基础。其中最重要的是，核心交通基础设施网络能够很好地把旧成员国和新成员国、东欧和西欧联结起来，是整个区域交通基础设施联结的主干道。此外，跨欧洲核心交通基础设施网络也应该注重和非欧盟国家之间的联结，包括现有欧盟成员国和候选成员国之间以及和整个地中海交通基础设施网络的联结等。

核心交通基础设施网络建设并不意味着要新建大量基础设施建设，而是在充分利用现有的基础设施基础上，进行主干道环节的规划，确保正在建设或者已经建成的项目得到充分利用，再对重点环节进行打通，为整个交通基础设施网络提供一个高效、低碳和安全可靠的主体干道。此外，核心交通基础设施网络建设，还需要综合考虑地理格局、市场需求、贸易流向、客运和货运需要、环境、气候变化以及综合交通基础设施网络的联通性。欧盟核心基础设施网络建设规划主要分为四步：

第一步是确定核心交通基础设施网络的关键节点，这些关键节点的选择需要综合考虑各方面因素，比如整个交通基础设施网络的总体布局等；

第二步是联结这些关键节点，与此同时根据这些关键节点联结所经过的区域，把一些必经的中间节点纳入核心基础设施网络建设中来；

第三步是根据运输需要确定整个核心交通基础设施网络的技术参数，制定统一标准；

第四步是设计相关配套或辅助基础设施服务来满足运营商和用户要求，满足具体相关政策目标，提高运营效率和基础设施建设的可持续性。

在整个核心基础设施网络建设中，关键节点的选择非常重要，欧盟在选择关键节点时具体的标准有：

- 最大或最重要的节点，一般选择首都城市或在行政、经济、社会、文化生活和交通方面具有超区域辐射性的重要城市；
- 门户港口、大型洲际枢纽港、机场以及最重要的内陆港口和货运码头；
- 一些较小但稍重要的城市、机场、货运站等可作为中间节点，纳入整个网络。

核心基础设施网络中关键节点之间的联结线路。一般情况下，出于交通网络整体效率提升的需要，联结线路应该尽可能为直线，同时需要满足经济上和技术上的可行性，包括满足区域交通物流和客流的需要。这就需要在充分尽调的基础上进行合理规划来找到直线性和可行性之间的平衡点。欧盟在联结线路的选择中有以下几方面的考虑：

- 包括中间节点在内，联结线路的选择要充分考虑沿线的经济需要，比如交通流量，确保未来获得收益大于建设成本，提高核心交通基础设施网络的运行效率和可持续性；
- 联结线路需要尽可能地利用已经存在或正在实施的基础设施线路；
- 联结线路需要兼顾对原有基础设施线路的矫正，比如新建联结线路对原有客货流量进行分流，减少交通拥堵，提升通行效率；
- 联结线路选择需要绕过难以逾越的自然障碍、定居区和易受影响的环境脆弱区。

二、跨欧盟交通网络建设在体制机制上的创新

在交通基础设施网络建设中，欧盟由于自身无权对项目进行直接管理，也无权强制成员国进行基础设施建设，所以它更多是欧洲交通基础设施网络建设的助推者而不是开发者。欧盟主要是通过联合基金对主要项目提供资金支持，并且通过调解员来确保欧盟相关协议和政策目的得到执行和实现，维护欧盟整体利益。目前欧盟结合欧盟区域交通网络建设的现实需要，不断在体制和制度上进行创新，包括设立欧盟公司法、建立欧盟调解员制度、创建

创新网络管理局、成立欧盟铁路局等。这些举措都对欧盟区域交通网络形成起到了很好的促进作用。

一是制定欧洲公司法。其主要是通过建立统一的法律架构，促进欧洲中小企业参与到欧洲市场一体化建设上来，具体涉及公司建立、公司章程设立、分红、股权转让、法定注册资本等事项，解决之前因为各成员国法律差异带来的区域内公司运作障碍，并降低相关成本，有助于成立一些超国家形式的公司。

二是成立欧盟铁路局。主要是在欧盟区域内建立统一的铁路和公路规则，促进欧盟内部的区域基础设施建设。目前，欧盟铁路局已经在项目设计、建设、调试、升级、更新、运营、维护等方面实施了很多铁路网络联通指令。此外，欧盟于2006年成立交通管理局，专门来协调各成员国在交通领域的政策对接，也负责管理整个欧盟内跨区域交通基础设施，主要起到对区域内交通基础设施项目的监督和协助作用，包括提供欧盟跨区域交通基础设施项目年度报告等，以促进区域交通项目加速实施。

三是建立欧盟调解员制度。主要是由于欧洲基础设施网络建设比较缓慢，欧盟委员会于2005年任命一批调解员来负责推动项目进程。这些调解员主要是由各成员国高级别的政治人物如欧盟委员会前委员等组成。其平时主要工作是负责就优先项目和成员国进行政策等层面的沟通，推进项目快速实施，定期向欧盟委员会提交项目报告，也会把基础设施项目向私人投资者和机构投资者进行推介。调解员任期一般为4年，但欧盟委员会每年会对调解员的工作进行评估。

四是设立创新网络管理局。其已于2014年开始运作，主要是通过为交通、能源和通信领域基础设施项目提供专业的高水平的管理经验，促使新兴技术的及时使用，比如智能交通系统的应用，它能够增强基础设施的运营效率，是交通网络一体化的关键性技术。此外，智能交通系统也有助于增进效率、提升安全性、促进旅客和货物的流动，是跨欧盟交通网络和城市交通网络联通的关键性技术。

三、跨欧盟交通网络的优先项目选择机制

为了快速推进跨欧盟交通基础设施网络建设，欧盟结合跨欧盟交通基础设施网络顶层设计要求，通过和成员国协商，共同确定三十个优先项目。欧盟交通基础设施网络优先项目的选择标准如下：

- 优先项目应该是整个跨欧盟交通网络的瓶颈环节和关键环节,尤其是具有区域联通功能的关键项目;
- 优先项目对欧盟层面的长期规划具有显著意义,有助于欧盟经济的可持续性发展;
- 优先项目应该具有潜在社会经济净效益和其他社会经济优势等;
- 优先项目应该能够显著改善成员国之间的货物和人员的流动效率,包括国家网络之间的联通等;
- 优先项目也应该考虑到一些能够把欧盟边缘或者岛屿与整个欧盟核心地区联结起来的项目,进而增加整个欧盟的凝聚力;
- 优先项目也负担着提高整个运输网络的安全性和减少环境损害的任务,特别是要转变对铁路模式单纯依赖,促进多式联运、内河和海上运输等,有助于交通运输的可持续发展;
- 优先项目需要相关参与成员国承诺根据成员国的国家规划或该项目具体情况,能够按照事先商定的日期及时完成项目研究和项目评价(第884/2004 号决定第 19 条)。

根据上述标准选择出的 30 个优先项目如下:

表 8-1 跨欧盟交通网络中的 30 个优先项目

序号	优先项目	序号	优先项目	序号	优先项目
1	柏林—巴勒莫铁路轴线	11	厄勒海峡大桥	21	海洋高速公路
2	巴黎—布鲁塞尔—科隆—阿姆斯特丹—伦敦高速铁路轴线	12	北欧三角洲铁路/公路轴线	22	雅典—纽伦堡/德累斯顿铁路轴线
3	欧洲西南高速铁路轴线	13	爱尔兰—比荷卢公路轴线	23	格但斯克—维也纳铁路轴线
4	欧洲东部高速铁路轴线	14	西海岸主线	24	里昂/热那亚—鹿特丹/安特卫普铁路轴线
5	贝蒂沃线	15	伽利略定位系统	25	格但斯克—维也纳高速公路轴线
6	里昂—乔普铁路轴线	16	锡尼什—巴黎货运铁路轴线	26	爱尔兰—欧洲大陆铁路/公路轴线
7	伊古迈尼察—布达佩斯高速公路轴线	17	欧洲中轴线	27	波罗的海铁路轴线
8	伊比利亚半岛—欧洲其他国家多式联运轴线	18	莱茵河—多瑙河内河航运轴线	28	欧洲首都铁路轴线
9	科克—斯特兰拉尔铁路轴线	19	伊比利亚半岛高速铁路轴线	29	爱奥尼亚海—亚得里亚海多式联运轴线
10	米兰—马尔彭萨机场	20	费马恩海峡大桥	30	塞纳河—斯海尔德河内河航运轴线

- 资料来源:https://ec.europa.eu/transport/themes/infrastructure/ten-t-policy/priority-projects_en。

由表 8-1 得到：三十个重点项目中，十八个是铁路项目，三个是混合铁路项目，二个是内河运输项目，一个是海上高速公路。欧盟优先项目的选择结果表明，欧盟更加注重环境友好型项目安排，尽可能地避免交通运输对环境等的影响。为了推进整个交通网络建设，欧盟成员国和欧盟都做出了坚定承诺，在财政和协调等方面全力支持优先项目，欧委会还特别指派十位欧盟调解员对跨欧盟网络优先项目进展进行评估，并对这些项目进一步实施提供可行性建议，确保这些项目的顺利实施。上述三十个项目中，米兰—马尔彭萨机场等四个项目已经建成，其带来的经济效益非常明显，对其他项目的顺利推进起到了很好的示范和带头作用；其余 26 个项目的核心部分也已经基本完成。

四、跨欧盟交通网络项目融资安排

交通基础设施联通，除了政策规划层面需要保障外，另外一个最大的难点就是资金问题了。2007—2013 年，跨欧洲交通网络建设资金来自成员国的政府预算的为 1 960 亿欧元，来自欧盟支持的共有 1 160 亿欧元（其中跨欧盟交通网络项目资金为 80 亿欧元、欧盟区域发展基金 430 亿欧元、欧盟联合基金委 430 亿欧元，等等），来自欧洲投资银行大概有 650 亿欧元。此外，尽管资金数量和期望额度还有一段距离，但是随着近几年欧盟 PPP 项目市场逐渐成熟，PPP 项目数量不断增多，资金供给也在逐年增加。

从跨欧盟交通网络资金供给来看，欧盟成员国政府预算仍然是其资金的主要来源，而各种融资工具对其支持也起到了不可忽略的作用，其中以欧盟预算为欧洲投资银行贷款进行担保，来为基础设施建设进行融资占了一定比例，可以分担项目的部分风险。这种模式有助于提升项目的可行性，增加项目对私人资本的吸引力，比如 PPP 模式等。另外，欧洲投资银行自身也能够通过欧盟投资基金提供贷款担保。目前欧盟正在制定成立统一的欧盟基金框架，来协调统一欧盟各种融资来源，对跨欧盟交通网络项目建设进行集中配置，这样可以提升欧委会在项目规划中的话语权，使得整个规划更加符合欧盟整体战略和长远利益。

五、跨欧盟交通网络项目评估策略

跨欧盟交通网络的项目评估策略对于项目顺利推进非常必要，通过评估可以及时掌握项目的进度和项目可能产生的外部性影响等。尤其是对项目的客观、正规的评估,对于吸引社会资本参与到项目建设中来非常重要。现实中,基础设施运营具有长期性和复杂性等特点,对其收益现值计算本来就有困难,加上外部性很难量化,使得传统的成本收益分析往往不是高估就是低估项目收益和最终成本。特别是区域基础设施项目,在欧盟层面的经济效益和成员国层面的经济效应差别比较明显,而很多项目都是基于成员国层面的评估来做最后的决定。因此欧盟对于跨欧盟交通网络的项目评估具有以下几个方面的要求:

- 要对项目进度进行准确的评估,并将项目进度及时向欧委会等其他相关部门进行汇报;
- 要对整个欧盟跨区域交通网络的联通性进行评估,及时修正之前制订的政策规划;
- 要对项目的监管机制有效性进行评估,避免可能出现的漏洞,并及调整监管机制,维护监管机制的有效性;
- 要对项目已发生成本评估,有助于控制项目的建设成本,并及时根据项目建设需求,决定是否进行重新融资安排等;
- 要对项目对欧盟一体化影响进行评估,确保项目建设符合欧盟长远规划,促进欧盟的可持续发展。

因此,对项目及时进行评估,有助于及时掌握项目建设的基本情况,对项目推进过程中遇到的障碍有个初步了解,比如获得建筑许可证流程的复杂性、公众对项目缺乏认可造成的延误、缺乏对跨区域项目的激励以及融资困难造成的耽误等,并及时制定相应的补救措施,保证项目顺利进行。目前,欧委会主要采用欧洲投资银行评估方法,因为欧洲投资银行在项目评估过程中已经具有一定影响力,其一般会采取严格的规则来保护投资者的利益。

第四节 跨欧盟能源网络建设的政策规划[①]

安全的、可持续的和负担得起的能源是现代工业、经济和人民福祉的基础。与此同时,由能源消费产生的温室气体是全球温室气体的主要来源。此外,由于各国能源存量是先天性的,其分布不受人类意志的影响,一般情况

[①] 本节资料来自欧盟跨欧盟能源网站:directive 2012/27/eu of the european parliament and of the council, http://eur-lex.europa.eu/legal-content/EN/TXT/?qid=1399375464230&uri=CELEX%3A32012L0027。

下,能源的分布区域和消费市场并不匹配,因此,只有通过能源区域合作,构建区域能源网络,形成一个竞争性的能源市场,才能合理地优化配置能源资源,从而使得区域经济发展和人民生活从可靠的、可持续性的和竞争性的能源价格中获益。欧盟目前出台了一些能源基础设施发展规划,鼓励在电力、天然气、石油和其他能源领域进行投资,比如把北方的风电资源、南方的水电资源和太阳能资源输送到电力的核心消费区等。

一、欧盟的政策举措

欧盟建立跨欧盟一体化能源市场的举措主要包括:一是继续确保区域内能源市场竞争性,相关竞争性政策得到正确及时的执行,同时加强对能源市场的监管;二是制定欧盟能源基础设施发展蓝图,确定一批能源基础设施优先项目来不断完善区域能源市场,维护区域能源市场的良好运行,并且支持可再生能源发展,保证未来的能源安全性和可持续性;三是简化电力项目许可流程,推进智能电网部署等,并且提高项目透明度,从而使得项目得到公众认可和接受,并且加强对基础设施项目开发的监管,确保欧盟相关能源规则得到很好的执行,确保能源项目符合欧盟环境立法;四是建立合适的融资框架,大多数能源基础设施开发都是商业性的,对于那些不具有商业性的而又关系到欧盟整体利益的能源基础设施建设,需要最大化利用公共财政支持来促进其实施。

构建跨欧洲能源基础设施网络是整个欧洲能源市场建设的核心。为了建立联结所有欧盟成员国跨欧盟能源基础设施网络,来及时应对突发的供电中断等情况,欧盟委员会一直积极推进跨欧洲能源网络建设,并于2013年制定《关于跨欧洲能源网络指南》,对跨欧洲能源网络建设进行指导。此外,欧盟委员会还建立了联结欧洲服务(the Connecting Europe Facility)来为跨欧洲能源网络提供资金支持。欧盟的跨欧洲能源网络政策非常注重优先项目的实施,比如不断加大对优先项目的投资。

近年来,欧盟跨欧洲能源网络政策主要基于客观性和包容性原则,聚焦于成员国之间联结以及一体化能源市场中关键环节的打通,比如选择其中最重要的环节,集中资金进行投资。目前,已经有将近三十个能源基础设施项目已经完成。此外,欧洲联合基金,尤其是欧洲区域发展基金也积极为智能能源储存和传输系统提供支持;欧洲战略投资基金中也有一定比例的资金投资于能源领域;欧洲投资银行也积极为跨区域能源项目提供贷款。

二、共同利益项目策略

为了加速跨欧盟能源网络建设,欧盟在能源领域采取共同利益项目(the Projects of Common Interest)策略。由于得到项目监管层的支持,共同利益项目的许可证批准变得更加精简和便利,目前共同利益项目进展迅速。已经确定的共同利益项目主要包括九个优先通道和三个优先区域,其中优先通道聚焦于电力、天然气和石油基础设施开发,主要是把欧盟各个孤立的能源市场联结起来,强化现有能源基础设施的跨界互联互通,帮助整合现有的新兴能源市场;优先区域主要是智能电网部署、电力高速公路等。

表8-2 欧盟跨区域电力网络建设中的优先项目

优先项目	具体项目	区域效应
优先电力通道	北海近海电网(North Seas Offshore Grid)	整合近海电网,联结北海、爱尔兰海、英吉利海峡、波罗的海相邻海域,运输电力从新兴近海能源中心到消费和存储中心,加强跨界电力交换
	西欧南北电力联通(North-south Electricity Interconnections in Western Europe)	主要是欧盟国家之间的以及包括伊比利亚半岛在内的地中海地区能源互联互通,尤其是将可再生能源的电力整合起来,并加强内部电网基础设施建设,以促进该区域的市场一体化
	东欧中部和南部的南北电力联通(North-south Electricity Interconnections in Central Eastern and South Eastern Europe)	主要是通过南北和东西方向的相互联系,来构建欧盟内部能源市场和整合可再生能源
	波罗的海电力能源市场互联计划(Baltic Energy Market Integration Plan)	主要是加强波罗的海成员国之间的联系,加强内部电网基础设施建设,以结束波罗的海诸国的能源孤立格局,促进市场一体化;整合该区域可再生能源
优先天然气通道	西欧南北天然气联通(North-south Gas Interconnections in Western Europe)	西欧南北天然气基础设施建设主要是为了进一步多样化供应路线和提高短期天然气输送能力
	东欧中部和南部的南北天然气联通(North-south Gas Interconnections in Central Eastern and South Eastern Europe)	为波罗的海区域、亚得里亚海和爱琴海、地中海东部和黑海区域内和区域间联系提供天然气基础设施,并加强气体供应的多样化、提升安全性
	南部天然气通道(Southern Gas Corridor)	从里海盆地、中亚、中东和地中海东部盆地向欧洲输送天然气的基础设施,以加强天然气供应的多样化
	波罗的海能源市场天然气互联计划(Baltic Energy Market Interconnection Plan in Gas)	天然气基础设施建设是为了结束三个波罗的海国家和芬兰的孤立格局以及对单一供应商的依赖,加强内部电网基础设施建设,并增加波罗的海地区天然气供应的多样化,提升安全性
优先石油通道	中东欧石油供应的联结(Oil Supply Connections in Central Eastern Europe)	中东欧石油管道网的互操作性能够提高石油供应安全性,减少环境风险
优先区域	智能电网部署(Smart Grids Deployment)	进行智能电网部署,可以帮助整合可再生能源,让消费者更好地管理自己的能源消费
	电力高速公路(Electricity Highways)	建立强大的电网进行长距离跨区域输送电力

• 资料来源:https://ec.europa.eu/energy/en/topics/infrastructure/trans-european-networks-energy。

三、其他政策规划安排

在跨区域能源网络构建中,除了上述一些政策规划安排外,欧盟也充分发挥特别小组(the High Level Groups)的作用。目前,欧盟已经建立了四个区域特别小组来协助解决欧洲区域能源网络建设中所面临的挑战,其职能范围主要包括协助建设能源基础设施、制定能源政策、整合能源市场、促进可再生能源发电和提升能源效率等。特别小组在确定优先项目次序及获得欧盟政治和金融支持层面具有非常重要的作用。

此外,欧盟委员会于 2003 年 11 月成立电力和天然气能源监督委员会,由成员国国家能源监管机构负责人组成,是一个独立的检查咨询机构,主要是加强欧盟委员会对欧盟区域内天然气和电力的监管,发挥欧盟委员会在促进区域能源合作中的协调者角色。其具体任务主要是解决市场高度集中问题和进入壁垒问题、提高市场透明度、消除区域间的监管空白等。

第五节 给沿线亚洲国家交通基础设施 先行政策规划带来的启示

"一带一路"倡议自 2013 年首次由习近平总书记提出以来,一直把基础设施建设作为优先建设领域,这不仅符合沿线国家经济发展需要,更是符合"一带一路"沿线区域经济发展需要。根据欧盟构建跨欧盟基础设施网络的经验,交通基础设施建设将会是基础设施建设领域最为迫切的。构建"一带一路"沿线亚洲国家交通基础设施网络,实现"一带一路"沿线亚洲国家交通基础设施互联互通对于亚洲国家经济发展将会产生根本性影响:促进亚洲经济一体化发展,加快"一带一路"沿线亚洲国家基础设施项目顺利推进,形成一种良性循环局面。本节将结合欧盟的经验,对构建"一带一路"亚洲国家交通基础设施网络原则和规划提出建议。

一、"一带一路"亚洲国家交通基础设施先行的一般原则

一是安全性和高效性。这是对"一带一路"沿线亚洲国家基础设施建设质量提出的要求。首先它需要满足车辆行驶速度的要求,比如列车不同行驶速度对轨道曲度和坡度都有不同要求;其次需要通关手续联通,尤其是路上跨境基础设施需要穿越很多国家,需要简化通关手续;再次整个交通基础设

施的维护需要按照统一标准进行,保障交通设施的整体高效性。

二是可持续性。交通基础设施建设涉及环境保护和拆迁等问题,需要注重环境保护,使交通基础设施建设对生态环境和生物多样性等的影响最小化。这就要求基础设施在设计阶段尽可能多地征求相关利益群体的意见,增加公众对项目的了解度和认可度,减少项目推进过程中可能遇到的阻力。

三是经济性。交通基础设施建设需要综合考虑客运和货物需求,既不是简单地把相邻国家边境上交通基础设施进行联结,也不是大规模重新建设,需要综合考虑各方面因素,尤其是经济上的可行性。只有满足了客运和货运需求,才能在运营阶段创造源源不断的收益,才会使得项目建设成本得到回收,也才能吸引社会资本参与到交通基础设施建设中来。

四是开放性。"一带一路"沿线亚洲国家跨区域交通基础设施建设需要保持开放性,不仅联通沿线主要核心国家,也需要注重与经济落后区域的基础设施联通。此外,还需要注重沿线区域和非"一带一路"区域之间的联结,比如和欧盟交通基础设施网络的联结。

五是包容性。"一带一路"沿线亚洲国家跨区域基础设施建设需要尽可能地纳入沿线相关国家的发展规划中,最大程度平衡沿线国家利益和"一带一路"区域整体利益,减少项目推进中可能遇到的阻碍。

二、"一带一路"亚洲国家交通基础设施先行的基本步骤

基于上述基本原则,本书将结合欧盟构建跨欧盟基础设施网络的经验来构想"一带一路"沿线亚洲国家交通基础设施网络建设的基本步骤。

(一)构建"一带一路"沿线亚洲国家交通基础设施主轴

一是确定"一带一路"沿线亚洲国家交通基础设施关键节点。这些关键节点主要是由区域内一些重要交通枢纽,比如国际货运中心、航空枢纽、码头港口等以城市为单位组成。关键节点城市的选取:首先是确定节点国家,然后在节点国家里面确定关键节点城市。其中节点国家的选择需要考虑以下几个层面:一是自身的区域政治影响力;二是自身的经济实力;三是自身的区域经济影响力。其次是在节点国家基础上,选定相应的关键节点城市,一般是位于节点国家的首都城市和港口城市等交通枢纽城市。

二是主要关键节点之间的联结。直线联结会节省时间和提高通行效率,但是需要和经济性基本原则结合考虑。次要关键节点一般是沿线小城市。在尽量利用现有交通线路基础上,可以对其进行升级改造,包括对一些关键

环节进行重点建设等来使其符合交通网络建设标准。

根据《愿景与行动》,"一带一路"建设走向趋势主要包括五个方向,其中陆上有三个走向:从中国出发,一是经过中亚、俄罗斯到达欧洲;二是经中亚、西亚至波斯湾、地中海;三是经过东南亚、南亚到印度洋。另外两条是海上通道,一是从中国沿海港口经南海到印度洋,延伸至欧洲;二是从中国沿海港口经南海到南太平洋。

对于陆上的三条主轴可以综合利用现有三条亚欧大陆桥以及正在规划的第五亚欧大陆桥,其中,第一亚欧大陆桥是从俄罗斯的符拉迪沃斯托克开始,经过中国、哈萨克斯坦、白俄罗斯、波兰、德国、荷兰等国家;第二亚欧大陆桥是从中国连云港出发进入哈萨克斯坦,再经俄罗斯、白俄罗斯、波兰、德国,西至世界第一大港荷兰鹿特丹港;第三亚欧大陆桥是从中国重庆出发进入哈萨克斯坦,再转入俄罗斯、白俄罗斯、波兰,至德国的杜伊斯堡;第五亚欧大陆桥是以中国深圳港为代表的广东沿海港口群为起点,途经缅甸、孟加拉国、印度、巴基斯坦、伊朗,从土耳其进入欧洲,最终抵达荷兰鹿特丹港。

(二)构建"一带一路"沿线亚洲国家交通基础设施网络

首先,以主轴为干线,确定区域内次级干线。次级干线一般为区域内的主要交通通道,作为主干线的分支,把各区域次级干线和主轴联结起来。其次,以次级干线为核心,把区域内的机场、内河航道、公路、铁路等多种运输方式联结起来,形成整个区域一体化交通基础设施网络。

三、"一带一路"亚洲国家交通基础设施先行的政策规划

第一,建立"一带一路"交通基础设施委员会。委员会成员主要由"一带一路"沿线亚洲国家政要以及世界银行、亚洲基础设施投资银行、亚洲开发银行专家组成,其职能主要包括:一是进行"一带一路"亚洲国家交通网络的整体规划,明确主轴和次级干线,制定"一带一路"发展蓝图;二是居中协调,因为"一带一路"亚洲国家基础设施联通需要各国政策进行对接,需要平衡区域整体利益和国家利益,需要委员会充当协调者角色,加速项目在相关国家获得建设许可证,推进项目顺利进行;三是对整个项目进行监管和评估,当区域项目开始建设时,委员会需要及时跟进项目进度,对其可能造成的环境等方面的影响进行客观公正的评估,并提出切实可行的意见,督促项目按时完成;四是充当国际仲裁者角色,一旦相关国家发生利益冲突,应及时找到问题,或内部协调解决,或请求国际仲裁机构出面解决。

第二，实施优先项目策略。"一带一路"沿线亚洲国家牵涉面积广，交通基础设施建设有主次之分，需要把关键环节的重点项目列为优先项目，集中人力、财力、物力等全力进行打通。可以由沿线国家申报优先项目，然后请评审专家根据"一带一路"沿线亚洲交通网络整体规划，进行筛选，最终确定优先项目。

第三，成立"一带一路"基础设施联合基金。根据欧盟经验，欧盟委员会参与规划的项目一般都是欧盟层面出资的项目，因此，对于"一带一路"沿线亚洲国家交通基础设施网络建设，需要成立区域层面联合基金，统筹所有资金来源，包括世界银行、亚洲基础设施投资银行、亚洲开发银行、各国捐款等，提升委员会在区域基础设施规划中的话语权，也有助于优先项目的推进。

第六节 沿线亚洲国家能源基础设施网络政策规划的启示

"一带一路"沿线亚洲国家能源基础设施网络建设的主要目的是均衡区域能源供给，保障区域能源供给的安全性、持续性和高效性；同时减少温室气体排放，最终形成统一的能源市场，提高能源利用效率。结合欧盟建设跨区域能源网络的经验，"一带一路"沿线亚洲国家能源基础设施网络建设需要注意以下几个方面：

一、"一带一路"亚洲国家能源网络的整体规划

首先，需要明确各个区域各类能源的相对优势以及主要能源消费区域，比如中亚和俄罗斯远东一般是天然气和石油的主要供应地，东南亚水电资源比较丰富，而东亚是能源的主要消费市场。其次，需要结合现有能源网络，找到区域能源联结的关键环节，比如新建远程输电网和天然气管道等。

二、"一带一路"亚洲国家能源网络建设的生态性保护

一是提高可再生能源等清洁能源利用率，比如北部的风能、南部的太阳能和水电能等，注重清洁能源网络建设；二是能源基础设施规划注重对生态环境、生物多样性的保护，减少对生态环境的影响；三是不断开发新型能源，减少对化石能源的依赖，同时减少温室气体的排放。

三、高新技术应用及能源数据中心的建立

首先是注重高新技术应用,比如智能设备,让用户和企业及时掌握能源使用情况,有助于提升能源配置效率;其次是建立区域能源数据中心,便于区域内及时配置能源,使能源得到高效利用,降低能源储藏成本以及减少能源浪费。

第七节 小 结

欧盟在建设跨欧盟交通网络和能源网络中,在政策规划、顶层设计、体制机制、优先项目和融资安排上积累了非常丰富的经验,值得"一带一路"亚洲国家借鉴和学习。基于此,本章提出了"一带一路"亚洲国家基础设施先行的政策规划建议:在交通基础设施网络建设层面,基本原则包括安全性和高效性、可持续性、经济性、开放性和包容性,基本步骤首先是确定交通基础设施主轴,其次是构建区域网络,政策机制主要包括建立"一带一路"交通基础设施委员会、实施优先项目和建立"一带一路"基础设施联合基金。在能源网络构建中,主要是为了保障区域能源供给的安全、持续和高效,需要在整体规划的基础上,注重生态保护和高新技术的应用。

第九章
"一带一路"亚洲国家基础设施先行的融资结构：基于社会资本参与的研究

对于"一带一路"亚洲国家基础设施先行的研究，在分析完优化配置和政策规划后，另外一个非常重要的层面就是"一带一路"沿线亚洲国家基础设施先行的融资安排。本章和下面第十章将基于区域公共产品融资安排的相关理论，分别聚焦于"一带一路"沿线亚洲国家基础设施先行的融资结构和融资模式研究。

第一节 沿线亚洲国家基础设施先行与社会资本参与

基础设施建设及基础设施网络的形成，需要以大笔资金及时供给作为前提和保障。然而，基础设施不同于一般物品，自身也具有一些特殊的属性，使得其融资比较困难。第一，基础设施具有非常明显的正外部效应，其对一国经济的影响远远超过基础设施本身，然而这种正外部性很难被测量和量化。第二，基础设施建设周期一般比较长，资金需求巨大，后续维护和升级更需要庞大资金；基础设施正常运营后资金回笼速度比较慢，容易受到外部政治、经济等环境影响；此外，基础建设一般由多方参与，存在收益分配问题及由此引发的摩擦等问题，这都会使得基础设施建设风险不断上升。第三，基础设施只有形成网络，才能真正发挥其经济效用，因此整个建设需要从薄弱和关键环节入手，注重基础设施网络的整体性，而基础设施比较薄弱的地方，经济水平和投资环境一般比较差，风险也相对比较高。上述三点使得基础设施融资难度比较大，社会资本更是望而却步。

"一带一路"沿线亚洲国家大部分都是发展中国家，经济水平不是很高，基础设施建设中缺乏资金用于新建或者运营阶段的维护，因而整体水平比较落后，是整个"一带一路"沿线基础设施建设的短板，因此亚洲国家基础设施整体水平的提高将有助于整个"一带一路"沿线基础设施的互联互通。此外，鉴于基础设施建设所需资金量巨大，一国政府财政或者国际多边开发性金融机构所能提供的资金数量有限，无法满足沿线基础设施建设资金需要。因此,基础设施建设融资模式的正确选择,在缓释各种外部风险和项目本身风险的基础上,合理地分配风险和收益,吸引社会资本参与到基础设施建设将是"一带一路"沿线亚洲国家提升基础设施建设水平,促进整个"一带一路"沿线基础设施互联互通的关键点。

据此,本章将聚焦于社会资本参与"一带一路"沿线亚洲国家基础设施建设的研究,本章结构安排如下:第一部分是关于"一带一路"沿线亚洲国家基础设施建设水平及资金需求研究;第二部分是关于社会资本在填补"一带一路"沿线亚洲国家基础设施建设资金缺口的关键性作用研究;第三部分是关于"一带一路"沿线亚洲国家社会资本参与的现状研究;第四部分是关于社会资本参与"一带一路"沿线亚洲国家基础设施建设瓶颈研究;第五部分是关于社会资本参与"一带一路"沿线亚洲国家基础设施建设的融资结构安排。

第二节 沿线亚洲国家基础设施先行融资需求

"一带一路"沿线国家基础设施建设水平差异明显、联通水平较低,需要大量新建基础设施,还需要对原有基础设施进行维护和升级,资金需求规模巨大。

一、基础设施区域不平衡,建设资金需求巨大

基础设施建设是经济快速发展的先决条件。但是基础设施建设是一个系统工程,需要区域内不同国家之间基础设施建设水平协调发展,基础设施内部不同部门之间协调发展以及基础设施与一国经济发展水平的协调发展。只有区域基础设施系统水平整体得到提高,基础设施建设的经济效益才会发挥出来。而如果区域内基础设施建设水平处于不均衡发展状态,表明基础设施建设整体经济效益比较低,未来提升空间巨大,基础设施建设资金需求规模巨大。本章基于分析的侧重点,主要选择世界经济论坛《全球竞争力报告2016—2017年》中亚洲各国基础设施得分和排名情况(见表9-1和图9-1)对"一带一路"沿线亚洲国家基础设施建设水平展开分析,[①]具体结论如下:

---

① 世界经济论坛主要采取的是向全球144个经济体中的14 000名商业精英发放问卷,对各地基础设施主观打分(1—7分,其中1分是最差,7分是最好,最后取平均分)的方法对基础设施建设水平进行评价。主观打分法更注重基础设施效率及基础设施服务质量的评价,不仅包括对"硬件"的评价,也包括对"软件"的评价,比如通关的时间、服务人员的礼貌程度等。

表 9-1 "一带一路"沿线亚洲主要国家基础设施整体建设水平

国　家	人均GDP（美元）	综合得分（1—7分）	公路（主观1—7分）	铁路（主观1—7分）	码头（主观1—7分）	航空（主观1—7分）	电力供应（主观1—7分）	固定电话（每100人拥有量）	移动电话（每100人拥有量）
新加坡	52 961	6.50	6.28	5.74	6.66	6.85	6.81	36	146
阿联酋	37 622	6.31	6.50	—	6.38	6.75	6.70	23	187
卡塔尔	59 331	5.64	5.14	—	5.53	6.20	6.36	18	154
马来西亚	9 503	5.42	5.46	5.06	5.44	5.70	5.82	14	144
以色列	37 293	5.30	4.94	3.48	4.49	5.40	6.21	43	133
沙特阿拉伯	20 029	5.07	4.87	2.99	4.64	4.88	6.17	13	177
巴　林	22 354	5.01	5.14	—	5.09	4.87	6.16	21	185
阿　曼	14 982	4.82	5.51	—	4.58	4.74	6.21	10	160
中　国	8 123	4.71	4.77	5.07	4.59	4.81	5.25	16	93
土耳其	10 788	4.42	5.04	3.03	4.49	5.41	4.40	15	96
泰　国	5 908	4.39	4.21	2.52	4.18	4.95	5.06	8	126
塞浦路斯	23 324	4.39	4.93	—	4.25	4.92	5.27	28	95
科威特	28 975	4.36	4.40	—	4.06	3.64	5.53	13	232
约　旦	4 088	4.28	4.33	2.53	4.51	5.33	5.51	5	179
伊　朗	4 958	4.24	4.07	3.48	3.93	3.43	5.03	38	93
印度尼西亚	3 570	4.24	3.86	3.82	3.91	4.52	4.20	9	132
哈萨克斯坦	7 510	4.19	3.02	4.26	3.13	4.01	4.55	25	187
印　度	1 709	4.03	4.43	4.48	4.53	4.49	4.28	2	79
斯里兰卡	3 835	3.95	4.69	3.59	4.26	4.62	4.41	12	113
文　莱	26 939	3.88	4.70	—	3.67	4.08	5.29	9	108
越　南	2 186	3.88	3.47	3.15	3.84	4.06	4.37	6	131
不　丹	2 804	3.44	3.81	—	1.86	3.69	5.76	3	87
菲律宾	2 951	3.37	3.07	1.97	2.92	3.25	3.99	3	118
塔吉克斯坦	796	3.20	4.05	3.74	2.01	4.34	3.68	5	99
柬埔寨	1 270	3.17	3.38	1.62	3.85	3.85	3.32	2	133
老　挝	2 353	3.08	3.42	—	2.01	3.77	4.71	14	53
蒙　古	3 686	2.93	3.01	2.73	1.30	3.11	3.84	9	105
吉尔吉斯斯坦	1 077	2.85	2.49	2.37	1.48	2.88	3.24	7	133
孟加拉国	1 359	2.77	2.92	2.65	3.54	3.25	3.21	1	83
巴基斯坦	1 468	2.75	3.83	3.08	3.73	3.99	2.39	2	67
黎巴嫩	7 914	2.71	2.77	—	3.78	4.09	1.67	19	87
尼泊尔	730	2.16	2.85	—	1.33	2.65	1.82	3	97
也　门	990	1.79	2.52	—	2.59	2.22	1.22	5	68

• 数据来源：其中基础设施数据来自世界经济论坛《全球竞争力报告 2016—2017 年》；人均 GDP 数据来自世界银行数据库。

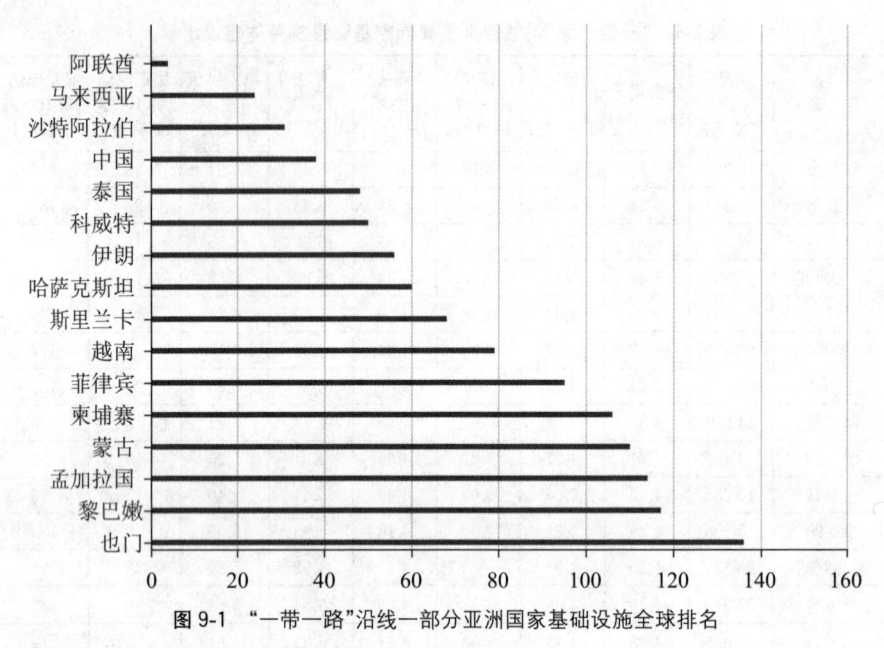

图 9-1 "一带一路"沿线一部分亚洲国家基础设施全球排名

• 数据来源:世界经济论坛《全球竞争力报告 2016—2017 年》。

(一) 区域内不同国家之间基础设施建设水平差异巨大

在"一带一路"沿线亚洲区域内:新加坡、阿联酋、以色列、卡塔尔、马来西亚、沙特阿拉伯等国(综合得分在 5—7 分之间)基础设施建设整体比较高;阿曼、中国、土耳其、泰国、印度等国(综合得分在 4—5 分之间)基础设施整体水平居中;蒙古、越南、吉尔吉斯斯坦、巴基斯坦、也门等国(综合得分在 4 分以下)基础设施建设水平比较落后。从区域空间来看,中亚、南亚、东南亚经济落后地区的基础设施建设水平相对落后;少数经济比较发达地区如新加坡、阿联酋、以色列等地区基础设施建设水平比较发达,并且和亚洲大部分国家基础设施建设水平差异非常明显。对于亚洲国家而言,其基础设施互联互通是区域经济发展的关键,这就需要注重区域基础设施建设整体水平的提升,尤其是支点国家和节点国家基础设施水平的提升。目前这种基础设施建设水平的巨大国别差距进一步表明了"一带一路"亚洲区域内基础设施先行资金缺口巨大。

(二) 基础设施各部门内部及相互之间的发展水平差异巨大

基础设施一般主要包括交通基础设施(如铁路、公路、码头等)、通信基础设施和能源基础设施。在"一带一路"沿线亚洲区域内,一方面,直接从基础设施各部门来看,部门之间的国别差异巨大,比如公路得分在 5—7 分之间的国家有阿联酋、新加坡、阿曼、马来西亚、巴林、卡塔尔、土耳其;铁路得分在5—7分之间的国家有新加坡、中国、马来西亚;航空得分在5—7分之间的国家有新加坡、阿联酋、卡塔尔、马来西亚、土耳其、以色列和约旦;电力供应得分6—7分之间的国家有新加坡、阿联酋、卡塔尔、阿曼、以色列、沙特阿拉伯、巴林;移动电话拥有量排名前五的国家有科威特、阿联酋、哈萨克斯坦、巴林、约旦。部门内部的国别差异也非常巨大,无论交通基础设施,还是通信基础设施和能源基础设施内部,国别差异非常明显。另一方面,从国家层面来分析,一国内部基础设施各部门之间发展水平差异巨大,比如"一带一路"沿线亚洲区域内除了经济发达的新加坡和阿联酋能够实现基础设施内部均衡发展外,其他大部分国家基础设施内部发展极不平衡,比如土耳其、以色列和沙特的铁路水平比较落后,而中国的铁路建设水平比较高等。

基础设施经济效益的发挥,不仅需要区域之间的协同发展,更需要部门内部之间区域协同发展,需要打通关键环节的关键项目,更需要交通基础设施、能源基础设施和通讯基础设施之间协同发展。这种"一带一路"沿线亚洲区域基础设施各部门内及部门间的发展不均衡,也表明基础设施互联互通建设资金缺口巨大。

(三)基础设施建设水平滞后于经济发展水平

基础设施建设水平应当与经济发展水平相协调。如果基础设施建设水平滞后于经济发展水平,基础设施将成为制约经济发展的瓶颈。本章以新加坡和阿联酋等发达经济体为参照系,可以看到,尽管基础设施并不是经济发展的充分条件(经济发展还取决于创新等其他因素),但是大多数经济比较发达的经济体,其基础设施水平都比较靠前,基础设施建设水平一般优于经济发展水平。但是"一带一路"沿线亚洲大多数国家,其基础设施水平远远滞后于经济发展水平(如塞浦路斯、科威特、黎巴嫩、蒙古等),抑或仅与经济发展水平相当(如柬埔寨、越南、印度尼西亚等)。

首先,基础设施作为经济发展的前提条件,其建设应当优先于经济发展,为经济发展提供良好的环境,降低经济运营成本,提高经济效率。但是像这种基础设施建设水平明显滞后于经济发展水平或与其相当,将会成为区域经济发展瓶颈。其次,即使是基础设施水平比较发达的经济体,随着经济进一步发展,原有基础设施也需要不断升级改造,来满足经济发展的新需要。这都进一步表明"一带一路"沿线亚洲国家基础设施先行未来还有很长路要走,需要投入大量资金。

二、沿线亚洲国家基础设施建设资金需求情况

根据上述分析,"一带一路"沿线亚洲国家基础设施水平极不均衡的发展现状使其客观上存在巨大基础设施融资需求,并且随着"一带一路"沿线亚洲国家人口密度进一步增加和城市化进程进一步加快等其他因素助推,其未来对基础设施融资需求更加巨大。不仅仅需要新建基础设施,还需要对基础设施进行维护和升级。比如新加坡推出了"智慧国家 2025"计划,旨在利用数码科技改善公共交通体系、电子商务等现代生活设施与支持体系,以创造更好的工作机会和商业机会;目前,印度尼西亚、马来西亚、印度等国也都在积极地进行基础设施建设规划,不断加大基础设施投资力度。

根据全球一些顶级投资机构对亚洲国家基础设施资金缺口的预估报告,如亚洲开发银行最新研究报告,亚洲发展中经济体未来对基础设施建设资金需求非常巨大,从 2016 年到 2030 年,总共需要 26 万亿美元,平均每年需要 1.7 万亿美元,其中,电力需要 14.7 万亿美元,交通需要 8.4 万亿美元,通信需要 2.3 万亿美元,水和卫生设施需要 0.8 万亿美元等。其中整个投资 61% 集中在东亚地区。而汇丰银行基于亚洲新兴经济体城市化中对基础设施建设需要,估计从 2010 年到 2030 年为 11.5 万亿美元。麦肯锡主要是对 ASEAN-5 的房地产和基础设施建设资金需求状况进行预估,从 2014 年到 2030 年为 7 万亿美元。20 国集团工商界活动(B20)预估到 2030 年,全球基础设施建设融资需求为 57 万亿,其中亚洲占了大部分,其融资缺口为 50 万亿美元(见表 9-2)。

表 9-2 对亚洲基础设施建设的预估

评估方	时 期	区 域	总投资金额(万亿美元)
亚洲开发银行	2016—2030 年	45 个亚洲发展中经济体	26
汇丰银行	2010—2030 年	亚洲新兴经济体	11.5
麦肯锡	2014—2030 年	ASEAN-5	7
B20	2015—2030 年	全 球	57

• 数据来源:Deutsche Bank, Asia Infrastructure Financing, 2016; ADB, Meeting Asia's Infrastructure Needs, 2017.

第三节 社会资本在填补资金缺口方面的关键性作用

对于基础设施项目而言,其建设资金主要来源包括政府财政支持、国际多边开发性金融机构支持和社会资本支持。传统上基础设施建设资金主要

来源于政府财政支持,国际多边开发性金融机构在提供贷款的同时,主要还提供融资的技术性支持和担保等。而社会资本,包括机构投资者,比如养老金和保险金,虽然资金规模巨大,在基础设施上的投资额度也在不断增加,但是在其整个投资中所占比重依然非常低。[①]

一、沿线亚洲主要国家财政赤字严重

政府的财政支持一直是基础设施建设的重要资金来源之一,尤其是在亚洲这种金融市场还不是很发达的地区,政府的财政支持在其基础设施建设中居于主导地位。但是近几年,"一带一路"沿线亚洲主要国家的财政赤字不断增大(见表9-3):其中,除了新加坡等几个少数国家或地区有财政盈余外,大多数经济体都面临财政赤字现状,如中国、蒙古、印度尼西亚、越南、哈萨克斯坦等财政赤字不断增大;尽管印度的财政赤字占比有所下降,从其占GDP比重来看(低于-3.94%),财政赤字现象仍然比较严重。因此,如果仅仅依靠政府财政支持,"一带一路"沿线亚洲国家基础设施建设将会受到限制。

表9-3 "一带一路"沿线亚洲主要国家财政平衡/GDP状况 (单位:%)

国　家	2010年	2011年	2012年	2013年	2014年	2015年
中　国	-1.66	-1.11	-1.63	-1.87	-1.80	-3.48
印　度	-4.80	-5.91	-4.93	-4.46	-4.09	-3.94
新加坡	7.37	9.10	8.55	8.11	7.20	—
马来西亚	-5.27	-4.66	-4.32	-3.79	-3.38	-3.21
印度尼西亚	-0.73	-1.08	-1.78	-2.22	-2.15	-2.53
菲律宾	-3.49	-2.04	-2.30	-1.42	-0.58	-0.91
巴基斯坦	-5.91	-6.29	-8.61	-8.06	-4.20	-4.15
哈萨克斯坦	-2.42	-1.94	-2.77	-1.89	-2.67	-2.24
越　南	-2.06	-0.48	-3.36	-5.03	-4.37	-4.55
蒙　古	0.43	-6.36	-6.78	-1.17	-3.79	-4.62

・数据来源:亚洲开发银行数据库。

二、国际多边开发机构金融支持有限

国际多边开发金融机构在为基础设施建设提供资金支持之外,也为其融资提供技术支持和信用担保,比如深化资本市场,协助建立相应的风险检测

[①] FICCI, Infrastructure Investment in Asia, May 27, 2016.

和评估机制。目前,能够为"一带一路"沿线亚洲国家提供融资支持的国际多边开发银行包括世界银行、亚洲开发银行、亚洲基础设施投资银行、金砖国家新开发银行等。

首先,世界银行的贷款机构主要包括国际复兴开发银行(IBRD)和国际开发协会信贷。其中国际复兴开发银行主要向亚洲地区贷款,国际开发协会信贷主要是向非洲地区贷款。根据世界银行2016年年报数据,2016年国际复兴开发银行在能源采矿、交通运输、信息通信、水和卫生设施、防洪领域总投入132亿美元,其中欧洲和亚洲区域总占比为72%,约为100亿美元。

其次,亚洲开发银行主要是通过提供贷款、联合融资担保、技术援助和赠款等方式支持成员国在基础设施、能源、环保、教育和卫生等领域的发展。根据亚洲开发银行2016年年报数据,2016年亚洲开发银行聚焦于交通、能源、信息和通信领域的贷款总额约为727亿美元。

最后,新兴多边开发金融机构,如亚洲基础设施投资银行、金砖国家新开发银行,尤其是亚洲基础设施投资银行,是专门针对"一带一路"基础设施建设成立的,但是成立时间比较短,投资活动刚刚起步,投资规模不是很大。

根据上述分析,国际多边开发性金融机构相对于"一带一路"沿线亚洲国家基础设施建设每年1.7万亿美元(亚洲开发银行预测)的资金缺口,只是杯水车薪。

三、社会资本的先天性优势

社会资本主要包括大量机构投资者所有的资本,如养老金和保险金;也包括广大居民个人所有资本。社会资本在弥补基础设施建设资金缺口方面具有如下先天性优势:一是资金来源不再受"一带一路"沿线亚洲区域限制,在资金渠道顺畅的前提下,可以是"一带一路"亚洲国家的潜在社会资本,也可以是全球的潜在社会资本,资金规模巨大;二是社会资本投资方式多样化,可以是直接投资或者间接投资(如购买债券和股票)等其他多种方式;三是参与主体的增加会极大地分散基础设施建设的高风险;四是社会资本以追求利润为目的,其适度参与会提升基础设施建设的效率,有效减少政府失灵;五是社会资本的参与,尤其是沿线亚洲国家社会资本的参与,不仅能够丰富本国社会资本的投资渠道,更有利于组成基础设施建设的利益共同体,推动基础设施建设持续发展。因此,客观上社会资本具备填补"一带一路"沿线亚洲国家基础设施建设资金缺口的潜力。

第四节 社会资本参与沿线亚洲国家基础设施建设现状

尽管社会资本拥有未来填补"一带一路"沿线亚洲国家基础设施建设资金缺口的潜力,但现实中社会资本具体参与基础设施建设的现状到底如何呢?本节将会结合世界银行PPI数据库相关数值从社会资本投资总量变化和投资结构两个方面进行分析。

一、社会资本参与总量分析

2010年以来(见表9-4),社会资本参与"一带一路"沿线亚洲国家基础设施投资额总体呈现减少趋势,从2010年约990亿美元减少到2016年约361亿

表9-4 社会资本参与沿线亚洲国家基础设施建设现状　　(单位:百万美元)

国　家	2010年	2011年	2012年	2013年	2014年	2015年	2016年
中　国	1 113	4 486	5 417	8 453	6 908	6 578	11 219
印度尼西亚	4 146	2 468	6 568	4 383	3 742	191	8 525
菲律宾	3 877	2 411	2 853	2 301	1 032	6 166	5 430
土耳其	8 140	13 022	7 186	18 734	17 673	44 681	3 615
印　度	67 511	43 127	27 508	15 548	9 344	4 152	2 982
巴基斯坦	1 754	924	2 216	626	948	383	1 688
约　旦	301	295	700	1 209	614	1 078	986
泰　国	1 165	2 241	3 176	3 422	5 554	1 678	436
越　南	1 098	2 772	259	276	1 790	0	293
伊　朗	486	514	242	354	287	0	235
黎巴嫩	0	0	0	0	0	0	180
孟加拉国	658	819	1 940	702	1 174	300	170
也　门	59	365	0	0	0	0	140
蒙　古	0	0	120	0	0	0	128
尼泊尔	39	107	971	0	148	350	26
柬埔寨	1 882	4	7	0	0	0	0
哈萨克斯坦	611	981	898	561	615	0	0
吉尔吉斯斯坦	29	52	31	23	66	0	0
老　挝	3 860	456	5 888	0	2 022	0	0
马来西亚	1 301	1 058	3 241	2 589	799	2 675	0
斯里兰卡	881	843	500	306	757	0	0
塔吉克斯坦	56	49	151.75	63	57	0	0
合　计	98 967	76 994	69 872.75	59 550	52 910	68 232	36 053

• 数据来源:世界银行PPI数据库(http://ppi.worldbank.org)。

美元,在整个过程中社会资本投资额波动幅度比较大。从国别来看,中国、印度尼西亚、约旦等少数国家有所增长,其中,社会资本投资于中国基础设施建设额度从 2010 年的约 11 亿美元增长到 2016 年的约 112 亿美元,增长幅度最大;其他大部分国家社会资本投资额度减少趋势比较明显,其中,印度社会资本投资额度从 2010 年的约 675.1 亿美元减少到 2016 年的约 29.8 亿美元,是减少幅度最大的国家。

二、社会资本参与结构分析

首先,从资本流向来看(见图 9-2),社会资本在"一带一路"沿线亚洲国家主要流向电力、信息与通信技术(ICT)和铁路三大领域,其中,投资到电力部分的额度差不多占到一半,为 48.46%;投资到 ICT 部分的额度占比 20.08%;投资到铁路部门的额度占比 14.43%。根据世界银行 PPI 数据库数据,从国别上来看,大部分国家里,社会资本只进入电力部分和 ITC 部分,比如柬埔寨、越南、哈萨克斯坦、孟加拉国等经济不发达地区;其中,在铁路建设领域,社会资本进入规模比较大的是印度,在过去 6 年时间里,总共有 476.8 亿美元社会资本进入,高于中国的 156 亿美元;在航空领域,社会资本进入最多的是土耳其,为 382.5 亿美元。

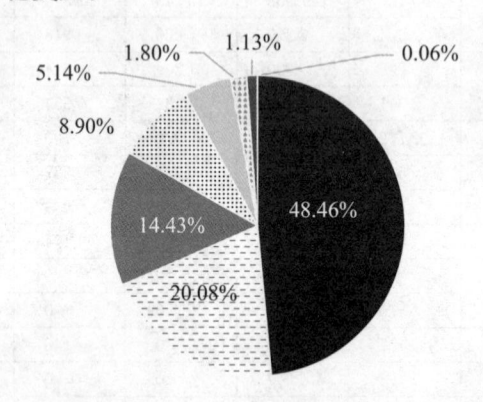

图 9-2 沿线亚洲国家社会资本累计(2010—2016 年)投资额流向

• 数据来源:世界银行 PPI 数据库(http://ppi.worldbank.org)。

三、社会资本参与模式分析

从 2010 年到 2016 年里,"一带一路"沿线亚洲国家以 PPP 模式参与基础设施建设的社会资本额度占比为 73.86%;几乎每个国家的基础设施项目都是以 PPP 模式为主。从投资模式来看,绿地直接投资占比高达 82.44%,表明社会资本主要是用于新建基础设施,而不是用于租赁或者购买原有设施(见图 9-3)。

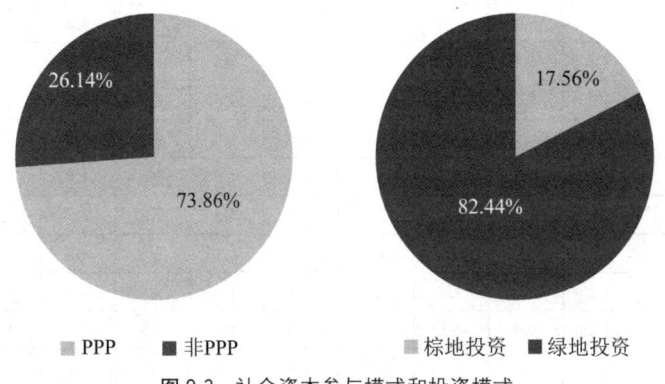

图 9-3 社会资本参与模式和投资模式

• 数据来源:世界银行 PPI 数据库(http://ppi.worldbank.org)。

第五节　社会资本参与沿线亚洲国家基础设施建设瓶颈

尽管社会资本数量巨大,但是从社会资本投资基础设施的现状来看,"一带一路"沿线亚洲国家的情况不容乐观,投资量不仅比较小,而且波动非常明显。这主要是由社会资本一些特定的属性决定的。社会资本不同于公共资本,其投资行为是以获取稳定的高额利润回报为导向的,而基础设施建设时间比较长,资金需求巨大,容易受到一国政治环境、法制环境、政策环境、宏观经济环境和金融市场环境等的影响。此外,基础设施建设过程非常复杂,需要大量的专业知识和专业技术,这使得大部分社会资本前期尽调成本非常高。本书将结合《全球竞争力报告 2016—2017 年》数据,对"一带一路"沿线亚洲国家融资环境进行分析,进而分析社会资本参与其中的主要表现及瓶颈(见表 9-5)。

一、沿线亚洲国家宏观环境相对较弱

一是政治环境。政治环境的好坏主要是指一国政局的稳定程度,主要表现在政府信誉和清廉程度两个层面。无论是在政府信誉层面还是在清廉程度层面,大部分亚洲国家得分不是很高。在政府信誉层面,相比新加坡和阿联酋分别为 6.4 和 6.2 得分,其他国家得分都是 5 分以下。

表9-5 沿线亚洲主要国家的融资环境(总分是7分)

国家	政府信誉	恐怖袭击	清廉程度	司法独立程度	法律解决争端有效性	政府政策透明度	通货膨胀率(%)	金融便利度	股权市场便利度	银行健全度
新加坡	6.4	5.6	6.7	5.6	6.2	6.3	−0.5	5.7	5.5	6.4
阿联酋	6.2	6.3	6.5	5.7	5.5	5.6	4.1	4.8	4.9	5.9
卡塔尔	5.8	6.1	6.2	5.6	5.5	5.5	1.7	5.2	5.3	5.9
沙特阿拉伯	5.2	5.5	5.4	5.3	4.8	4.6	2.2	4.4	4.4	5.8
阿曼	4.7	6.1	5.2	4.7	4.6	4.6	0.2	4.5	4.4	5.3
巴林	4.5	4.8	5.6	5.1	4.8	4.9	1.8	4.8	4.0	5.4
不丹	4.4	5.7	4.8	4.8	4.8	4.3	7.2	3.7	3.9	4.6
马来西亚	4.3	5.1	4.8	4.6	5.1	5.1	2.1	4.9	4.8	5.4
塔吉克斯坦	4.2	5.0	4.2	4.4	4.4	5.8	5.8	4.0	4.0	4.3
印度	4.2	4.0	4.5	4.3	4.6	4.4	4.9	4.3	4.4	4.7
哈萨克斯坦	4.1	5.6	4.2	3.9	4.1	4.8	6.5	3.7	3.1	4.2
文莱	4.0	5.3	5.1	4.1	3.8	3.8	−0.4	4.0	2.6	4.4
约旦	3.9	4.5	4.7	4.9	4.5	4.1	−0.9	4.1	4.3	5.4
老挝	3.8	5.0	3.8	4.3	4.1	3.8	5.3	4.1	3.2	4.5
越南	3.6	5.2	3.3	3.5	3.5	3.8	0.6	3.9	3.8	3.8
印度尼西亚	3.6	4.2	3.6	4.1	4.0	4.3	6.4	4.4	4.4	4.8
以色列	3.4	3.4	5.5	6.1	4.5	4.6	−0.6	4.2	4.6	5.9
伊朗	3.4	4.5	3.5	3.5	3.5	3.5	12.0	3.2	3.0	3.7
柬埔寨	3.1	4.8	3.0	2.8	2.9	3.3	1.2	3.6	2.3	4.4
科威特	3.0	5.3	4.1	4.7	4.4	3.7	3.4	4.1	4.1	5.8
土耳其	2.9	4.1	4.3	3.1	3.1	4.5	7.7	3.4	3.8	5.2
吉尔吉斯斯坦	2.8	4.2	2.6	3.3	3.0	3.8	6.5	3.2	2.8	3.7
巴基斯坦	2.7	2.7	3.1	3.6	3.0	3.6	4.5	3.6	3.5	4.3
斯里兰卡	2.6	5.5	3.8	4.4	4.2	3.9	0.9	3.9	4.4	5.2
菲律宾	2.4	4.1	3.4	3.0	3.0	3.9	1.4	4.3	4.4	5.5
塞浦路斯	2.4	5.5	4.4	4.7	3.1	4.3	−1.5	3.5	2.3	2.9
泰国	2.2	4.0	3.7	4.0	4.0	3.9	−0.9	4.3	4.9	5.6
也门	2.1	2.1	2.1	2.3	2.6	3.0	30.0	2.6	2.1	3.1
孟加拉国	1.9	4.2	2.2	2.9	2.8	3.8	6.4	3.2	3.7	3.9
尼泊尔	1.9	4.4	2.9	4.1	3.1	3.6	7.2	3.6	4.2	4.3
黎巴嫩	1.8	3.0	2.9	3.0	3.2	3.2	−3.7	3.8	3.0	5.6
蒙古	1.8	6.1	3.8	3.2	3.2	4.1	5.9	3.2	3.1	3.5

• 数据来源:世界经济论坛《全球竞争力报告2016—2017年》。

二是法治环境。法治环境对于投资者来说,主要是指在基础设施建设中,出现矛盾和纠纷时,法律是否公正公平地予以解决,表现在司法独立程度和法律在解决争端时的有效性两个层面。"一带一路"沿线亚洲国家大多得分在5分以下。

三是制度环境。制度环境主要是指政府制定政策透明度、政策的持续性和政策对投资者的保护程度。只有透明的政府决策机制才能给予投资者理性的政策预期,让投资者及时调整自己的投资策略;适当的政策倾斜也会对社会资本投资者具有吸引力。在政策透明度层面,"一带一路"沿线亚洲国家大多得分在5分以下。

四是经济环境。对于投资而言,经济环境主要从两个层面对其投资产生影响,一方面,经济环境的好坏一定程度上会影响未来基础设施建成后的现金流收益情况;另一方面,因为基础设施建设周期比较长,通货膨胀程度会直接影响未来的收益分配,会给投资者带来风险。"一带一路"沿线亚洲大部分国家都是发展中国家,经济发展程度比较低;在通货膨胀率层面,只有一半左右的国家是控制在5%以内的。

以上四个层面都属于国家宏观环境层面,对于投资者来说,只能被动接受,但是同时也是社会资本投资者在考量是否进行投资时需要首先考虑的因素,尤其是对国际社会资本投资者而言,如果一国上述四个层面不是很好,根本不可能对其进行投资。而目前"一带一路"沿线亚洲大部分国家的政治环境、法制环境、制度环境和经济环境都不是很好,这将成为社会资本进入基础设施领域的首要瓶颈。

二、沿线亚洲国家金融市场相对不完善

发达的金融市场不仅能够为社会资本提供投资于基础设施的渠道,并且可以通过金融创新来对冲缓释各种风险。根据英国智库Zyen集团发的第19期"全球金融中心指数",2016年全球金融中心20强中,"一带一路"沿线亚洲国家中只有新加坡、中国香港地区、迪拜、中国上海市、中国深圳市入围,主要集中于东亚和中东两地。

整体上来看,"一带一路"沿线亚洲国家中大部分国家金融市场发育程度比较低。首先,从金融便利度来看,"一带一路"沿线亚洲大部分国家得分都在5分之下;其次,除了传统银行体系完整度相对其他指标较好外,股票市场的便利度也是比较低的。此外,在债券市场方面,由于在国际市场直接发债,

存在货币错配等问题,一般亚洲国家基础设施偏向于在国内市场进行发债融资,[①]这就对沿线国家金融市场提出更高的要求。

这种金融市场的不发达,金融创新不足,使很多风险没办法通过对冲进行缓释,直接限制了社会资本投资者的投资渠道,有些甚至国内社会资本都没办法参与到基础设施建设,更何况国际社会资本。所以金融市场的不发达将是"一带一路"沿线亚洲国家基础设施未来融资的主要瓶颈之一。

三、沿线亚洲国家基础设施开放程度相对较低

"一带一路"沿线亚洲很多国家出于国家安全等因素的考虑,其基础设施领域对FDI开放程度还有一定程度的限制,这将不利于社会资本进入基础设施领域,也将限制基础设施建设资金的来源,尤其对于经济不是很发达的国家,建设资金主要依靠国外市场。如表9-6所示,和日本、英国、美国以及OECD国家的平均水平比起来,"一带一路"沿线亚洲部分国家对基础设施建

表9-6 沿线亚洲主要国家基础设施FDI限制状况与日本、英国、美国等的对比

国家	运输设备	电	发电	电力分配	建设	运输	通信	固定电信	移动电信
沙特阿拉伯	0.21	0.21	0.21	0.21	0.21	0.45	0.30	0.30	0.30
缅甸	0.21	0.14	0.29	0.00	0.34	0.38	0.11	0.00	0.21
老挝	0.12	0.16	0.16	0.16	0.31	0.13	0.12	0.12	0.12
蒙古	0.09	0.09	0.09	0.09	0.09	0.20	0.09	0.09	0.09
菲律宾	0.07	0.50	0.32	0.67	0.47	0.67	0.67	0.67	0.67
印度尼西亚	0.06	0.11	0.11	0.10	0.21	0.38	0.26	0.26	0.26
约旦	0.05	0.05	0.05	0.05	0.55	0.56	0.05	0.05	0.05
哈萨克斯坦	0.04	0.04	0.04	0.04	0.04	0.07	0.14	0.24	0.04
吉尔吉斯斯坦	0.04	0.04	0.04	0.04	0.04	0.22	0.04	0.04	0.04
以色列	0.02	0.77	0.77	0.77	0.02	0.40	0.40	0.47	0.32
越南	0.02	0.01	0.00	0.00	0.00	0.50	0.58	0.58	0.58
印度	0.00	0.06	0.13	0.00	0.05	0.09	0.00	0.18	0.00
马来西亚	0.00	0.50	0.50	0.50	0.25	0.10	0.25	0.25	0.25
OECD平均值	0.02	0.12	0.13	0.11	0.02	0.21	0.09	0.09	0.08
日本	0.00	0.03	0.03	0.03	0.00	0.28	0.27	0.51	0.03
英国	0.00	0.00	0.00	0.00	0.00	0.00	0.00	0.00	0.00
美国	0.00	0.20	0.39	0.00	0.00	0.55	0.11	0.02	0.20

• 数据来源:OECD FDI Regulatory Restrictiveness Index。

---

① ABD, asia bond monitor, June 2017.

设相关领域外资进入还是相当敏感,都有不同程度的限制,其中限制比较多的国家为沙特阿拉伯、以色列、印度尼西亚;越南和菲律宾对通信领域限制比较多,而对交通和能源领域相对开放。

第六节 "一带一路"亚洲国家基础设施先行的融资安排

综上所述,"一带一路"沿线亚洲国家基础设施建设资金缺口巨大,而社会资本具备填补资金缺口的客观优势,但是基于社会资本避险趋利的本性,并且基础设施建设风险又很高,社会资本目前在基础设施领域投资额占比非常小。本章将主要从优化社会资本投资环境和投资渠道来提出几点关于社会资本参与"一带一路"沿线亚洲国家基础设施建设的政策建议:

一、维护社会资本投资者合法权益

首先,不断增强政府政策的透明度。对于社会资本投资者而言,政府政策透明度的增加,将会有助于投资者对基础设施投资形成合理的预期,及时评估风险,调整自己的投资策略。其次,加强法治化建设,保证相关合同的执行力。一般基础设施建设非常复杂,大量合同需要履行,在此过程中,违约行为时有发生,一旦违约行为发生,需要有相关机制能够保障投资者的合法权益不受损失。再次,需要不断增强政府信誉,保持政策的持续性。基础设施建设周期比较长,相关政策可能会发生变化,将会给社会资本投资者带来风险。最后,相关基础设施投资规则需要与国际接轨,逐渐按照国际标准执行,如会计规则等。

二、推进本地金融市场深化和完善

首先,维护汇率的稳定,减少国际社会资本投资者因为汇率波动带来的风险;其次,不断加强金融创新,为投资者提供可供选择的投资渠道以及用来缓释风险的金融对冲工具;再次,加强与世界银行和亚洲开发银行等国际多边开发金融机构合作,不断寻求在金融领域合作,深化本国金融市场。此外是加强与国际金融市场合作,拓宽基础设施融资渠道,吸引更多社会资本投资者。

三、走社会资本和公共资本合作模式

一方面,公共资本投资量有限,并且在基础设施建设运营中时有效率低

下和腐败等问题,但是公共资本代表国家信誉,融资成本比较低,并可获得很多政策优惠;另一方面,社会资本具有规避风险的本性,但是在合理的合同安排下,其在基础设施建设和运营中具有高效性等特点。两者合作不仅扩充了基础设施建设的资金来源,而且可提高基础设施建设和运营的效率和质量。

四、充分发挥亚投行平台功能

亚洲基础设施投资银行是专门针对"一带一路"沿线基础设施建设的,主要聚焦于能源、交通、通信等方面的贷款。亚投行需要充分发挥自身的平台功能,不断加强与世界银行、亚洲开发银行和金砖国家新开发银行等的合作,开发多种投资工具,为国际社会资本投资者提供多种融资渠道。

五、促进形成统一的风险监管机制

"一带一路"沿线亚洲国家基础设施互联互通,很多项目需要区域内多个国家合作完成,需要加强国家之间对话,形成统一的风险监管机制,防范可能遇到的系统风险和非系统风险,维护区域金融市场的稳定,保障投资者的权益。

第七节 小 结

进一步推进"一带一路"沿线亚洲国家基础设施建设的关键是解决资金供给问题,因此,融资结构安排是基础设施先行的一个重要层面。亚洲大部分国家因面临财政赤字而不断收紧财政预算,国际多边开发性金融机构提供的资金有限,而规模庞大的社会资本具备弥补"一带一路"亚洲国家基础设施建设资金缺口的潜在优势。本章在分析"一带一路"亚洲国家基础设施社会资本参与现状基础上,指出社会资金进一步参与其中面临的瓶颈,包括宏观环境不是很好、金融市场不是很发达、基础设施部门开放程度比较低等。本章主要从优化社会资本参与环境和投资渠道两个方面来提出社会资本参与"一带一路"沿线亚洲国家基础设施建设的政策建议,包括维护社会投资者合法权益,对本地金融市场进行深化、完善,走社会资本和公共相结合的模式,充分发挥亚投行的平台功能,形成统一的监管机制等。

总之,在不断开放基础设施融资市场、构建合适的渠道进行引导、通过不同合作模式和金融创新不断缓释基础设施投资风险、保障获得稳定收益的基础上,社会资本将是"一带一路"沿线亚洲国家基础设施建设资金的主要来源。

第十章
"一带一路"亚洲国家基础设施先行的融资模式:基于 PPP 模式的研究

第九章重点分析了社会资本作为"一带一路"沿线亚洲国家基础设施建设资金主要来源的潜在优势,本章将进一步对社会资本参与基础设施的具体合作模式——PPP 模式进行深入研究,为"一带一路"沿线亚洲国家基础设施先行提供更加切合实际的政策建议。

第一节 "一带一路"亚洲国家基础设施先行与 PPP 模式

根据第九章的分析,与"一带一路"沿线国家财政窘迫和国际多边开发机构资金支持有限相比,目前全球庞大的社会资本,比如全球养老基金、主权财富基金、担保公司和其他机构投资者资金高达 100 万亿美元。[1]如此庞大的社会资本具备弥补"一带一路"沿线国家基础设施资金缺口的潜力。而能够很好地把社会资本、政府、建筑公司和用户利益完美地融合在一起的 PPP 模式将会是未来"一带一路"沿线基础设施建设主要采取的形式。[2]

"一带一路"沿线亚洲国家采取 PPP 模式进行基础设施建设具有如下几点优势:一是为沿线国家基础设施建设提供迫切需要的资金,从而减轻政府财政压力,把财政资金用到其他需要的地方,有助于扩展政府职能;二是来自私人部门提供的技术和创新等带来的增值服务,会有效地提高基础设施建设的效率,因为在 PPP 模式下,竞标公司的收益依赖于项目未来的表现,私人部门在建筑之前会更加精心、更加详尽地进行项目尽调,更加合理地进行项目规划等;三是在 PPP 模式下,整个工程项目,从设计、建筑、融资、运营等各个阶段都由一个法律实体(SPV)统一负责,不仅有效地减少了传统模式下政府和项目之间由于信息不对称所带来的腐败等问题,而且会使得项目各个环节

---

[1] ADB, Asian development outlook 2017 update, sustaining development through Public-Private Partnership, 2017.
[2] ADB, Meeting asia's infrastructure needs, June 2017.

有效对接,能够有效地缩短项目建设时间,提高项目质量水平,降低违约率;四是在 PPP 模式下,政府也参与其中,只是更多地扮演一个监管者角色,这就无形中为项目提供了国家信用担保,缓冲私人部门无法克服的一些风险,比如政治风险等。所以一个设计合理的 PPP 模式,既能够为用户提供有效的基础设施服务,也能为社会资本提供一个很好的投资机会,同时也有助于政府突破财政预算的限制等。

但是 PPP 项目并不是万能的,目前社会资本参与到基础设施领域占比不到其投资总额的 1%。[1]根据世界银行 PPI 数据库,"一带一路"沿线亚洲国家 2016 年基础设施领域 PPP 项目投资资金总额为 383.63 亿美元,不到整个缺口的 5%,主要是因为 PPP 项目的成功实施需要一定的前提条件。因此,本书在分析"一带一路"沿线亚洲国家 PPP 项目投资现状的基础上,聚焦于 PPP 项目成功实施决定因素的实证分析,期望沿线国家未来不断优化 PPP 投资环境,吸引社会资本参与到"一带一路"沿线基础设施建设中来,弥补其基础设施建设资金缺口,推进"一带一路"沿线亚洲国家基础设施建设,促进亚洲经济一体化发展。

目前国际上 PPP 数据比较权威的数据库是世界银行的 PPI 数据库,而 PPI 数据库主要是发展中国家的数据,因此,本书主要聚焦于亚洲发展中国家的 PPP 成功实施决定因素的实证研究。本章的结构安排如下:第一部分主要是"一带一路"亚洲发展中国家基础设施建设中 PPP 项目现状分析;第二部分是关于"一带一路"亚洲发展中国家基础设施建设中 PPP 项目成功实施决定因素的实证分析;第三部分是"一带一路"沿线亚洲国家基础设施先行的融资模式安排。

第二节 沿线亚洲国家基础设施先行 PPP 模式现状

对于"一带一路"亚洲发展中国家,归因于国家经济体制改革,比如从进口替代转向出口导向等的转变,PPP 项目起步时间大部分是在 1990 年前后,在 2000 年之后得到迅速发展,发展最快的两个国家是印度和中国。中国首个 PPP 项目是在改革开放大背景下,1984 年广东省佛山市一个发电厂采用的

---

[1] ADB, Asian development outlook 2017 update, sustaining development through Public-Private Partnership, 2017.

BOO 模式。印度 PPP 模式起步于 1990 年，在运输领域发展非常快，占到整个亚洲 PPP 项目投资总额的 50% 左右。①随着南亚国家在国家经济体制改革上的不断推进，比如印度尼西亚、菲律宾、马来西亚和泰国等，PPP 项目也发展非常快。根据世界银行 PPI 数据库数据，从 1993 年到 2017 年，"一带一路"沿线亚洲国家投资 PPP 项目 6 000 个，总累计投资额大于 1.07 万亿美元（因为有些项目的投资金额缺失，1.07 万亿美元不包括缺失数据的项目投资金额）。

一、沿线亚洲国家 PPP 模式的项目金额分析

在地理分布上，从 1993 年到 2017 年投资金额累计值来看，PPP 项目主要分布在东南亚、南亚、西亚和中国，四个地区总共占区域 PPP 投资金额总额 98.2% 以上，其中，东南亚占比为 38.7%，南亚占比为 26.7%，西亚为 20.1%，中国为 14.5%。从变化趋势上来看，东南亚和中国 PPP 项目发展受经济冲击现象比较明显，比如 1997 年东南亚金融危机和 2008 年次贷危机，两个地区 PPP 项目都是在危机之前快速发展，然后由于金融危机的发生，PPP 项目投资金额迅速下降。近年来，得益于政府的推动，中国 PPP 项目投资额度迅速增长。对于南亚而言，整个 PPP 项目发展最快的时间段是 2004 年到 2010 年，然后出现逐年下降趋势，其中，印度的 PPP 项目在南亚中发展最快。西亚地区 PPP 项目投资金额增长最快的时间段是 2007 年到 2015 年。

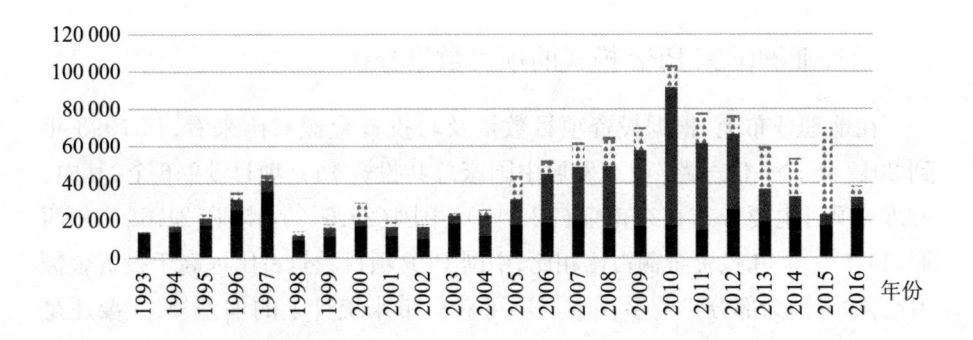

图 10-1 沿线亚洲国家主要地区 PPP 投资金额地理分布（单位：百万美元）

- 数据来源：世界银行 PPP 数据库。

---

① 通过世界银行 PPI 数据库数据计算得到。

从行业分布上来看,从 1993 年到 2016 年,"一带一路"亚洲发展中国家 PPP 项目主要分布在能源、通信和交通三个领域,三个领域 PPP 项目投资总额占到整个亚洲国家投资总额的 96.5%,其中,42.8%资金是投资在能源领域,包括发电、输电和配电等;28%项目资金投资在通信领域,包括 ICT 等;25.7%项目资金投资在交通领域,比如公路、码头、机场。在整个时间区间里,"一带一路"亚洲发展中国家 PPP 项目资金主要是投资在能源领域。从 2000 年以来,PPP 项目在交通领域投资金额逐渐增加;相对应的是通信领域投资金额近几年有下降趋势。

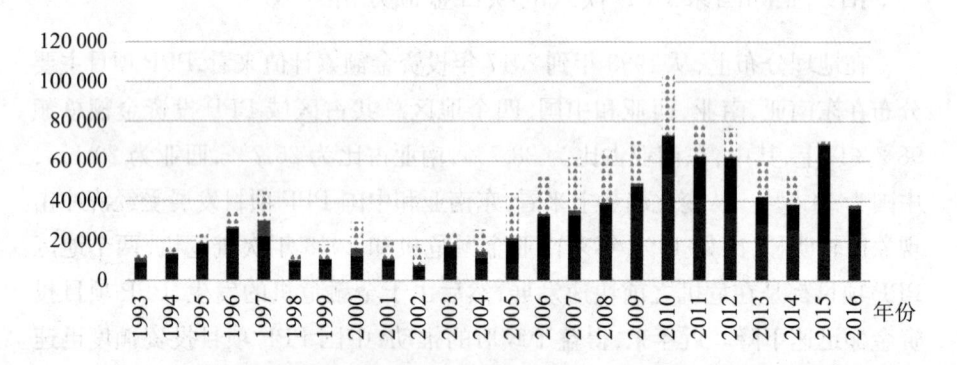

图 10-2　沿线亚洲国家 PPP 项目投资金额行业分布(单位:百万美元)

· 数据来源:世界银行 PPI 数据库。

二、沿线亚洲国家 PPP 模式的项目数量分析

在地理分布上,根据投资项目数量及与投资金额对比来看,从 1993 年到 2017 年,"一带一路"亚洲发展中国家总共投资 PPP 项目 5 946 个,其中,92.5%项目主要分布在东南亚(32.3%)、中国(24.5%)、南亚(21.6%)和西亚(14.1%)。和投资金额占比相比,中国 PPP 项目数量占比远高于投资金额占比,除了因为部分投资金额数据不可获得带来统计上的偏差外,主要还是由于中国 PPP 项目起步较晚,加上 PPP 对专业知识及投资环境等要求比较高,中国单个 PPP 项目规模比较小。从时间趋势来看,基本上和投资资金相似,东南亚和中国 PPP 项目受到 1997 年金融危机和 2007 年次贷危机影响比较明显,但是近年来,随着中国政府政策推动,PPP 项目在 2016 年已经接近其他几个地区项目数的总和。南亚和西亚项目数量变动趋势与项目金额相

似,不同之处是西亚的项目数量占比远低于项目金额占比,表明西亚地区的基础设施 PPP 项目金额比较大。

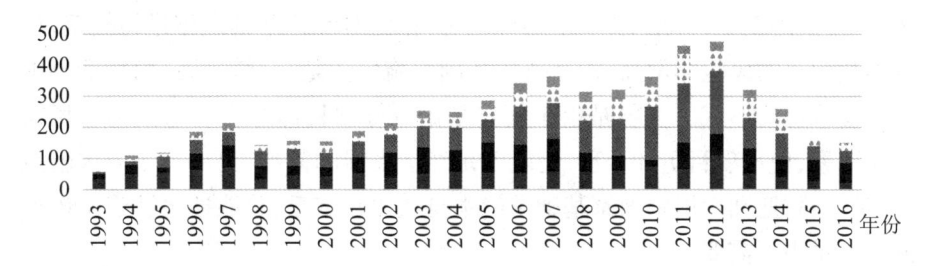

图 10-3 沿线亚洲国家 PPP 投资项目数量的地区分布(单位:个)

• 数据来源:世界银行 PPI 数据库。

在行业分布上,从 1993 年到 2016 年,"一带一路"沿线 PPP 项目投资数量 38.5% 集中在能源领域,34.2% 集中在通信领域,16.6% 集中在交通领域,10.7% 集中在水和污水处理领域。通过与投资金额行业占比比较发现,能源和交通领域 PPP 项目规模整体上大于通信、水和污水处理领域。从时间趋势来看,尽管各行业项目投资金额都有减少趋势,但是从项目占比来看,能源仍然是主要投资领域,交通、水和污水处理领域变化不大,通信领域的 PPP 项目金额急剧减少。

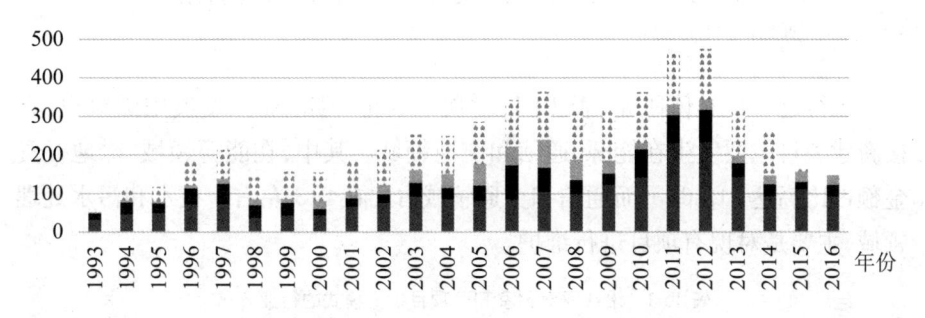

图 10-4 沿线亚洲国家 PPP 投资项目数量的行业分布(单位:个)

• 数据来源:世界银行 PPI 数据库。

三、沿线亚洲国家 PPP 模式的项目类型和模式分析

在 PPP 类型和模式上,一般而言,PPP 采取的类型主要取决于社会资本所承担的风险份额、投资金额,以及在合同到期后项目所有权归属等。在

"一带一路"亚洲发展中国家 BOT 模式仍然是主要形式,其投资金额占比为 36.89%;其次是 BOO 模式,占比为 28.34%;BROT 模式占比为 16.37%,ROT 模式是 14.7%(图 10-5)。与此同时,相比对现存基础设施进行投资,尽管新建项目的风险非常高,但是新建基础设施仍然是"一带一路"沿线亚洲国家最受欢迎的形式。主要是由于新建基础设施项目需综合考虑当前市场需要等因素,使得项目更加合理,更能满足经济发展的需要;另外一个原因就是"一带一路"亚洲发展中国家基础设施本身就比较贫乏,只能通过新建基础设施来满足当下需要。

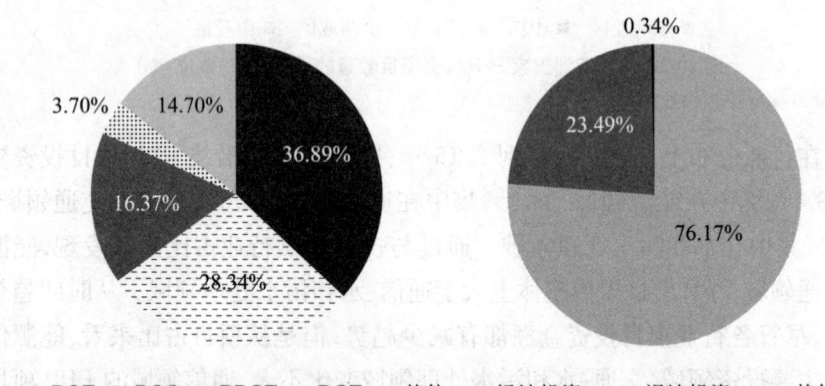

图 10-5 沿线亚洲国家 PPP 投资项目类型和模式投资金额占比

· 数据来源:世界银行 PPI 数据库。

进行进一步具体研究(表 10-1)发现,"一带一路"亚洲发展中国家里,直接新建项目主要发生在能源、通信和交通领域。其中,在能源领域,绿地投资金额占比高达 91.16%,而通信和交通领域占比在 2/3 左右。在水和污水处理领域,主要是对现有项目进行维护。

表 10-1 沿线亚洲国家 PPP 项目投资模式的行业分布

	能 源	通 信	交 通	水和污水处理
绿地项目	91.16%	65.15%	60.58%	32.65%
褐地项目	8.75%	34.85%	39.42%	67.15%
其 他	0.09%	0.00%	0.00%	0.20%

· 数据来源:世界银行 PPI 数据库。

基于上述分析,可以得到:一是在行业分布上,随着亚洲地区经济发展,PPP 投资方向逐渐从能源领域转向交通领域;二是在地区分布上,PPP 主要分布在中国和印度,东南亚发展迅速;三是目前 PPP 主要模式是 BOT,大部分是新建基础设施项目。但是与此同时,PPP 项目数量或者投资金额对外部环境冲击非常敏感,比如 2008 年金融危机所造成的影响等;新建基础设施项目和交通基础设施所需资金规模巨大,风险巨大,其成功实施对各种因素要求比较高。因此,基于"一带一路"亚洲国家 PPP 模式发展的新趋势,需要进一步对 PPP 模式成功实施的决定因素进行实证分析。笔者也将会据此提出 PPP 模式成功实施的政策建议。

第三节 PPP 模式成功决定因素的实证分析

随着"一带一路"沿线亚洲国家基础设施项目 PPP 模式实施过程中出现的新趋势,为了进一步明确基础设施建设 PPP 模式成功的决定因素,本书将从"一带一路"沿线亚洲国家 PPP 项目和金额两个层面对 PPP 项目成功实施的决定因素进行实证分析。

一、变量选择及数据来源

依据文献(Banerjee 等[①], 2005; Hammami[②], 2006; Sharma[③], 2012),结合本书分析的需要,笔者将从政府资源受限程度、宏观经济条件、市场规模和政治环境四个层面来实证分析影响"一带一路"沿线亚洲国家 PPP 项目成功实施的因素。在政府资源受限程度层面,PPP 模式通过引入私人资本突破了传统模式下政府财政预算对基础设施建设的限制。因此,那些缺乏外部收入来源而面临财政约束的政府更应该将基础设施建设领域向社会资本开放,而像那些自然资源丰富的国家,可以通过石油、黄金等矿产资源的出售使政府资金充沛,如此,他们一般就没有动力进行相应的改革,因而 PPP 发展比较缓慢。此外,由于基础设施所需资金量巨大,采用 PPP 模式国家的对外债务都应该比较高,其中包括来自国际多边开发机构的贷款等(Sharma)。[④]对于国际多边开发机构的援助,比如世界银行、亚洲开发银行等,因为其在 PPP 项目

[①] Banerjee A., Marcellino M., Osbat C., Testing for PPP: Should We Use Panel Methods? [J]. Empirical Economics, 2005, 30(1):77—91.
[②] Hammami M., Ruhashyankiko J.F., Yehoue E.B., Determinants of Public-Private Partnerships in Infrastructure[J]. Social Science Electronic Publishing, 2006, 06(99).
[③④] Sharma C., Determinants of PPP in infrastructure in developing economies[J]. Transforming Government People Process & Policy, 2012, 6(2):149—166.

层面具有丰富的运作经验,无疑对于 PPP 项目的实施具有促进作用。但是外债比较高,也可能因为国家信用程度比较高,也可能面临债务危机等,其对 PPP 项目的影响不确定。因此,本章采用获得官方援助占国民生产总值(GNI)比重、自然资源出口占商品出口总额比重和外债占 GNI 比重三个指标来衡量政府资源受限程度对 PPP 成功实施的影响。

在宏观经济层面,由于社会资本不同于政府部门,其投入资金参加基础设施建设,主要目的还是获得一个稳定的现金收益。因此,PPP 项目盈利性将对于能否吸引社会资本加入基础设施建设非常关键,同时由于基础设施项目的长期性,只有在一个稳定的宏观经济条件下,即低通胀率、高外汇储备和高经济开放度下,才能够有效减少 PPP 项目所面临的商业风险,并且给予投资者一个很好的收益预期,进而吸引大量的私人资本加入基础设施项目建设。也已经有大量文献表明宏观经济稳定的国家,其 PPP 项目比较普遍(Banerjee, 2005; Reside & Mendoza, 2010[①]; Sharma, 2012)。基于此,本章将选择通过 GDP 平减指数衡量的通货膨胀率、外汇储备支付进口的月数和经济开放度来衡量宏观经济环境对 PPP 项目的影响。

在市场规模层面,私人投资者获得收益除了需要一个稳定开放的宏观经济环境外,巨大的市场规模也将是另一个重要因素。一般而言,人口数量多的国家,为基础设施服务提供了一个巨大的潜在消费者群体。人均收入水平比较高的国家,表明其购买力水平比较高,具备支付基础设施服务的能力。这都将会使得私人资本从基础设施投资中获益,也将会促进 PPP 项目顺利实施。本章将选择人口数量和基于购买力平价的人均 GDP 来衡量市场规模。

在政治环境层面,由于 PPP 项目需要大量合同来明确参与方承担的风险和未来获得的收益,而合同是否能够有效地执行,对于 PPP 项目能否顺利实施非常关键,这就需要政府具备很高的监管水平和效率,以及一个稳定的政局。如果没有强大政治环境作保障,私人投资者将面临很多不确定性,有面临国家政策性风险的可能性。这将是社会资本,尤其国外资本是否进行基础设施投资首先需要考虑的因素,良好的政治环境对于吸引社会资本参与到基础设施建设中来,对于 PPP 项目的成功实施非常重要。因此,本章选择政府效率、政府监管水平和政局稳定性来衡量政治环境对 PPP 成功实施的影响。

---

① Reside R.E., Jr, Mendoza A.M., et al., Determinants of Outcomes of Public-Private Partnerships(PPP) in Infrastructure in Asia[J]. Up School of Economics Discussion Papers, 2010.

基于上述分析，本书变量如表10-2所示，其中政府资源受限程度、宏观市场环境和市场规模相关指标数据均来自世界银行发展指标数据库（WDI），政治环境相关指标数据来自全球治理指标数据库（WGI）。因变量PPP项目数量和投资金额均来自世界银行私人资本参与基础设施项目情况数据库（PPI）。同时根据相关数据的特征，尤其是PPI数据库局限性，其数据目前主要来自发展中国家，而没有高收入国家统计数据，因此，本书主要聚焦"一带一路"沿线亚洲三十一个发展中国家进行分析，分别是阿富汗、亚美尼亚、阿塞拜疆、孟加拉国、不丹、柬埔寨、中国、格鲁吉亚、印度、印度尼西亚、伊朗、约旦、哈萨克斯坦、吉尔吉斯斯坦、老挝、黎巴嫩、马来西亚、马尔代夫、蒙古、缅甸、尼泊尔、巴基斯坦、菲律宾、斯里兰卡、塔吉克斯坦、泰国、土耳其、土库曼斯坦、乌兹别克斯坦、越南、也门。考虑数据的完整性，本书节选从1996年到2016年数据作为分析的主要时间区间。

表10-2 实证变量指标体系

变量		定义	数据来源
因变量	NPPP	用来表示PPP项目投资数量	PPI数据库
	IPPP	用来表示PPP项目投资金额	PPI数据库
政府财政能力	Aid	用来表示获得官方援助占GNI比重，官方援助包括优惠贷款、多边机构拨款等	WDI数据库
	Debt	用来表示外债占GNI比重	WDI数据库
	Fuel	用来表示自然资源出口占商品出口总额比重	WDI数据库
宏观经济环境	Inf	用来表示通过GDP平减指数衡量的通货膨胀率	WDI数据库
	Open	用来表示贸易(进口＋出口)/GDP	WDI数据库
	Reserve	用来表示外汇储备支撑进口的月数	WDI数据库
市场规模	PGDP	用来表示基于购买力平价的人均实际GDP，以2011年为基年	WDI数据库
	POP	用来表示人口总数	WDI数据库
政治环境	Eff	用来表示政府效率(－2.5, 2.5)	WGI数据库
	Erg	用来表示监管水平(－2.5, 2.5)	WGI数据库
	Pol	用来表示政治不稳定程度(包括恐怖袭击等)(－2.5, 2.5)	WGI数据库

基于上述指标，建立本章的两个模型，第一个是基于"一带一路"沿线亚洲国家PPP项目数量的实证回归，由于是以计数变量为被解释变量，本书选择离散型计数数据模型进行回归，常用模型有泊松回归模型和二项分布模型等，本书参照Hammami和Sharma的做法，采用面板泊松随机回归模型，得到：

$$NPPP = \beta_0 + \beta_1 Aid + \beta_2 Debt + \beta_3 Fuel + \beta_4 Inf + \beta_5 Open + \beta_6 Reserve \\ + \beta_7 PGDP + \beta_8 POP + \beta_9 Eff + \beta_{10} Erg + \beta_{11} Pol + \varepsilon$$

对于第二个模型,因为是以 PPP 项目投资金额作为被解释变量,有多种模型可以选择,比如 OLS、Tobit 回归模型(Banerjee)和广义最小二乘法,本书参照 Rahmatina Awaliah Kasri 做法,采用广义最小二乘法(GLS)进行估计。具体模型如下:

$$IPPP = \delta_0 + \delta_1 Aid + \delta_2 Debt + \delta_3 Fuel + \delta_4 Inf + \delta_5 Open + \delta_6 Reserve \\ + \delta_7 PGDP + \delta_8 POP + \delta_9 Eff + \delta_{10} Erg + \delta_{11} Pol + \tau$$

二、实证结果及分析

（一）模型一的结果分析——以 PPP 项目数为被解释变量

在 PPP 项目数量回归层面(见表 10-3 第二列),对"一带一路"沿线 PPP 项目数量产生影响的关键因素包括政府资源受限程度、宏观经济环境、市场规模和政治环境四个层面。自然资源出口、实际人均 GDP、对外开放程度、人口数量和监管水平等对于 PPP 项目数量有显著的正向促进作用;而国家债务

表 10-3　实证回归结构

变　量	PPP 项目数量—随机面板泊松回归		PPP 投资金额—广义最小二乘法(GLS)	
	系数	Std.Err	系数	Std.Err
aid	0.006 9	0.043 6	942.071***	293.987
debt	−0.009 0***	0.002 9	−24.968	22.557
fuel	0.025 2***	0.006 8	71.018*	36.716
inf	−0.007 6**	0.003 1	5.860	45.908
Open	0.013 3***	0.002 0	−20.711	12.751
reserve	−0.047 1***	0.009 4	−180.055	122.067
pgdp	0.523 9***	0.092 4	912.721	1 162.136
pop	0.708 9***	0.111 7	2 193.759***	449.362
eff	0.174 5	0.182 7	3 128.639*	1 834.861
erg	0.418 2**	0.203 3	3 152.401	1 929.747
pol	−0.204 8**	0.086 6	−1 035.994	681.565
常数	−15.782 8***	2.129 1	−43 713.920***	15 463.240
Prob>chi2	0.000		0.000	
截面数	239		201	

• 数据来源:作者计算得到,其中 *** 表示在 1%水平下显著,** 表示在 5%水平下显著,* 表示在 1%水平下显著。

规模、通货膨胀率、外汇储备、政局的稳定性等对于PPP项目数的抑制作用比较明显。此外，来自国际多边开发机构的援助、政府效率等对PPP项目数量没有显著影响。

来自政府资源受限程度的影响因素：首先，政府外债占GNI比重变量系数显著为负，表明东道国政府高债务占比会降低政府信誉，进而影响到社会资本参与基础设施项目投资，不利于PPP项目推进。其次，自然资源出口占商品出口总额比重变量系数显著为正，表明政府自有资金收入对于吸引社会资本参与PPP项目具有重要作用，主要是由于"一带一路"沿线大多数发展中国家，目前体制机制、法律等的不完善，对于基础设施建设而言，政府进行一定比例出资，显然会对吸引社会资本进行基础设施建设具有明显的促进作用。其中后一项得到的结论有别于文献中关于自然资源出口越多越不利于PPP项目数量增加的结论。

在宏观经济环境的影响因素中：首先，通货膨胀率变量系数显著为负，主要是由于PPP项目一般长达数十年，因此对通胀水平进行适度控制显然会减少建设成本变动可能性，有助于减少再融资风险，自然会吸引社会资本参与到基础设施建设中来。其次，描述外汇储备的变量系数显著为负，主要是因为近年来"一带一路"沿线亚洲发展中国家金融市场改革不断推进，对汇率监管不断放松，其中马来西亚、泰国、缅甸、尼泊尔实行钉住一篮子货币的汇率制度，菲律宾、斯里兰卡和印度尼西亚等国则采取有管理的浮动汇率制，国家外汇储备水平下降，对PPP项目数量增加形成促进条件。最后，描述国家开放度变量显著为正，表明国家经济开放程度越高也会增加基础设施项目对国外社会资本的吸引力。其中外汇储备水平对PPP项目数的影响与文献中外汇储备水平越高越能应对外部冲击，从而促进PPP项目是有区别的。

在市场规模的影响因素中，描述当地实际人均GDP系数和人口规模的解释变量系数显著为正，表明实际人均GDP越高，越有利于基础设施服务的支付能力；人口规模越大，对基础设施服务的需求量也相应越大，有利于吸引社会资本参与到基础设施建设项目。在政治环境因素方面，描述当地监管水平的解释变量显著为正，可能的原因是PPP项目组织方式相对复杂，需要制定基础设施建设和运营的各种标准。完善管理机构和管理机制是积极条件，有利于PPP项目的成功实施，因此对PPP项目数量形成正向的影响；描述当地国家政局不稳定变量显著为负，表明东道国当地政局越不稳定，社会资本参与基础设施投资的风险就越大,PPP项目数量也相应越少。

(二)模型二的结果分析——以PPP投资金额为被解释变量

影响PPP投资金额的解释变量及其影响显著性如下(表10-3第三列):首先,国际多边开发机构资助变量显著为正,表明国际多边开发机构援助有利于PPP投资金额增加,主要是因为世界银行、亚洲开发银行和亚洲基础设施投资银行等具备丰富的PPP项目实践经验,如果国际多边开发机构能够参与进来,会带来技术、融资等支持,会有效地降低项目风险,有利于吸引社会资本参与到基础设施建设中来。其次,政府自然资源出口占商品总出口比重和人口规模对PPP项目投资金额的影响和对PPP项目数量实证回归结果相似。最后,在政治环境层面,政府效率变量为正,表明政府效率提升会促进PPP项目投资金额的增加。

第四节 "一带一路"亚洲国家基础设施先行的融资安排

尽管PPP具有填补"一带一路"亚洲发展中国家基础设施资金缺口的巨大潜力,但是PPP项目成功是需要很多前提条件的。只有不断优化PPP实施环境,才能吸引社会资本进行基础设施投资,推进"一带一路"建设顺利进行。下面是基于前文分析,对"一带一路"亚洲发展中国家改善PPP项目投资环境的几点建议:

一、加强政府监管水平

"一带一路"沿线亚洲大部分国家体制机制不健全,政府效率和监管水平不足,使得PPP项目中很容易出现腐败等问题。首先,建立专门负责PPP的部门,这些部门不仅负责协调、监督PPP项目,也负责为PPP项目合作提供及时的信息,还包括提供咨询、技术协助等服务,来提升PPP服务的整体水平,比如韩国PPP中心在10年时间里使得社会资本PPP参与率增加了4倍。[1]其次,严格规范国有企业作为私人部门参与PPP项目,"一带一路"沿线亚洲国家一般国有企业占比比较高,由于国有企业一般具有政府的隐形担保,这样将不利于风险转移,也不利于项目效率的提升。但是可以允许一些

---

[1] OECD, Dedicated Public-Private Partnership Units: A Survey of Institutional and Governance Structures. Organisation for Economic Co-operation and Development, 2010.

透明度比较高,运作机制比较完善的国有企业作为私人实体参与 PPP 项目合作。最后,完善合同纠纷的解决和监管机制,PPP 合同的时间跨度比较长,需要不断进行重新谈判,那么对重新谈判的监管以及纠纷的解决就非常重要,从而保障参与方得到公平待遇。此外,就是建立专门的 PPP 项目财务制度,因为直到目前还没有完整的 PPP 国际会计准则。

二、加强法律和政策引导水平

目前,在"一带一路"沿线亚洲发展中国家中,政府采购法是 PPP 项目主要依据的法律。有时或者是通过相关政策进行规制,[①]这样就会使得 PPP 项目相关政策和法律的一致性和连贯性比较弱,将不利于 PPP 项目实施。比如 2004 年,中国一半污水处理项目没有实施,主要是因为相关法规和土地征用政策冲突。[②]因此,PPP 项目越复杂,意味着其风险越高,越需要成熟的法律体系,来保证 PPP 项目的顺利实施。与此同时,因为 PPP 项目牵扯多个利益方,需要政府具有强有力的协商和沟通能力,通过加强政策引导,降低各方违约率。

三、优化宏观经济环境

良好的宏观经济环境,会减少私人部门的投资风险,并且会给私人部门提供一个很好的项目预期。这就需要政府转变职能,完善金融市场,扩大经济开放度,实施稳健的货币政策,把通胀控制在合理水平之内。

四、强化与国际多边开发机构合作

"一带一路"沿线亚洲发展中国家大部分 PPP 项目起步比较晚,在 PPP 方面经验不足。与此同时,国际多边开发机构在项目融资、项目前期评估、项目运营等方面具备丰富经验。此外,国际多边开发机构在大型跨国区域项目中的协调角色是独一无二的,比如连接阿富汗、印度、巴基斯坦、土库曼斯坦的天然气管道项目吸纳国际多边开发金融机构作为秘书处、交易咨询、股东和投资协议的赞助者。[③]因此,通过加强与国际多边开发机构合作,能够有效地弥补沿线国家在 PPP 方面的经验不足,促进基础设施建设。

[①][③] ADB, Asian Development Outlook 2017 Update, Sustaining Development through Public-Private Partnership, 2017.

[②] ADB, Public-Private Partnership Handbook. Asian Development Bank, 2008.

第五节 小　　结

　　对于社会资本参与基础设施建设，PPP模式是最理想的模式，但是PPP成功实施需要一定的条件。本章在分析"一带一路"亚洲国家基础设施先行PPP模式现状的基础上，通过实证分析影响PPP项目和投资金额的决定因素，结果表明：对于"一带一路"亚洲国家，PPP项目的成功实施需要稳定的宏观经济环境，包括低通胀、高经济开放度和灵活成熟的金融市场；也需要良好的政治环境，包括政府较高的执政效率和监管水平，以及稳定的政局。此外，巨大的潜在市场规模对PPP项目成功实施也非常重要，包括较大的人口规模和较高的购买力水平。另外，较低的债务水平、国际多边开发机构提供的援助以及通过出口自然资源获得收入都将有助于吸引私人资本参与到基础设施建设中来。本章在最后提出"一带一路"沿线亚洲国家PPP项目成功实施的政策建议，包括加强法制和政策引导，注重政策一致性和连贯性；提升政府监管水平，比如建立专门负责PPP的行政机构等；加强与国际多边开发机构合作；不断提升国家宏观经济环境等。

　　总之，尽管设计和实施PPP项目是复杂的和有挑战性的，但是如果为PPP项目提供一个良好的投资环境，包括良好的政府信誉、稳定的宏观经济环境、巨大的市场规模、透明的和公开的监管程序等，PPP将是"一带一路"沿线亚洲发展中国家进行基础设施建设最有效的、最可靠的融资路径。

第十一章
总结、展望与策略考量

"一带一路"是"和平之路、繁荣之路、开放之路、创新之路、文明之路",将为国际合作提供新平台,为全球化发展增加更多的发展路径和内涵,也将重塑全球化发展新格局。

第一节 总　　结

本书在"一带一路"倡议和亚洲经济崛起的大背景下,以"一带一路"沿线亚洲国家基础设施先行作为分析标的,基于区域公共产品供给理论,分别从基础设施先行需求端,包括贸易便利化和投资环境优化,对"一带一路"亚洲国家基础设施先行的优化配置进行研究;从总结欧盟构建跨欧盟基础设施网络的政策规划经验对基础设施先行的政策规划进行研究;从社会资本参与和PPP模式来对基础设施先行的融资安排进行研究。

第一章,"一带一路"倡议由构想到快速实施,整个过程进展迅速、成果丰硕,主要是因为"一带一路"倡议符合沿线国家经济发展需要,得到了沿线国家的积极响应。基础设施联通促进政策沟通、贸易畅通、资金融通和民心沟通,是"一带一路"建设的优先领域和基础环境。亚洲国家迅速崛起,金融、贸易、投资一体化水平逐年提高,国际影响也在逐年上升,是整个"一带一路"基础设施先行的首选和核心区域。但是由于亚洲国家无论在经济层面还是政治层面都差异明显,经济基础设施先行在优化配置、政策规划和融资安排方面存在一些问题,本书基于此展开研究。

第二章,基础设施投资作为社会先行资本很早就得到了经济学者的重视和研究,本书分别从贸易投资、政策规划和融资安排三个层面对基础设施先行的相关文献进行梳理,这些文献在分析方法、分析视角、理论论述和行文逻辑等方面为本书提供了很好的借鉴。笔者在分析了其他文献对基础设施定义后,结合本书的分析标的,对基础设施概念进行了界定。本书所分析的基础设施是狭义上的交通基础设施、通信基础设施、能源基础设施、社会基础设施,并且每章的分析侧重点不同,选择基础设施领域也不同。笔者接着介绍了基础设施先行的主要融资模式、融资工具和融资风险,以及PPP运作模式,为后文相关论述作了铺垫。

第三章,目前有文献对基础设施是否属于纯公共产品存在争议。笔者从基础设施生产的目的、其公共产品属性和其主要性质来说明基础设施属于公共产品,"一带一路"亚洲国家基础设施先行属于区域公共产品供给范畴。笔者用公共产品最优供给理论、马斯洛需求层次论和可持续发展理念为基础设施先行的优化配置作了理论铺垫;用选择性激励、替代制度和建立区域组织为基础设施先行的政策规划作了理论铺垫;用公共产品供给主体理论:政府供给论、市场供给论、自愿组织供给论和多中心理论对基础设施先行的融资安排作了理论铺垫。

第四章,区域公共产品优化配置需要重视需求端,基础设施先行对区域经济发展最直接的影响就是贸易,本章主要聚焦于双边贸易来分析基础设施先行的优化配置,在方法上本章采用经典的引力扩展模型,通过实证分析得到:当一国交通基础设施发展到一定水平后,通信基础设施的作用会越来越显著;不同收入水平国家之间的进口对基础设施建设水平要求不同,其中高等收入水平国家从中低等收入国家进口更加注重出口国的通信基础设施建设水平;中低等收入水平国家从高等收入国家进口更加注重出口国的交通基础设施建设水平;中低等收入水平国家之间的进口取决于出口国的通信基础设施建设水平和交通基础设施建设水平,但是通信基础设施的经济效应强于交通基础设施的。此外,相对于一国基础设施建设对进口贸易的影响,经济自由度对中低等收入水平国家的进口贸易也同样重要。本章在最后提出相关政策建议,包括加强"一带一路"沿线亚洲国家政府合作,发挥国际组织的关键性作用,注重沿线基础设施建设的顶层设计和规划;注重中低等收入国家的通信基础设施建设水平和高等收入国家的交通基础设施水平的提升等。

第五章,从需求端分析基础设施优化配置,除了贸易畅通之外,还有就是投资环境优化,本章主要聚焦于"一带一路"亚洲国家投资环境优化对基础设施先行的优化配置,主要采取熵值赋权法确定权重,对"一带一路"在亚洲国家或地区的投资环境进行实证分析和对投资环境指数进行排名。结果表明:对于"一带一路"亚洲国家或地区,基础设施在投资环境中指标权重仅次于经济表现指标权重,交通基础设施权重在所有二级指标中居于首位,航空基础设施和铁路基础设施在所有三级指标权重里面分别居于第二位和第四位。

中国基础设施整体水平远远优于其他部分区域,具有相对优势。在政策建议上,笔者提出"一带一路"亚洲国家基础设施建设要进行差异化配置,中西亚国家主要是交通基础设施建设,南亚和东南亚国家主要是产业经贸合作区建设等。

第六章,数字技术推动的数字化服务在贸易领域的广泛渗透和应用,已经对全球经贸格局产生深刻影响。本章在采用主成分分析法对"一带一路"沿线国家数字化服务水平进行评估的基础上,采用引力扩展模型对数字化服务水平对沿线国家出口所产生的影响进行实证研究,并且进一步根据国家收入水平的差异进行分类实证回归,发现高等收入国家和中低等收入国家之间数字鸿沟明显,贸易双方的数字化服务水平提升都有助于双方贸易出口额的增长,但是数字化服务水平对不同收入水平国家出口影响是不同的。此外,FTA和ICT进口都和数字化服务水平相互作用共同促进贸易发展。本章在最后,建议"一带一路"沿线高等收入国家应该注重数字关键应用技术的发展和数字监管规则的制定,沿线中低等收入国家应该注重提升数字化基础设施普及率和数字联通性水平,来提升沿线国家数字化服务水平,促进沿线国家贸易快速发展。

第七章,园区建设是"一带一路"沿线国家未来产业合作的重要平台和抓手,是"一带一路"沿线的重要基础设施。本章主要是在分析中国和"一带一路"沿线国家的产业比较优势的基础上,进一步明确中国相对"一带一路"沿线其他国家的全球价值链的参与度指数和地位指数。然后基于中国现有境外产业园区的发展现状,找到中国未来在"一带一路"沿线的重点产业园区:柬埔寨的西哈努克港经济特区、越南的龙江工业园、老挝的万象赛色塔综合开发区、中韩科技创新经济园区、比利时科技园、中国—白俄罗斯工业园、阿联酋中阿产能合作示范园等。

第八章,欧盟在建设跨欧洲交通网络和能源网络中,在政策规划、顶层设计、体制机制优化、优先项目选择和融资安排上积累了非常丰富的经验,尽管"一带一路"亚洲国家基础设施互联互通没有像欧委会这样强有力的超国家组织进行居中协调、监管等,但是欧委会在跨欧盟基础设施网络构建中很多做法值得借鉴和学习。基于此,本章提出了"一带一路"亚洲国家基础设施先行的政策规划:在交通基础设施网络层面,基本原则包括安全和高效性、可持续性、经济性、开放性和包容性,基本步骤首先是确定交通基础设施主轴,然后是构建区域网络,政策机制主要包括建立"一带一路"交通基础设施委员会、实施优先项目和建立"一带一路"基础设施联合基金。在能源网络构建中，主要应保障区域能源供给的安全、持续和高效，需要在整体规划的基础上，注重生态保护和高新技术的应用。

第九章，"一带一路"沿线亚洲国家基础设施建设进一步推进的关键是解决资金供给问题，因此融资结构安排是基础设施先行的一个重要层面。亚洲大部分国家因面临财政赤字而不断收紧财政预算，国际多边开发性金融机构提供的资金有限，而规模庞大的社会资本具备弥补"一带一路"亚洲国家基础设施建设资金缺口的潜在优势。本章在分析了"一带一路"亚洲国家基础设施社会资本参与现状的基础上，指出了社会资金进一步参与其中面临的瓶颈，包括宏观环境佳、金融市场不发达、基础设施部门开放程度比较低等。笔者主要从优化社会资本参与环境和投资渠道来提出社会资本参与"一带一路"沿线亚洲国家基础设施建设的政策建议，包括维护社会投资者合法权益、本地金融市场深化完善、走社会资本和公共资本相结合的模式、充分发挥亚投行的平台功能和形成统一的监管机制等。

第十章，对于社会资本参与基础设施建设，PPP 模式是最理想模式，但是 PPP 成功实施需要一定的条件。本章在分析"一带一路"亚洲国家基础设施先行 PPP 模式现状的基础上，通过实证分析影响 PPP 项目数量和投资金额的决定因素，结果表明：对于"一带一路"亚洲国家，PPP 项目的成功实施需要稳定的宏观经济环境，包括低通胀、高经济开放度和灵活成熟的金融市场；也需要良好的政治环境，包括政府较高的执政效率和监管水平，以及稳定的政局。此外，巨大的潜在的市场规模对 PPP 项目成功实施也非常重要，包括较大的人口规模和较高的购买力水平。另外，较低的债务水平、国际多边开发机构提供的援助以及通过出口自然资源获得收入都将有助于吸引私人资本参与到基础设施建设中来。本章在最后提出"一带一路"沿线亚洲国家 PPP 项目成功实施的政策建议，包括加强法制和政策引导，注重政策一致性和连贯性；提升政府监管水平，比如建立专门负责 PPP 的行政机构等；加强与国际多边开发机构合作；不断提升国家宏观经济环境等。

第二节 "一带一路"亚洲国家基础设施先行：展望

中共十九大以来，中国开启新时代，踏上新征程，根据十九大精神，"中国坚持对外开放的基本国策，坚持打开国门搞建设，积极促进'一带一路'国际合作,努力实现政策沟通、设施联通、贸易畅通、资金融通、民心相通,打造国际合作新平台,增添共同发展新动力"。"一带一路"建设将为国际合作提供新平台,有助于促进全球经济互联互通,促进国际贸易投资便利化,为全球化发展增加更多的发展路径和内涵,也将重塑全球化发展新格局。据此,作为"一带一路"建设先行领域的基础设施建设也将进入新的历史发展阶段。

一、基础设施先行优化配置展望

根据习近平总书记在"一带一路"峰会上的讲话,"一带一路"将是一条繁荣之路,其要解决的根本性问题是沿线国家经济发展,需要释放沿线各国经济发展潜力,实现融合发展、联动发展和共享发展。

基础设施先行有助于优化投资环境、便利贸易投资等经济活动,因此,需要对"一带一路"亚洲国家基础设施先行的优化配置提出更高、更完善、更全面的要求。

一是从基础设施先行项目来看,基础设施建设更加注重网络化建设,在交通网络层面主要是公路网、铁路网、海上港口网、航空运输网络的一体化发展,也包括通讯网络和能源网络发展。当然在这些当中,大型交通基础设施网络比如区域铁路项目、港口和机场仍然是关键,尤其是铁路网构建将会对海上运输发挥很好的补充作用,并且因为穿越国家比较多,具有很好的连带作用。其次是通信基础设施也非常关键,尤其是区域性通信平台建设,实现区域内信息共享,将会极大促进区域内资源的优化配置。能源基础设施由于受到资源禀赋影响,区域能源网络建设是未来实现能源高效、安全和清洁利用的主要举措,但是鉴于能源领域开放程度比较低,进展速度可能会比较慢。

二是从基础设施先行区域分布来看,中西亚等内部地区主要是以铁路建设为主,以公路和航空建设为辅,在远离海洋的内陆地区,没有比铁路更理想的运输工具了,铁路可以很好地把各个城市、区域、国家联系起来。此外由于中西亚地区资源禀赋,天然气管道建设也将是未来一个重要方向,尤其是为东亚国家巨大的能源消费市场服务。对于东南亚和南亚,因为位于太平洋和印度洋,加上雨水充沛,码头建设是重中之重,其次通过铁路把码头和陆地城市联结起来也将是基础设施先行的重要方向;在能源层面,东南亚和南亚水电资源丰富,区域内高压输电线网络建设将会最大化水电资源的利用。

三是从基础设施先行和产业合作关系来看,基础设施先行不是目的,而是平台和工具,其最终目的是促进沿线国家产业发展。因此产业园区和经贸合作区基础设施建设也将是另外一个重点，尤其是产业园区建设，能够为外来企业入驻提供很好的基础设施服务条件，不单单是交通和通信基础设施，还包括政策服务等，对于整体营商环境不是很好的国家如中西亚国家，产业园区建设将会是这些国家吸引外来企业的一个重要抓手。对于营商环境较好的国家如东南亚地区，未来经贸合作区基础设施建设将是重要方向，将会有效地加快区域内经济要素的流动。

二、基础设施先行政策规划展望

要实现"一带一路"沿线亚洲国家基础设施网络化建设，在政策规划层面，就要实现政策统一、标准统一、规划统一、监管统一和规则统一，而这些"统一"的实现需要一个超国家主权组织的存在。本书认为，未来"一带一路"基础设施委员会的组建是基础设施先行的必然要求。基础设施委员会组建需要注意以下几个方面。

一是基础设施委员会的宗旨。首先，必须尊重所有成员国国家主权的完整，基础设施委员会仅仅只是致力于"一带一路"亚洲国家基础设施网络建设，所有规划都需要在成员国认可和支持的基础上执行。其次，致力于制定区域内乃至全球范围内统一的基础设施规则，并对成员国进行推介、演示和宣传。一方面，增进成员国的了解；另一方面，减少相互之间的误解。再次，强调"一带一路"基础设施委员会与欧盟基础设施委员会等其他国家组织的合作，不仅仅学习和吸纳其好的做法，更重要的是通过公开透明的国际合作来提升委员会的被认可度。

二是基础设施委员会成员国的选择。现实中，如果将所有和"一带一路"相关的国家都包括在内的话，会由于国家数量众多、彼此之间的异质性较强，每个成员都有自身利益考量，导致委员会成立阶段的交易成本上升，甚至根本无法设立，比如 TPP。因此，在委员会组织成员的选择和吸纳上，最优策略是先从几个亟须解决的问题所在国家或者对委员会具有强烈认同感的国家入手，以"俱乐部"形式先把委员会创建起来，然后通过委员会内部组织在试运行阶段不断完善，不断给成员国带来实实在在的经济实惠，然后再考虑逐渐吸纳其他国家加入。比如欧盟、北约和东盟等国际组织，都是由最初几个国家发展成为区域性国家组织的。

三是基础设施委员会治理结构。首先，委员会专员必须是由基础设施领域或者基础设施相关领域的专家和首脑组成，应该有两种选拔机制，一是成员国派驻代表执行委员会资格,一成员国一位,但是其基础设施专业能力需要得到委员会认可;二是通过在全球范围内公开选择基础设施领域的顶级专家组成专家委员会,成员数量不限制。其次,在决策规则上,对执行委员会成员实行一致性原则,既有一票否决权,来保证每个成员国具有充分表达权,也能通过投反对票来否决对本国产生不利的决议,有助于实现帕累托最优;而专家委员会,主要是顾问角色,作为第三方向执行委员会提供客观的建议,帮助执行性委员会作出理性的选择。

三、基础设施先行融资安排展望

基础设施建设资金需求巨大,融资安排是一个重要方面,鉴于"一带一路"沿线大多数亚洲国家金融市场开放程度低、融资环境整体上比较弱,多元化基础设施融资主体是未来主要方向,但是目前一段时间内,成员国政府财政供给仍然是主要资金来源。基于此,未来"一带一路"亚洲国家基础设施融资安排需要注重以下几个方面。

一是进一步开放基础设施的投资领域。首先,需要沿线各国处理好本国政府与本国市场的关系,逐步放开基础设施供给市场,包括逐步降低基础设施供给的门槛或者减少行政审批的流程,坚持凡是市场能够提供的优先由市场供给的原则。其次,沿线各国政府需要运用财政补贴、税费减免等财政政策引导市场投资行为,多元化基础设施供给主体。再次,沿线各国政府在成为基础设施公共激励者的同时,更应该成为基础设施建设的监督者,包括运用高科技手段等来不断提高自身对基础设施供给的监管能力,这将会进一步促进基础设施供给市场开放,提供更多的投资标的。

二是进一步细分基础设施领域。"一带一路"亚洲国家基础设施覆盖面积广阔,基础设施种类多样,对于关键性的基础设施投资项目,可以根据投资环境的不同,把基础设施分成不同层次,其中对于投资环境比较好的项目,多引导社会资本进入,主要是以盈利性为目的;对于投资环境不是很好的项目,则需要出于区域市场一体化考量,进行援助性支持,可能短期内没有什么收益,但长期将会促进区域经济发展。

三是进一步增加基础设施的供给渠道。"一带一路"亚洲国家各国情况各异,需要根据投资标的的风险水平多元化投资工具,满足不同风险偏好投资者的需要,这就需要加强与国际多边开发性金融机构的合作,借助这些平台进行投资工具的创新,尤其是要发挥好亚洲基础设施投资银行的关键性作用。其次就是不断优化沿线各国的金融环境，完善金融体制，扩大金融开放程度和透明度。

四是尽快落实基础设施联合基金的创立。前面章节已经提到创建"一带一路"基础设施联合基金，其主要是因为现在的亚洲基础设施投资银行是以商业性投资原则为主，该联合基金可以作为亚洲基础设施投资银行的补充，尤其是对一些关键性、战略性基础设施项目进行投资，而不是以营利作为唯一目的，比如对于一些投资环境本身不是很好的地区，就需要进行拨款援助，保证整个基础设施网络整体性落地，关键性环节畅通无阻，发挥基础设施网络的整体经济效应。但是建立基础设施联合基金需要一整套完整的运作机制作为保证，使得资金投到真正需要的环节，这方面可以在充分考量世界银行和亚洲开发银行成功做法的基础之上，进行改进，并在时机成熟时予以建立。

第三节 中国在"一带一路"基础设施先行中的策略考量

21世纪以来，中国综合国力迅速提升，世界经济格局也已经发生了改变，中国已经成为区域乃至世界经济中举足轻重的角色，已经在提供全球性公共产品或者区域性公共产品方面主动承担更多大国责任，不断提升中国国家地位、国际声望和国际影响，加强中国在国际事务中的话语权，能够有效地维护本国经济利益，有利于全球整体利益的实现。"一带一路"是由中国首倡的区域性国际合作平台，其牵扯国家数量多，各国实际情况各异，加上基础设施建设资金需求量巨大，因此，中国需要量力而行，因为中国目前仍处于社会主义初级阶段，尽管中国经济总量居于世界第二位，但是人均指标比如人均收入水平等和发达国家还有很大差距。目前，维护国内社会稳定、深化国内经济体制改革仍然是中国的首要任务，向国际社会提供符合中国经济实力的区域公共产品，是根据中国经济形势作出的现实考量。基于此，未来"一带一路"基础设施先行，中国需要注重以下几个方面的策略考量。

一、从基础设施先行向基础设施和产业发展并重转变

经济发展是沿线国家合作的根本点，基础设施先行是经济发展的前提和基础，是为经济发展中的经济要素流动提供载体和平台。随着"一带一路"亚洲国家基础设施网络的逐步形成，产业合作尤其是产能合作和装备制造合作

将是重要合作领域,不仅会有效促进沿线国家经济发展,也会为基础设施先行提供市场需求,有利于建设成本的及时回流,减少需求风险。因此,基础设施建设和产业合作应该逐步从先后顺序变成两者并重发展。

中国现在处于产业升级、跨越中等收入陷阱的关键阶段,"一带一路"亚洲国家基础设施先行将会有效地促进区域市场的形成,中国需要依靠自身产业的比较优势,在区域内合理配置经济发展资源,不断提高中国经济发展效率。因此,产业园区建设和经贸合作区建设将是基础设施先行领域里面一个重要合作点。基于经济地理理论,由周边邻近市场向外围市场逐步布局发展,形成以中国经济为核心的产业圈层,不仅有助于中国形成陆海内外联动、东西双向互济的发展格局,也会促进中国产业转型升级以及整个沿线国家产业发展。

二、从区域融资供给向全球资金供给转变

目前尽管"一带一路"沿线基础设施先行重点是在亚洲地区,属于区域性公共产品供给范畴,但是亚洲经济潜力的开发,带来的是世界经济财富的增加,惠及的不仅仅是亚洲人民,也将是世界亿万人民。因此正如习近平总书记在"一带一路"峰会上所讲的,"我们要将'一带一路'建成开放之路",需要秉持开放发展的理念。它既包括沿线国家经济的开放,也包括整个"一带一路"建设的开放。意味着"一带一路"建设不再是沿线国家之间合作的区域性建设,而是全球人民共同开发的一个全球经济增长新的着力点。

中国作为"一带一路"首倡之国,应该以区域大国的地位,为国际资本进入"一带一路"沿线亚洲基础设施建设提供更多的平台和渠道,创建更加安全适宜的金融环境、政治环境和宏观经济环境,不断完善区域"一带一路"融资机制建设、监管机制建设、政策规划机制建设,减少国际资本的投资风险,吸引更多的国际资本参与到基础设施建设中来。但是对于全球资本不愿意进入的关键性基础设施项目,则需要联合沿线国家政府进行援助性支持,打通关键环节,促进沿线经济要素的流动,减少沿线经济发展差异,为世界经济增加活力,也为沿线人民带来更加美好的生活。

三、从基础设施供给向高级制度供给转变

在国际公共产品领域,基础设施供给属于最低级领域,而区域安全、公平等才属于高级领域。沿线国家应当以"一带一路"亚洲国家基础设施先行为

切入点，促进沿线国家之间的政策沟通、贸易畅通、资金融通和民心相通，沿线国家相互之间应建立起一种长期互惠合作的关系，增进彼此的信任，逐步为国际政治、安全、秩序等高级公共产品供给奠定基础，改变目前亚洲国家区域经济利益和其在世界经济话语权中地位的不对称，促使国际秩序向更加公平、合理和民主的方向发展，维护好区域利益。

中国作为地区性大国，作为发展中国家代表，也能通过区域合作的加强，加快沿线经贸规则和秩序等制度构建，及时在国际社会中发声，不断提升自身的国际地位和国际影响力。这不仅能够维护自身利益，也能够为沿线国家进一步深化改革开放、促进经济转型发展提供一个良好的区域和国际环境。

参考文献

[1] ADB, Asia Bond Monitor June, 2017.

[2] ADB(2007b), Kingdom of Cambodia and Socialist Republic of Viet Nam: Greater Mekong Subregion: Phnom Penh to Ho Chi Minh City Highway Project, Manila.

[3] ADB, Asian Development Outlook 2017 Update, Sustaining Development through Public-Private Partnership, 2017.

[4] ADB, Financing Asia's Infrastructure: Modes of Development and Integration of Asian Financial Markets, 2010.

[5] ADB, Management's Discussion and Analysis and Annual Financial Statements, 2016 Financial Report, 31 December 2016.

[6] ADB, Meeting Asia's Infrastructure Needs, June 2017.

[7] ADB, Public-Private Partnership Handbook, Asian Development Bank, 2008.

[8] Adger W.N. Global Challenges: An Approach to Environmental, Political, and Economic Problems by Todd Sandler[J]. American Political Science Review, 1998, 92(2):234—509.

[9] Albalate, D., G.Bel, R.R.Geddes, Do Public-Private Partnership Enabling Laws Increase Private Investment in Infrastructure?, 2015.

[10] Banerjee S.G., Oetzel J.M., Ranganathan R. Private Provision of Infrastructure in Emerging Markets: Do Institutions Matter? [J]. Development Policy Review, 2010, 24(2):175—202.

[11] Banister D., Berechman Y., Transport Investment and the Promotion of Economic Growth[J]. Journal of Transport Geography, 2001, 9(3): 209—218.

[12] Bhattacharyay B.N.Financing Asia's Infrastructure: Modes of Development and Integration of Asian Financial Markets[J]. Ssrn Electronic Journal, 2015(2010.16).

[13] Blelloch D., Problems of Capital Formation in Underdeveloped Coun-

tries by Ragnar Nurske[J]. Punjab University Economist, 1966, 2(4): 1—23.

[14] Bougheas S., Demetriades P.O., Morgenroth E.L.W., Infrastructure, Transport Costs and Trade[J]. Journal of International Economics, 1999, 47(1):169—189.

[15] Buchanan J., The Demand and Supply of Public Goods[J]. Immunology Today, 1968, 51(1):844—846.

[16] Canning D., Infrastructure's Contribution to Aggregate Output[J]. Policy Research Working Paper, 1999.

[17] Ceuster G.D., Ehmer H., Grimme W., et al., Assessment of the Contribution of the TEN and Other Transport Policy Measures to the Midterm Implementation of the White Paper on the European Transport Policy for 2010—ASSESS Final Report[J]. Radiobiologia Radiotherapia, 2005, 12(5):573—577.

[18] Connectivity I.F.A. Publicâ, Private Partnerships for Regional Infrastructure: Lessons from the European Union[J]. Infrastructure for Asian Connectivity, 2012.

[19] Coughlin C.C., Terza J.V., Arromdee V., State Characteristics and the Location of Foreign Direct Investment within the United States[J]. Review of Economics & Statistics, 1991, 73(4):675—683.

[20] Dailami, Mansoor, Michael Klein, "Government Support to Private Infrastructure Projects in Emerging Markets," Policy Research Working Paper, 1997, No.1688.

[21] Deininger K., Okidi J. Growth and Poverty Reduction in Uganda, 1999—2000: Panel Data Evidence[J]. Development Policy Review, 2003, 21(4):481—509.

[22] Demsetz H. The Private Production of Public Goods[J]. Journal of Law & Economics, 1970, 13(2):293—306.

[23] Deutsche Bank, Asia Infrastructure Financing Getting It Right Would Lift Medium-term Growth, January 8, 2016.

[24] Edwards L., Odendaal M., Infrastructure, Transport Costs and Trade: A New Approach[J].

[25] Eecke W.V. Public goods: An ideal concept[J]. The Journal of Socio-Economics, 1999, 28(2):139—156.

[26] Egenhofer C., Gialoglou K. Rethinking the EU Regulatory Strategy for the Internal Energy Market. CEPS Task Force Reports, No.52, 1 April, 2004[J]. Regulations/regulatory Policies, 2004.

[27] Ehlers T. Understanding the Challenges for Infrastructure Finance[J]. Social Science Electronic Publishing, 2014.

[28] Epa U.S. Infrastructure Financing Options for Transit-Oriented Development[J]. 2013.

[29] Francois J., Manchin M., Pelkmans-Balaoing A., Regional Integration in Asia: The Role of Infrastructure[J]. 2009.

[30] Fugazza M., Maur J.C., Non-tariff Barriers in CGE Models: How Useful for Policy? [J]. Journal of Policy Modeling, 2008, 30(3):475—490.

[31] Fung K.C., Garcia-Herrero A., Iizaka H., et al., Hard or Soft? Institutional Reforms and Infrastructure Spending as Determinants of Foreign Direct Investment in China[J]. Japanese Economic Review, 2005, 56(4):408—416.

[32] Hammami M., Ruhashyankiko J.F., Yehoue E.B. Determinants of Public-Private Partnerships in Infrastructure[J]. Social Science Electronic Publishing, 2006, 6(99).

[33] Hansmann H.B. The Role of Nonprofit Enterprise[J]. Yale Law Journal, 1980, 89(5):835—901.

[34] Hirshleifer J. From Weakest-link to Best-shot: The Voluntary Provision of Public Goods[J]. Public Choice, 1983, 41(3):371—386.

[35] Hyun, S., D. Park, and S. Tian., Determinants of Public-Private Partnerships in Infrastructure in Asia: Implications for Capital Market Development, Asian Development Bank, 2017.

[36] Inderst G. Pension Fund Investment in Infrastructure[J]. Social Science Electronic Publishing, 2009, 7(2):89—99.

[37] Kasri R.A., Wibowo F.A., Determinants of Public-private Partnerships in Infrastructure Provision: Evidence from Muslim Developing Countries [J]. Journal of Economic Cooperation & Development, 2015, 36(2):

1—34.

[38] Kaul I., Grunberg I., Stern M.A., Defining Global Public Goods[J]. Global Public Goods International Cooperation in Century, 1999, 30(3): 2—20.

[39] Kemmerling A., Stephan A., The Contribution of Local Public Infrastructure to Private Productivity and its Political Economy: Evidence from a Panel of Large German Cities[J]. Public Choice, 2002, 113(3—4):403—424.

[40] Kim J.H., Performance Evaluation and Best Practice of Public-Private Partnerships, Korea Development Institute, 2011.

[41] Kuroda H., Infrastructure and Regional Cooperation[J]. Economic Development, 2007.

[42] Lee, M.M., L.Villaruel, R.Gaspar., Effects of Temperature Shocks on Economic Growth and Welfare in Asia, Asian Development Bank, 2016.

[43] Lee, M.X. Han, R.Gaspar, E.Alano., Deriving Macroeconomic Benefits from Public-Private Partnerships, Asian Development Bank, 2017.

[44] Limão N., Venables A.J., Infrastructure, Geographical Disadvantage, Transport Costs, and Trade[J]. World Bank Economic Review, 2001, 15(3):451—479.

[45] M.Ishaq Nadiri, Banani Nandi, Benefits of Communications Infrastructure Capital In U.S. Economy[J]. Economics of Innovation & New Technology, 2001, 10(2—3):89—107.

[46] Macdonald S.B., Lemco J., Asia's rise in the 21st century[M]. Praeger, 2011:25—40.

[47] Martin P., Rogers C.A., Industrial Location and Public Infrastructure [J]. Journal of International Economics, 1995, 39(3—4):335—351.

[48] McMillan, M. and D. Rodrik, Globalization, Structural Change and Productivity Growth, NBER Working Paper 17143. National Bureau of Economic Research, 2011.

[49] Molle W.T.M., The Economics of European Integration: Theory, Practice, Policy[J]. Economic History Review, 1997, 18(1):124.

[50] Mollick A.V., Ramosduran R., Silvaochoa E., Infrastructure and FDI

Inflows into Mexico: A Panel Data Approach[J]. Global Economy Journal, 2009, 6(1).

[51] Moreira M.M., Blyde J., Trade and Integration Sector Note[J]. 2006.

[52] Munnell A.H., Why Has Productive Growth Declined? Productivity and Public Investment[J]. New England Economic Review, 1990, 30 (Jan):3—22.

[53] Musgrave R.A., The Voluntary Exchange Theory of Public Economy [J]. Quarterly Journal of Economics, 1939, 53(2):213—237.

[54] Nordås, Hildegunn Kyvik, Piermartini, Roberta, Infrastructure and Trade[J]. Ssrn Electronic Journal, 2004, 27—1(1):135—159.

[55] Norges Bank, Infrastructure Investments in Less Mature Markets, May 2015.

[56] Norplan, Lao PDR hydropower strategic impact assessment, Final Report prepared for Lao PDR Ministry of Industry and Handicrafts and the World Bank, Washington, DC: World Bank, 2004.

[57] Nuñez J., Geest W.V.D., Managing regional infrastructure: European Union institutional structures and best practices[M]. Infrastructure for Asian Connectivity. 2012.

[58] O.Pokorná, D.Mocková, Models of Financing and Available Financial Resources for Transport Infrastructure Projects[J]. Acta Polytechnica, 2001, 41(6).

[59] OECD, Infrastructure Financing Instruments and Incentives, 2015.

[60] OECD, Dedicated Public-Private Partnership Units: A Survey of Institutional and Governance Structures, Organisation for Economic Co-operation and Development, 2010.

[61] Pelkmans J.L.M., European Integration, Methods and Economic Analysis, Second Revised Edition[J]. 2001.

[62] Pickhardt M.A., Classroom Game Course for Teaching Public Goods Theory[J]. International Advances in Economic Research, 2001, 7(1):167.

[63] Pistor K., Raiser M., Gelfer S., Law and Finance in Transition Economies [J]. Economics of Transition, 2000, 8(2):325—368.

[64] Ramamurti R., Vernon R., Privatization and Control of State-owned Enterprises[J]. 1991.

[65] Reside R.E., Jr., Mendoza A.M., et al., Determinants of Outcomes of Public-Private Partnerships(PPP) in Infrastructure in Asia[J]. Up School of Economics Discussion Papers, 2010.

[66] Romp W., J.D.H., Public Capital and Economic Growth: A Critical Survey[J]. Perspektiven Der Wirtschaftspolitik, 2007, 8(S1):6—52.

[67] Rosenstein-Rodan P.N., Notes on the Theory of the "Big Push"[J]. C(Massachusetts Institute of Technology. Center for International Studies), No.57—25, 1957.

[68] Samuelson P.A., The Pure Theory of Public Expenditure[J]. Review of Economics & Statistics, 1954, 36(4):387—389.

[69] Sandler, Todd, The Theory and Structures of International Political Economy[M]. Westview Press, 1980.

[70] Savas E.S., Competition and Choice in New York City. Social Services [J]. Public Administration Review, 2002, 62(1):82—91.

[71] Sharma C., Determinants of PPP in Infrastructure in Developing Economies[J]. Transforming Government People Process & Policy, 2012, 6(2):149—166.

[72] Tan W., Principles of Project and Infrastructure Finance[J]. 2007.

[73] Trujillo, L., N. Martin, A. Estache, J. Campos, Macroeconomic Effects of Private Sector Participation in Latin America's Infrastructure, Policy Research Working Paper Series 2906, World Bank, 2002.

[74] Turro M., Going Trans-European. Planning and Financing Transport Networks for Europe[C]. The Society for Biotechnology, Japan, 1997.

[75] United Nations Conference of Trade and Development. World Investment Report 2015[R]. United Nations, Geneva, 2015.

[76] Van Miert, K., High Level Group on the Trans-European Transport Network. CE (p. 75). Retrieved from http://ec.europa.eu/ten/transport/revision/hlg/2003_report_kvm_en.pdf, 2003.

[77] Weisbrod B.A. The Future of the Nonprofit Sector: Its Entwining with

Private Enterprise and Government[J]. Journal of Policy Analysis & Management, 1997, 16(4):541—555.

[78] Wellenius B., Foster V., Malmbergcalvo C., Private Provision of Rural Infrastructure Services: Competing for Subsidies[J]. Policy Research Working Paper, 2004, 9(2):208—217.

[79] Wheeler D., Mody A., International Investment Location Decisions: The Case of U.S. Firms[J]. Journal of International Economics, 2004, 33(1—2):57—76.

[80] Wilson J.S., Mann C.L., Otsuki T., Assessing the Potential Benefit of Trade Facilitation: A Global Perspective[J]. Policy Research Working Paper, 2004, 28(6):841—871.

[81] Yescombe, E.R. Public-Private Partnerships Principles of Policy and Finance. Elsevier, 2007.

[82] Zhai F., Benefits of Infrastructure Investment: An empirical Analysis [J]. Chapters, 2012.

[83] Zhang Z., Institutional and Policy Frameworks for Sustainable Infrastructure[J]. Chapters, 2015.

[84] 巴曙松,王志峰."一带一路":香港的重要战略机遇[J].学术前沿,2015(9).

[85] 陈锐,谭英双."一带一路"基础设施项目投资及其省际操作[J].改革,2017(8):83—90.

[86] 杜洪涛,黄立军.刍议城市基础设施向民间融资的趋势[J].西南金融, 2007(10):36—38.

[87] 樊纲.论"基础瓶颈"[J].财经科学,1990(5):8—12.

[88] 方维慰,李同升.投资环境研究评述[J].宁夏大学学报(自然科学版), 1999(2):157—160.

[89] 何敏,郭宏宇,竺彩华.基础设施互联互通对中国东盟贸易的影响——基于引力模型和边界效应模型的研究[J].国际经济合作,2015(9):56—63.

[90] 何文虎.我国城市基础设施融资平台创新:基础设施融资银行[J].金融理论与实践,2014(2):23—29.

[91] 赫希曼,曹征海.经济发展战略[M].北京:经济科学出版社,1992.

[92] 胡爱清.东盟能源安全合作研究:区域公共产品视角[D].暨南大学,2014.

[93] 黄如宝,王奋伟.融资租赁在基础设施项目融资中的应用分析[J].建设监理,2003(1):66—67.

[94] 建设部课题组.中国城市基础设施投融资体制改革研究报告[M].北京:中国建筑工业出版社,2002.

[95] 罗纳德·哈里·科斯.论生产的制度结构[M].上海:上海三联书店,1994:215—239.

[96] 李春根,廖清成.公共经济学[M].武汉:华中科技大学出版社,2007.

[97] 李建华.我国城市基础设施投融资研究文献综述[J].技术经济与管理研究,2015(9):114—117.

[98] 李淼.构筑"一带一路"绿色金融大动脉[J].中国战略新兴产业,2015(18):26—29.

[99] 李平,王春晖,于国才.基础设施与经济发展的文献综述[J].世界经济,2011,34(05):93—116.

[100] 李强.基础设施投资与经济增长的关系研究[J].改革与战略,2010,26(9):55—57+71.

[101] 李文星,朱凤霞.论区域协调互动中地方政府间合作的科学机制构建[J].经济体制改革,2007(6):128—131.

[102] 梁双陆,张梅.基础设施互联互通对我国与周边国家贸易边界效应的影响[J].亚太经济,2016(1):101—106.

[103] 刘芬.对"一带一路"建设融资需求的几点思考[J].国际工程与劳务,2015(6):45—46.

[104] 刘景林.论基础结构[J].中国社会科学,1983(1):73—87.

[105] 刘立峰.国债政策可持续性及财政风险度量[J].宏观经济研究,2001(8):42—45.

[106] 陆志淳.交通基础设施的公共产品属性探析[J].经济与管理,2013,27(3):79—85.

[107] 罗森斯坦·罗丹."大推进"理论笔记[A].载 H.S.埃利斯.拉丁美洲的经济发展[C].纽约:圣马丁出版社,1966.

[108] 罗斯托.从起飞进入持续增长的经济学[M].成都:四川人民出版社,1988.

[109] 罗斯托.经济增长的阶段——非共产党宣言[M].北京:中国社会科学出版社,1900.

[110] 吕恒立.试论公共产品的私人供给[J].天津师范大学学报(社会科学版),2002(3):1—6.

[111] 曼瑟尔·奥尔森.集体行动的逻辑[M].陈郁,郭宇峰,李崇新,译.上海:格致出版社,2014.

[112] 缪林燕.创新多样化融资模式合力推进"一带一路"发展[J].中国勘察设计,2015(5):37—41.

[113] 潘胜强.城市基础设施建设投融资管理及其绩效评价[D].湖南大学,2007.

[114] 裴长洪.全球经济治理、公共品与中国扩大开放[J].经济研究,2014(3):4—19.

[115] 钱家骏,毛立本.要重视国民经济基础结构的研究和改善[J].经济管理,1981(3):12—15.

[116] 权衡,张鹏飞.亚洲地区"一带一路"建设与企业投资环境分析[J].上海财经大学学报,2017,19(1):88—102.

[117] 权衡.亚洲经济崛起具有全球意义[N].人民日报,2015-07-17.

[118] 上海财经大学投资研究所.2003中国投资发展报告:转轨经济中的政府投资研究[M].上海:上海财经大学出版社,2003.

[119] 世界银行,毛晓威.1994年世界发展报告[M].北京:中国财政经济出版社,1994.

[120] 宋官东,吴访非,李雪.公共产品市场化的可能与条件[J].社会科学辑刊,2010(6):53—56.

[121] 唐建新,杨军.基础设施与经济发展——理论与对策[M].武汉:武汉大学出版社,2002.

[122] 唐金荣,张涛,周平,等."一带一路"矿产资源分布与投资环境[J].地质通报,2015(10).

[123] 王刚.新形势下"一带一路"的金融支持主导作用分析[J].时代金融,2015(20):40+42.

[124] 王建伟.公路运输经济管制[M].北京:中国财政经济出版社,2007.

[125] 王俊豪.我国自然垄断产业民营化改革的若干思考[J].商业经济与管理,2002(1):11—14.

[126] 王丽辉.基础设施概念的演绎与发展[J].中外企业家,2010(4):28—29.

[127] 王元京,叶剑峰.国内外投资环境指标体系的比较[J].经济理论与经济

管理,2003(7).

[128] 魏礼群.加快计划和投资体制改革的契机、启示与思路[J].宏观经济研究,1993(9):1—9.

[129] 吴庆.政府在基础设施投资中应该发挥的作用[J].财政研究,2001(2):58—60.

[130] 夏彩云,贺瑞."一带一路"战略下区域金融合作研究[J].新金融,2015(7):34—38.

[131] 徐曙娜.政府与基础设施、基础产业[J].财经研究,2000(3):54—59.

[132] 许彬.公共经济学导论:以公共产品为中心的一种研究[M].哈尔滨:黑龙江人民出版社,2003.

[133] 许骏.浅谈我国基础设施建设融资方式[J].新疆金融,2003,07:12—14.

[134] 亚当·斯密.国民财富的性质和原因的研究[M].北京:商务印书馆,1974:229.

[135] 严成樑,龚六堂.基础设施投资应向民间资本开放吗?[J].经济科学,2014,36(6):41—52.

[136] 杨军.基础设施投资论[M].北京:中国经济出版社,2003.

[137] 杨治.产业经济学导论[M].北京:中国人民大学出版社,1985.

[138] 张启智,初海英.城市公共基础设施投融资方式比较研究[J].财经理论研究,2006(5):73—76.

[139] 张荣霞,史晓丹,张艳青.基于熵值法的我国三大城市群房地产投资环境综合评价[J].管理现代化,2013(3).

[140] 张幼文."一带一路"建设:国际发展协同与全球治理创新[J].毛泽东邓小平理论研究,2017(5):88—94+108.

[141] 张幼文.要素流动:全球化经济学原理[M].北京:人民出版社,2013:212—238.

[142] 郑荷芬,马淑琴,徐英侠.基础设施投入对服务贸易结构影响的实证研究——来自跨国面板数据的证据[J].国际贸易问题,2013(5):115—127.

[143] 郑蕾,刘志高.中国对"一带一路"沿线直接投资空间格局[J].地理科学进展,2015(5).

[144] 中华人民共和国商务部,国家统计局,国家外汇管理局.2014年中国对外直接投资统计公告[R].北京:中国统计出版社,2015.

[145] 钟春平,潘黎.对外直接投资风险与一带一路战略[J].开放导报,2015(4).
[146] 钟飞腾,朴珠华,刘潇萌,等."一带一路"投资环境评估的理论构建[M]. 北京:社会科学文献出版社,2015.
[147] 朱道才,吴信国,郑杰.经济研究中引力模型的应用综述[J].云南财经大学学报,2008(5):19—24.

附　件

附件 1　"一带一路"沿线重点产业园区介绍

1. 柬埔寨的西哈努克港经济特区

西哈努克港经济特区(简称"西港特区")是于 2008 年由江苏太湖柬埔寨国际经济合作区投资有限公司与柬埔寨国际投资开发集团有限公司共同开发建设的国家级经贸合作区,是"一带一路"的标志性项目。西港特区总体规划面积 11.13 平方千米,一期以纺织服装、箱包皮具、木业制品等为主要发展产业,二期将重点引入五金机械、建材家居、精细化工等产业。

在地理位置上,柬埔寨地处东南亚交通枢纽,东面和东南面与越南交界,北面与老挝毗邻,西面和西北面与泰国相接,濒临泰国湾。西哈努克省为三大中心城市之一,是工业中心、国际港口城市。西港特区地处西哈努克市郊,离西港国际机场 3 千米,离西哈努克深水港 12 千米,淡水资源获取方便;离柬首都金边仅 212 千米,紧靠四号国道,地理位置优越,交通便利。

在政策优势上,园区企业享有优惠的税收政策,如用于生产的机械设备、建筑材料、零配件、原材料免除扣税,企业可获得 6—9 年的企业所得税免税期,免税期过后所得税税率为 20%,服务于内销市场的产业增值税率为 10%、租赁税为 10%、无土地使用税等。并且,根据《柬埔寨王国投资法》规定:对已获批准的项目,王国政府不对其产品价格和服务价格进行管制;王国政府不实行外汇管制,允许外汇资金自由出入。

在市场开放度上,柬埔寨于 1999 年加入东盟,为东盟第 10 个成员国,于 2004 年加入 WTO。作为东盟成员国,柬埔寨已加入了十个国家近 6 亿人口的市场,与韩国、日本、印度、新西兰、澳大利亚等多个国家签署了自由贸易协定。柬埔寨的人口特征呈年轻化,35 岁以下年轻人占 70%。柬埔寨是区域全面经济伙伴关系(RCEP)发起国之一,与中国保持全面战略合作伙伴关系。

在营商环境上,在 2020 年世界银行营商环境排名中,柬埔寨得分 53.8,总

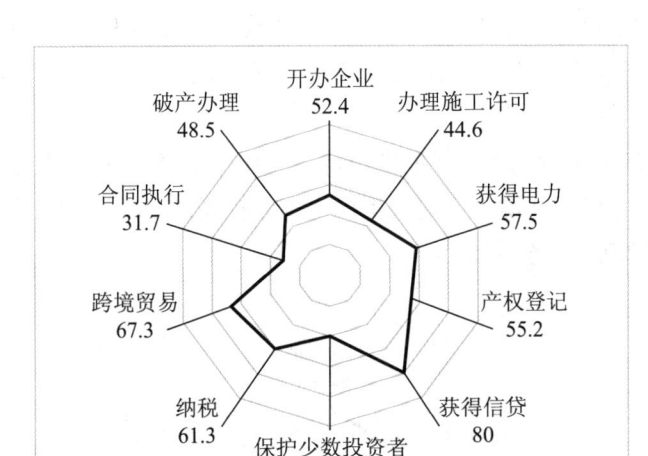

排名第144位。在跨境贸易和获得信贷两个指标上得分较高(参考图附-1)。

图附-1 柬埔寨营商环境指标评分

- 数据来源：世界银行发布的《全球营商环境报告2020》。

2. 泰国的罗勇工业园

泰中罗勇工业园开发有限公司是由中国华立集团与泰国安美德集团在泰国合作开发的现代化工业区，为中国认定的首批"境外经济贸易合作区"。园区位于泰国东部海岸，靠近泰国首都曼谷和廉差邦深水港，总体规划面积12平方千米。截至2019年，罗勇工业园有泰籍员工3万余人，约占员工总数的90%。

在地理位置上，园区位于距离泰国首都曼谷东南100多千米的罗勇府，为泰国重要的工业基地，地处泰国政府着力打造的"东部经济走廊"核心区域，距离廉差邦深水港27千米，距素万那普国际机场99千米，距离罗勇市53千米、芭提雅市36千米，交通便利。

在政策优势上，园区内企业按行业类别给予优惠权益，知识型产业（以增加国家竞争力的设计和研发行业为主）、发展国家基础设施的行业、高附加值的高科技行业，并且在泰国少有投资或没有投资的行业，免8年企业所得税，而且无上限，其他行业按照标准享受免3—5年企业所得税，免机器、原材料进口税及其他非税收优惠权益。

在市场开放度上，泰国是东南亚国家联盟成员国和创始国之一，是亚太经济合作组织、亚欧会议和世界贸易组织成员，地处亚洲腹地，具有较强的辐射能力。泰国政府通过各种渠道鼓励和帮助国内外投资者,如无国产化率的要求、无汇款限制、无出口要求、制造业无外资比例限制等。泰国与中国于2012年建立全面战略合作伙伴关系,是东盟成员国中第一个与中国建立战略性合作关系的国家。

在营商环境上,在2020年世界银行营商环境排名中,泰国得分80.1,总排名第21位。在营商环境多个衡量指标上得分较高,如获得电力、开办企业、保护少数投资者等(参考图附-2)。

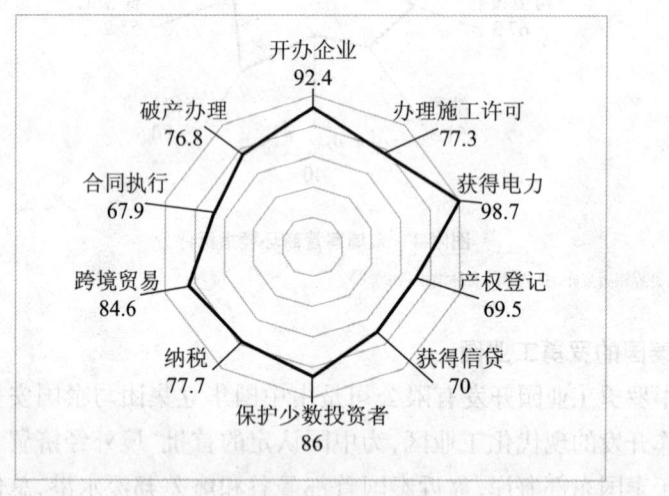

图附-2 泰国营商环境指标评分

- 数据来源:世界银行发布的《全球营商环境报告2020》。

3. 越南的龙江工业园

越南龙江工业园是由前江投资管理有限责任公司在越南前江省投资的工业园项目,龙江工业园位于前江省新福县,园区占地600平方千米,其中包括工业区540平方千米和住宅服务区60平方千米。其产业规划主要集中在纺织轻工、机械电子、建材化工三个领域。

在地理位置上,园区距胡志明市中心、西贡港、协福港约50千米,距波旁港约35千米,位于越南南部胡志明市经济圈内;其紧邻胡志明市—芹苴高速公路和国道1A,使得进出口的货物运输便捷,交通便利。

在政策优势上,园区企业享受特别优惠的税收政策:企业自有收入之年起享受15年的所得税优惠期,优惠税率为10%,包括:自盈利之年起4年免税,后续9年税率为应缴税款额度的50%。此外,对于构成固定资产的机器设备免进口税,对于越南未能生产的原料、物资及零件免5年进口税等。

在市场开放度上,越南于1995年加入东盟,2006年加入WTO,并成功举办APEC领导人非正式会议,与世界上150多个国家和地区有贸易关系。越南与中国保持着全面战略合作伙伴关系。

在营商环境上,在2020年世界银行营商环境排名中,越南得分69.8,总排名第70位。在获得电力、开办企业、获得信贷方面得分较高(参考图附-3)。

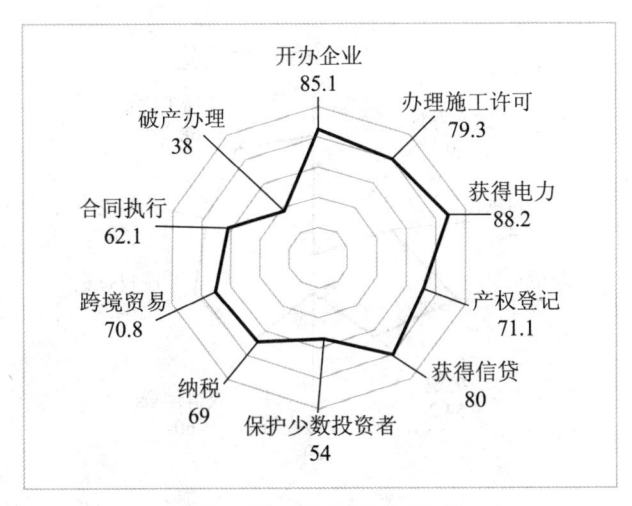

图附-3 越南营商环境指标评分

- 数据来源:世界银行发布的《全球营商环境报告2020》。

4. 老挝的万象赛色塔综合开发区

老挝万象赛色塔综合开发区位于老挝首都万象市主城区东北方17千米处,占地11.5平方千米,是老挝国家级经济特区和中国国家级境外经济贸易合作区,为中国"一带一路"规划中的优先推进项目。

在地理位置上,园区处于万象新城区的核心区域,区位优越;毗邻13号公路等多条主要公路干道;距老泰友谊大桥口岸约17千米;距瓦岱国际机场19千米;距离中老铁路货运站的直线距离约1.5千米,对原材料输入和产品输出有着便利的运输条件。

在政策优势上,园区企业享有增值税、利润税、关税、所得税等多种税率优惠政策。如园区内生产、组装或加工的商品(含服务)出口境外,免缴增值税,商品出口免缴出口关税等。

在市场开放度上,老挝于1997年加入东盟,2012年加入WTO,同50多个国家和地区有贸易关系,与19个国家签署了贸易协定,中国、日本、韩国、俄罗斯、澳大利亚、新西兰、欧盟、瑞士、加拿大等35个国家(地区)向老挝提供优惠关税待遇。老挝适龄劳动人口约三百余万,每年老挝出口泰国的劳动力就有30万人。老挝同中国保持着全面战略合作伙伴关系。

在营商环境上,在2020年世界银行营商环境排名中,老挝得分50.8,总排名第154位。在跨境贸易指标上得分突出(参考图附-4)。

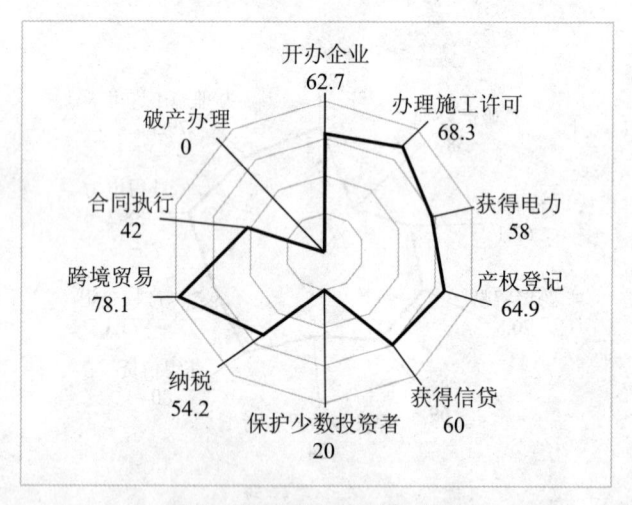

图附-4 老挝营商环境指标评分

- 数据来源:世界银行发布的《全球营商环境报告2020》。

5. 韩国的中韩科技创新经济园区

中韩科技创新经济园区是2017年由中国金跃集团、哈工大机器人集团与韩国京畿道政府在京畿道板桥科技谷园区内筹建。该园区初期占地面积2万平方米,规划建设面积10万平方米,主要分为中国企业走出去国际化基地、中韩科技技术对接基地、创新创业成果示范基地三个板块。

在市场开放度上,韩国是APEC、世界贸易组织和东亚峰会的创始成员国,也是经合组织、二十国集团和联合国等重要国际组织成员,与多个国家签订多个双边及多边协定,与中国签订《中韩政府贸易协定》《中韩政府文化合作协定》《中韩自由贸易协定》等五项协定,同中国保持着战略合作伙伴关系。

在营商环境上,在2020年世界银行营商环境排名中,韩国得分84,总排名第5位,十项指标中仅有一项"获得信贷"低于70分,七项指标得分高于

80,获得电力、开办企业、跨境贸易三项指标均在 90 分以上(参考图附-5)。

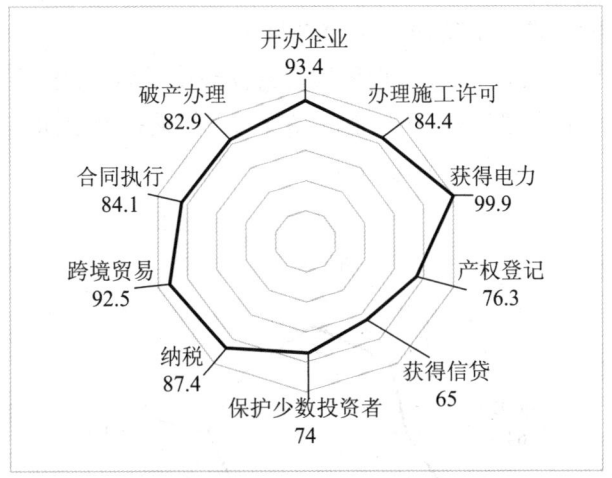

图附-5　韩国营商环境指标评分

• 数据来源:世界银行发布的《全球营商环境报告 2020》。

6. 比利时的中比科技园

中比科技园位于比利时的新鲁汶市,毗邻比利时首都布鲁塞尔,园区占地 82 700 平方米,总建筑面积 12 万平方米。园区重点培育生命科学、信息与通信、节能环保等三大产业集群,可容纳 200 多家中欧高新技术企业办公。以中比科技园为代表的 16 家国家级海外园区,结成了"一带一路"国际产能合作园区联盟。

在地理位置上,园区距"欧洲首都"布鲁塞尔仅 30 千米,通过便捷的交通网络,可快速抵达欧洲各中心城市,4 小时车程内可以覆盖 6 000 万居民,且物流仓储租金低廉,每月 7 000 欧元(折合约 5.5 万元人民币)可以租到 2 000 平方米的仓库。园区毗邻欧洲顶尖高等学府鲁汶大学法语校区,是比利时最大智力密集区新鲁汶科技园的"园中园",拥有成熟的生活配套设施。

在政策优势上,比利时承诺为进驻中比科技园的中国企业开辟绿色通道,在公司落地、签证审批、政策申请等方面给予大力支持。在园区内购买楼宇建筑、新设备,进行无形资产投资(专利、许可、已获得或尚未获得专利的专业技术)等均可获得最高 70% 的补贴。

在市场开放度上,比利时是欧盟和北约创始会员国之一,也是联合国、世界贸易组织等国际组织的成员国。比利时为世界十大商品进出口国之一,全国 GDP 的大约 2/3 来自出口。比利时与中国保持着全面友好合作伙伴关系。2014 年比利时与中国签署《中国—比利时科技园(CBTC)建设合作框架协议》，将其作为"一带一路"的重点示范项目。

在营商环境上，在 2020 年世界银行营商环境排名中，比利时得分 75，总排名第 46 位。在跨境贸易、开办企业、破产办理、纳税等指标上得分较高，其中跨境贸易一项得分最高(参考图附-6)。

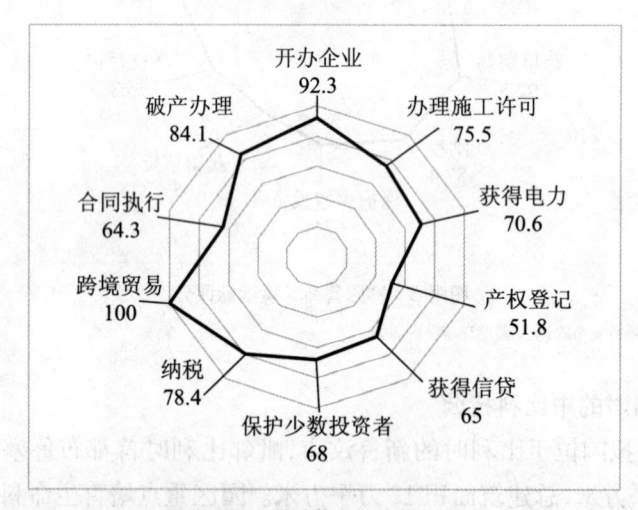

图附-6　比利时营商环境指标评分

· 数据来源：世界银行发布的《全球营商环境报告 2020》。

7. 白俄罗斯的中白工业园

中白工业园坐落于白俄罗斯明斯克州斯莫列维奇区，距首都明斯克市 25 千米，园区规划面积 91.5 平方千米，是中白合作共建丝绸之路经济带的标志性工程。园区主要产业定位是以机械制造、电子信息、精细化工、生物医药、新材料和仓储物流为主的高新技术产业园区。

在地理位置上，园区毗邻明斯克国际机场(5 分钟车程)、铁路、柏林—莫斯科的公路干线(E30 欧洲高速公路、E28 欧洲高速公路)；距波罗的海克莱佩达港口约 500 千米，距莫斯科约 700 千米，距柏林约 1 000 千米；国际公路、洲际公路、铁路穿越园区，交通便利，有良好的区位优势。

在政策优势上，园区内企业可在利润税、不动产税、土地税、进口环节的增值税、红利税等多种税率上享受优惠政策，如免除园区项目建设的进口设备和材料的进口关税和增值税、自分配红利首年开始的 5 年内免除红利税等，除此之外还享有一定的政策补贴。

在市场开放度上,白俄罗斯设立了6个自由经济区:明斯克自由经济区、布列斯特自由经济区、戈梅利—拉顿自由经济区、莫吉廖夫自由经济区、格罗德诺投资自由经济区和维捷布斯克自由经济区;白俄罗斯参与了多个区域经济组织,如海关联盟及欧亚经济共同体、俄白联盟等。白俄罗斯与中国保持全面战略伙伴关系,两国经贸关系发展顺利,中国是白俄罗斯第三大贸易伙伴,也是白俄罗斯在亚洲最大的贸易伙伴。

在营商环境上,在2020年世界银行营商环境排名中,白俄罗斯得分74.3,总排名第49位。白俄罗斯在跨境贸易、开办企业、获得电力、产权登记方面指标得分较高,其中跨境贸易指标得分最高(参考图附-7)。

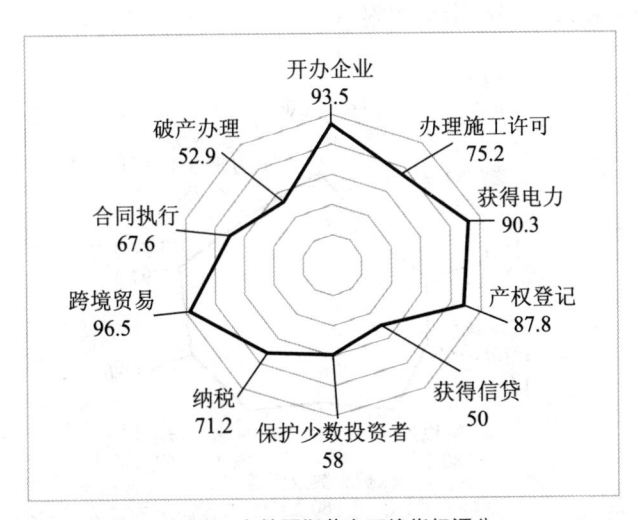

图附-7 白俄罗斯营商环境指标评分

- 数据来源:世界银行发布的《全球营商环境报告2020》。

8. 俄罗斯的中俄托木斯克木材工贸合作区

中俄托木斯克木材工贸合作区位于俄罗斯托木斯克州,规划面积6.95平方千米,起步区3平方千米,是国家级境外经济贸易合作区、国家"一带一路"134个优先发展项目之一。园区项目规划年采伐木材450万立方米,加工符合国际标准的板材、胶合板、密度板等各类木制品,以满足国内外市场需求。

在地理位置上,园区距离托木斯克州机场100千米,距离新西伯利亚机场360千米,通过中欧班列可以到达中国大部分市场,直接往返中国北京、乌鲁木齐、哈尔滨、三亚等地,交通便利。

在政策优势上,全区企业享受优惠的土地政策、税收政策、租金减少等优惠政策,如木材深加工产品出口无需缴纳增值税,出口关税为零,符合俄罗斯政府相关规定的林业企业可以申请俄罗斯国家优先发展项目,享受林权租金减少等。

在市场开放度上,俄罗斯2012年加入WTO,与超过80个国家签订了双边或多边协定。中俄于1996年建立战略协作伙伴关系,2011年升级为全面战略协作伙伴关系。至2019年,中国连续多年保持俄罗斯最大贸易伙伴地位。

在营商环境上,在2020年世界银行营商环境排名中,俄罗斯得分78.2,总排名较高,位列第28位。在获得电力、开办企业、产权登记、纳税、获得信贷多个指标上得分超过80分(参考图附-8)。

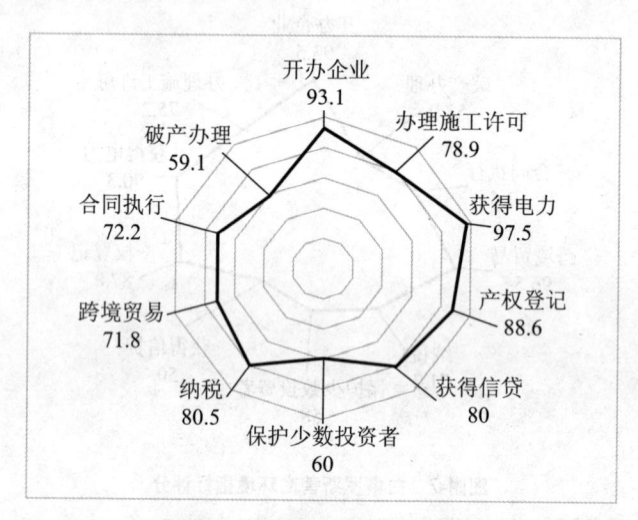

图附-8 俄罗斯营商环境指标评分

- 数据来源:世界银行发布的《全球营商环境报告2020》。

9. 阿联酋中阿产能合作示范园

中阿产能合作示范园位于哈利法工业区,规划建设两大区,其中A区占地52平方千米,B区占地370平方千米。其为服务于"一带一路"建设的重大合作项目,园区坚持"政府推动,企业主导,市场化运作",以政府间交流合作机制,创造综合、优越的投资环境,为中国企业"走出去"搭建平台。

在地理位置上,园区距阿布扎比市60千米,距迪拜市80千米,有较好的辐射能力,距阿布扎比国际机场50千米,交通便利。

在政策优势上,阿联酋承诺全力支持中国企业入驻,给予土地免租期、调低土地价格等一系列优惠政策,国家发改委外资司将主动对接国家部委,提供配套政策资金支持。可协调对接中阿产能合作基金100亿美元对示范园建设和入园投资项目予以重点支持。

在市场开放度上,阿联酋于1995年加入WTO,与179个国家和地区有贸易往来。阿联酋是欧洲、亚洲和非洲之间的重要交通枢纽和贸易交汇点,是贸易、物流、制造业和金融等领域的区域中心,辐射地区人口约40亿人,也是"一带一路"的重要节点。阿联酋还是中国在阿拉伯地区最大的出口市场,与中国保持着战略伙伴关系。

在营商环境上,在2020年世界银行营商环境排名中,阿联酋得分80.9,总排名靠前,为第16位。在10项主要衡量指标中,6项得分超过80,其中获得电力得分最高(参考图附-9)。

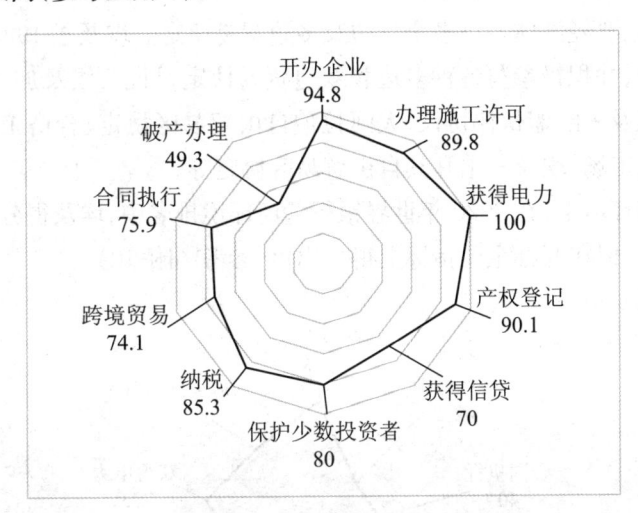

图附-9 阿联酋营商环境指标评分

• 数据来源:世界银行发布的《全球营商环境报告2020》。

10. 埃及苏伊士经贸合作区

埃及苏伊士经贸合作区位于埃及苏伊士湾西北经济区,紧邻苏伊士运河,总体规划面积9.12平方千米,园区的主导产业为纺织服装、石油装备、高低压电器、新型建材及精细化工等。

在地理位置上,园区距离因苏哈那港仅2千米,因苏哈那港为埃及现代化程度最高的港口,可停靠15万吨货轮,航线通达世界170个港口,航运便利;园区距苏伊士城40千米,约0.5小时车程,距埃及首都开罗120千米,约1.5

小时车程,为深入埃及首都开罗及尼罗河三角洲的腹地市场,以及降低物流成本,增强产品的市场竞争力提供了有利的条件。

在政策优势上,在园区内制造生产的产品不受数量配额或季节配额的限制,可自由进入美国、欧盟、非洲、土耳其等国家市场,有效规避贸易壁垒,让企业产品辐射周边国际市场。特区内的公司、企业及其分支机构进口经营必须的各种材料和设备,免征关税、销售税和其他一切税费。根据埃及新《投资法》规定,苏伊士运河经济特区被列为A类区域,享受投资成本核减50%的优惠政策。减税期限自开始经营之日起,不超过7年。园区还可为入区企业提供保洁、保安、绿化、维修等基本物业服务,以及法律咨询、证件代办、招聘代理等软性服务。

在市场开放度上,埃及重视经济发展,是公认的全世界最大外商投资地之一。与美、中、俄等大国保持良好外交,与中国保持着全面战略合作伙伴关系,与世界主要经济体签订多个双边及多边贸易协定。埃及于1995年加入世界贸易组织,并积极参与各种多边和双边贸易协定,目前,埃及加入的区域贸易协定有埃及—欧盟伙伴协议、大阿拉伯自由贸易区协定、合格工业区协定、东南非共同市场、埃及—土耳其自由贸易区协定等。

在营商环境上,在2020年世界银行营商环境排名中,埃及得分60.1,总排名第114位,但在开办企业指标上得分出色(参考图附-10)。

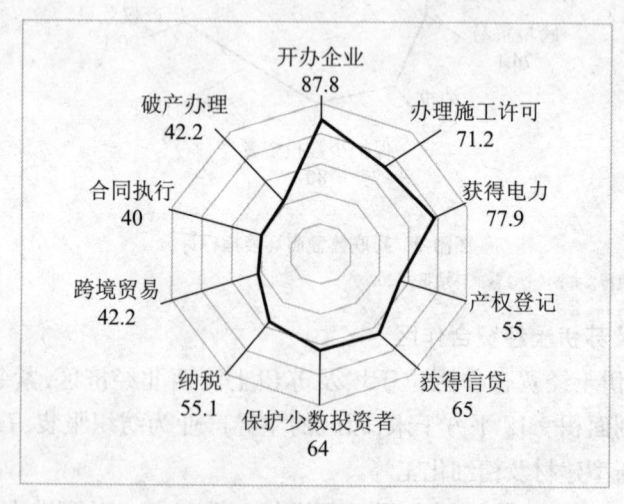

图附-10 埃及营商环境指标评分

- 开办企业 87.8
- 办理施工许可 71.2
- 获得电力 77.9
- 产权登记 55
- 获得信贷 65
- 保护少数投资者 64
- 纳税 55.1
- 跨境贸易 42.2
- 合同执行 40
- 破产办理 42.2

• 数据来源:世界银行发布的《全球营商环境报告2020》。

11. 埃塞俄比亚的华坚轻工业城和东方工业园

埃塞俄比亚—中国华坚国际轻工业城位于埃塞俄比亚首都亚的斯亚贝巴Labu Lafto区，占地总面积137.8平方千米，由中国华坚集团投资建设，以轻工业制造为主，是中国优势产业走向非洲的先行区和示范区。

在地理位置上，华坚国际轻工业城紧邻亚的斯亚贝巴市的环城快线，距离博莱国际机场10千米，毗邻亚吉铁路始发站，交通便利，也是中国在埃塞俄比亚投资的唯一位于首都的产业园区。在政策优势上，园区企业享受美国《非洲增长与机遇法案》即免关税、免配额，出口企业可享受企业所得税减免10年，出口退税政策（从埃塞俄比亚采购的原材料除食品外退税15%），免除所有资本货物和建筑材料的进口关税等优惠政策。

埃塞俄比亚东方工业园位于埃塞俄比亚首都亚的斯亚贝巴附近的杜卡姆市，规划面积5平方千米，首期开发4平方千米，入园企业达80多家，主要从事水泥生产、制鞋、汽车组装、钢材轧制、纺织服装、日用化工、食品以及制药等行业。

在地理位置上，东方工业园位于埃塞俄比亚奥罗莫州两个60万人口的德布雷塞特镇和杜卡姆镇之间。距离埃塞俄比亚首都亚的斯亚贝巴、博莱国际机场30千米，距离吉布提港850千米；通往吉布提的埃塞俄比亚国家公路和铁路，位于园区大门北侧，交通运输十分便利。

在政策优势上，税收优惠力度大，如园区企业所得税减免4—7年，符合条件的货物和原材料免除全部海关进口关税及其他一切进口税收；所有出口产品免除支付出口税和其他涉及出口的税收；享有出口美国和欧盟免除进口关税无配额限制等多种优惠政策。

在市场开放度上，根据2017年联合国贸易与发展会议世界投资报告，埃塞俄比亚外国直接投资流入增长46%，是非洲最具活力和最大的外国直接投资接受国之一；其进入日本、加拿大、中国、土耳其、澳大利亚、新西兰、美国和欧盟市场的商品全部免税，且不受配额限制；埃塞俄比亚还是东南非共同市场（COMESA）成员国，其产品可以在优惠条件下进入21个成员国市场。埃塞俄比亚与中国保持着全面战略合作伙伴关系。

在营商环境上，在2020年世界银行营商环境排名中，埃塞俄比亚得分48，总排名第159位（参考图附-11）。

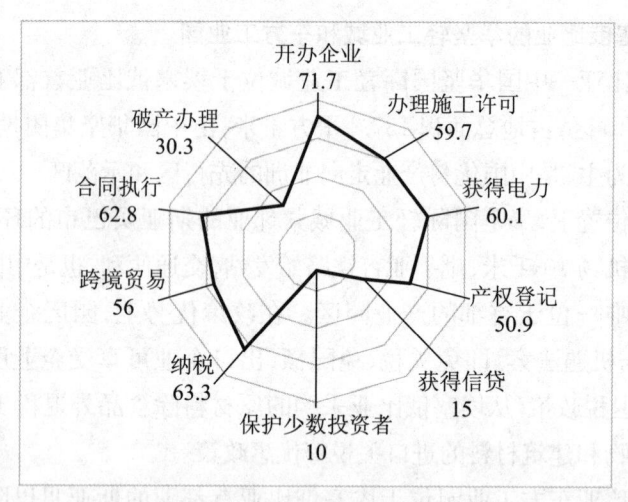

图附-11 埃塞俄比亚营商环境指标评分

・数据来源：世界银行发布的《全球营商环境报告2020》。

12. 巴基斯坦的鲁巴经济区

巴基斯坦鲁巴经济区位于巴基斯坦旁遮普省首府拉合尔市，是中国商务部批准建设的首个中国境外经济贸易合作区，其主导产业为家电、汽车、纺织、建材、化工等。

在地理位置上，园区所在的拉合尔是巴基斯坦第二大城市，是著名的巴基斯坦工业中心。旁遮普省是巴基斯坦经济发展中心，巴基斯坦特殊的地理位置构成了对南亚、西亚以及海湾等周边市场较强的辐射能力。

在政策优势上，在巴基斯坦外商与当地企业享有同等待遇，允许外资100%股权，无需政府审批；园区内企业享有免除进口设备税、进口关税、所得税等多种税收优惠政策，园区企业自开始运营5年起免除劳工税费、消费税等税费，并且享受巴基斯坦现有的出口鼓励政策。

在市场开放度上，巴基斯坦与多国签订双边或多边协定，如与印度签订双边投资协定、与印度尼西亚签订特惠贸易协定、与中国签订了自由贸易协定等，并与中国保持全天候战略合作伙伴关系。

在营商环境上，在2020年世界银行营商环境排名中，巴基斯坦得分61，总排名第108位。虽然排名较后，但巴基斯坦在开办企业、保护少数投资者两项指标上得分较高（参考图附-12）。

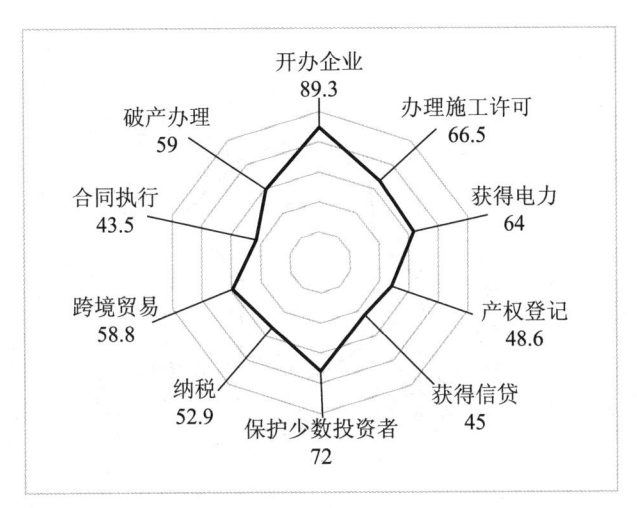

图附-12　巴基斯坦营商环境指标得分

- 数据来源:世界银行发布的《全球营商环境报告2020》。

13. 印度的万达印度产业园

哈里亚纳万达产业新城位于德里—孟买工业走廊和印度首都行政区,占地约13平方千米,其主导产业为软件、汽车、机械、医疗等产业,同时规划建设万达文化旅游城及住宅新区。印度是全球第二人口大国,平均年龄仅26岁,城市化率刚过30%,有着广阔的市场前景。

在政策优惠上,哈里亚纳邦承诺给予万达产业新城最优惠的政策,并与万达共同组成管委会,引进中国园区管理模式,给投资者提供"一站式"服务。

在市场开放度上,印度市场开放程度较高,与多国保持良好的贸易关系,印度与斯里兰卡签订了印度—斯里兰卡自由贸易协定,与新加坡签订了印度—新加坡全面经济合作协定,加入了南亚自由贸易区协定,与韩国签订印度—韩国全面经济伙伴协定,加入印度—东盟自由贸易协定,与日本签订印度—日本全面经济伙伴协定等。印度作为长期贸易合作伙伴,与中国保持着战略合作伙伴关系。

在营商环境上,在2020年世界银行营商环境排名中,印度得分71,总排名第63位。在获得电力、跨境贸易、开办企业、获得信贷、保护少数投资者五项指标上得分均超过80(参考图附-13)。

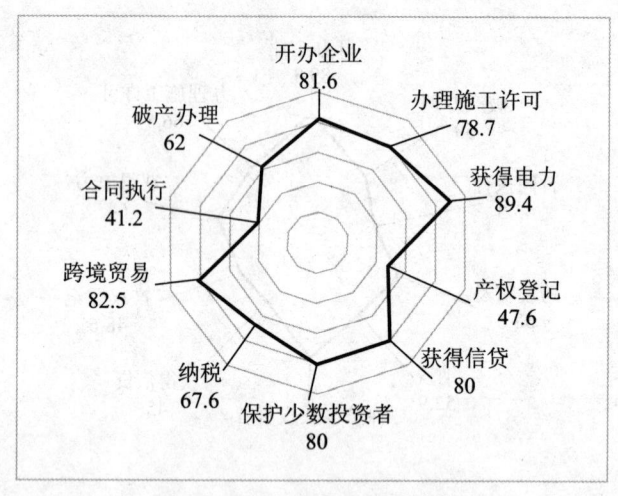

图附-13　印度营商环境指标评分

- 数据来源：世界银行发布的《全球营商环境报告 2020》。

附件2 "一带一路"沿线境外产业园区基本情况表

序号	地区	国家	园区名称	实施企业	企业性质	是否加入亚投行	和中国关系（战略伙伴关系、全面战略伙伴关系等）	园区所属类型	主导产业（主要）
1	东南亚	柬埔寨	西哈努克港经济特区	西哈努克港经济特区有限公司	民营	是	全面战略合作伙伴关系	工业园区	纺织服装、五金机械、轻工家电
2			柬埔寨山东桑莎(柴桢)经济特区	诸城服装针织进出口有限责任公司	民营	是	全面战略合作伙伴关系	轻工业园区	纺织业
3			柬埔寨桔井省斯努经济特区	中启海外(柬埔寨)实业有限公司	民营	是	全面战略合作伙伴关系	综合产业园区	经济作物加工、木材家具、石材加工、建材、橡胶制品、仓储物流
4			华岳柬埔寨绿色农业产业园	华岳集团有限公司	民营	是	全面战略合作伙伴关系	农业产业园区	天然橡胶种植、加工
5			柬埔寨齐鲁经济特区	齐鲁(柬埔寨)经济开发有限公司	民营	是	全面战略合作伙伴关系	轻工业园区	纺织服装、轻工家电、食品加工、五金机械
6		老挝	老挝万象赛色塔综合开发区	云南省海外投资有限公司	国有	是	全面战略合作伙伴关系	综合产业园区	能源化工、农畜产品加工
7			老挝云橡产业园	云南农垦集团	国有	是	全面战略合作伙伴关系	农业产业园区	天然橡胶种植、加工、贸易
8			老挝磨丁经济开发专区	老挝磨丁经济专区开发集团有限公司	民营	是	全面战略合作伙伴关系	综合产业园区	旅游业
9		马来西亚	马中关丹产业园	广西北部湾东盟投资有限公司	国有	是	全面战略伙伴关系	综合产业园区	钢铁、建材
10		泰国	中国—东盟北斗科技城	武汉光谷北斗控股集团有限公司	民营	是	全面战略合作伙伴关系	高新技术	基础设施建设、智慧城市建设
11			泰中罗勇工业园	华立产业集团有限公司	民营	是	全面战略合作伙伴关系	综合产业园区	汽配、机械、家电
12		文莱	大摩拉岛石油炼化工业园	浙江恒逸石化有限公司	民营	是	战略合作伙伴关系	重工业园区	石油炼化

(续表)

序号	地区	国家	园区名称	实施企业	企业性质	是否加入亚投行	和中国关系（战略伙伴关系、全面战略伙伴关系等）	园区所属类型	主导产业（主要）
13	东南亚	印度尼西亚	印度尼西亚东加里曼丹岛农工贸经济合作区	如皋市双马化工有限公司	民营	是	全面战略伙伴关系	农业产业园区	种植业、木材、食品加工
14			印度尼西亚苏拉威西镍铁工业园	青岛市恒顺众昇集团股份有限公司	国有	是	全面战略伙伴关系	重工业园区	金属冶炼
15			中国印尼综合产业园区青山园区	上海鼎信投资(集团)有限公司	民营	是	全面战略伙伴关系	重工业园区	不锈钢
16			中国·印度尼西亚聚龙农业产业合作区	天津聚龙集团	民营	是	全面战略伙伴关系	农业产业园区	油棕种植与开发、精深加工、收购、仓储物流
17			印尼西加里曼丹铝加工园区	江苏如皋市双马化工有限公司	民营	是	全面战略伙伴关系	重工业园区	铝土矿加工
18			中民投印尼产业园	中国民生投资股份有限公司	国有	是	全面战略伙伴关系	综合产业园区	煤化工、电解铝、钢铁
19			广西印尼沃诺吉利经贸合作区	广西农垦集团有限责任公司	国有	是	全面战略伙伴关系	综合产业园区	精细化工及建材、制药
20			华夏幸福印尼卡拉旺产业园	华夏幸福卡拉旺产业新城开发公司	民营	是	全面战略伙伴关系	综合产业园区	汽配、建材五金、机械装备
21			中国·印尼经贸合作区	广西农垦集团有限责任公司	国有	是	全面战略伙伴关系	综合产业园区	汽车装配、机械制造、家用电器
22		缅甸	缅甸皎漂特区工业园	中信集团	国有	是	全面战略合作伙伴关系	综合产业园区	纺织服装、建材加工、食品加工
23		越南	越南北江省云中工业园区	富华责任有限公司	民营	是	全面战略合作伙伴关系	高新技术园区	农副食品加工业、食品制造业
24			越南龙江工业园	前江投资管理有限责任公司	民营	是	全面战略合作伙伴关系	综合产业园区	纺织轻工、机械电子、建材化工
25			中国—越南(深圳—海防)经贸合作区	深越联合投资有限公司	国有	是	全面战略合作伙伴关系	轻工业园区	轻工制造

(续表)

序号	地区	国家	园区名称	实施企业	企业性质	是否加入亚投行	和中国关系（战略伙伴关系、全面战略伙伴关系等）	园区所属类型	主导产业（主要）
26	南亚	巴基斯坦	海尔—鲁巴经济区	海尔集团电器产业有限公司	民营	是	全天候战略合作伙伴关系	轻工业园区	家电、汽车、纺织、建材、化工
27			瓜达尔自贸区	中国海外港口控股有限公司	国有	是	全天候战略合作伙伴关系	综合产业园区	食品生产加工
28		印度	万达印度产业园	哈里亚纳邦将与万达共同组成管委会	民营	是	战略合作伙伴关系	综合产业园区	软件、汽车、机械、医疗
29			印度马哈拉施特拉邦汽车产业园	北汽福田汽车股份有限公司	国有	是	战略合作伙伴关系	重工业园区	汽车和汽车零部件
30			特变电工(印度)绿色能源产业区	中国特变电工能源(印度)有限公司	民营	是	战略合作伙伴关系	绿色能源产业园区	输变电高端装备制造业、可再生能源
31		斯里兰卡	斯里兰卡科伦坡港口城	中国交建	国有	是	战略合作伙伴关系	综合产业园区	金融
32	中亚	乌兹别克斯坦	乌兹别克斯坦"鹏盛"工业园	温州市金盛贸易有限公司	民营	是	战略伙伴关系	轻工业园区	建材、真皮、制品、灯具、五金、电机、电器、农业、机械
33		塔吉克斯坦	中塔工业园	新疆塔城国际资源有限公司	民营	是	战略伙伴关系	重工业园区	铅锌等有色金属冶炼
34			中塔农业纺织产业园	新疆中泰化学股份有限公司	民营	是	战略伙伴关系	轻工业园区	纺织业
35		格鲁吉亚	格鲁吉亚华凌自由工业园	新疆华凌集团	民营	是	未找到	自由工业园区	木材加工、家具制造
36		哈萨克斯坦	哈萨克斯坦中国工业园	新疆三宝集团与开发区建设投资开发有限公司	民营	是	全面战略伙伴关系	工业园区	工程专用机械车辆生产
37			中哈边境合作中心	当地政府	国有	是	全面战略伙伴关系	综合产业园区	商品展示和销售、仓储运输
38		吉尔吉斯斯坦	吉尔吉斯斯坦亚洲之星农业产业合作	中国河南贵友实业集团	民营	是	全面战略伙伴关系	农业产业园区	种植、养殖、屠宰加工
39	西亚	阿联酋	中国阿联酋"一带一路"产能合作园区	江苏省海外合作投资有限公司	国有	是	战略伙伴关系	综合产业园区	建材、化工、新能源
40		阿曼	中国—阿曼产业园	中阿万方投资管理有限公司	民营	是	战略伙伴关系	重工业园区	石油炼化、轻重工业、物流仓储

(续表)

序号	地区	国家	园区名称	实施企业	企业性质	是否加入亚投行	和中国关系（战略伙伴关系、全面战略伙伴关系等）	园区所属类型	主导产业（主要）
41	非洲	阿尔及利亚	中国江铃经济贸易合作区	江西省江铃汽车集团公司	国有	是	全面战略伙伴关系	重工业园区	汽车、建筑材料
42		埃及	埃及苏伊士经贸合作区	中非泰达投资股份有限公司	国有	是	全面战略合作伙伴关系	综合产业园区	新型建材、纺织服装、高低压电器
43		埃塞俄比亚	埃塞俄比亚东方工业园	江苏永元投资有限公司	民营	是	全面战略合作伙伴关系	综合产业园区	纺织、皮革、农产品加工、冶金建材、机电
44			埃塞中交工业园区	中国交建集团	国有	是	全面战略合作伙伴关系	工业园区	建筑材料
45			埃塞俄比亚—湖南工业园	埃塞俄比亚湖南工业园运营管理公司	国有	是	全面战略合作伙伴关系	综合产业园区	装备制造、轻工纺织、家具家电
46		吉布提	吉布提国际自贸区	中国招商局集团	国有	是	战略伙伴关系	综合产业园区	物流、商贸、加工制造
47		毛里求斯	毛里求斯晋非经贸合作区	山西晋非投资有限公司	国有	否	未找到	综合产业园区	现代服务业
48		南非	海信南非普敦亚特兰蒂斯工业园区	青岛海信中非控股股份有限公司	国有	是	全面战略伙伴关系	轻工业园区	家电生产制造
49		尼日利亚	越美(尼日利亚)纺织工业园	越美集团有限公司	民营	否	战略伙伴关系	轻工业园区	纺织、服装
50			尼日利亚宁波工业园区	宁波中策动力机电集团	民营	否	战略伙伴关系	重工业园区	纺织、家电
51			尼日利亚卡拉巴汇鸿开发区	江苏汇鸿国际集团	国有	否	战略伙伴关系	轻工业园区	钢铁、石油、天然气
52			莱基自由贸易区	中非莱基投资有限公司(北京)	民营	否	战略伙伴关系	轻工业园区	生产制造、仓储物流
53			尼日利亚广东经贸合作区	中富工业园管理有限公司	国有	否	战略伙伴关系	综合产业园区	建材陶瓷、五金建材、轻工、家具
54		莫桑比克	莫桑比克万宝产业园	湖北万宝粮油股份有限公司	国有	否	全面战略合作伙伴关系	农业产业园区	粮食生产、仓储、加工、销售
55			莫桑比克贝拉经济特区	鼎盛国际投资有限公司	民营	否	全面战略合作伙伴关系	现代化国际经贸合作区	商品贸易
56		苏丹	中苏农业开发区	山东国际经济技术合作公司	国有	是	战略伙伴关系	农业产业园区	农业种植、加工

(续表)

序号	地区	国家	园区名称	实施企业	企业性质	是否加入亚投行	和中国关系（战略伙伴关系、全面战略伙伴关系等）	园区所属类型	主导产业（主要）
57	非洲	塞拉利昂	塞拉利昂农业产业园	海南橡胶集团	国有	否	全面战略合作伙伴关系	农业产业园区	农业种植、加工
58		坦桑尼亚	坦桑尼亚巴加莫约经济特区	中国招商局集团	国有	否	全面合作伙伴关系	综合产业园区	橡胶和水稻种植加工
59			江苏—新阳嘎农工贸现代产业园	江苏海企技术工程有限公司	民营	否	全面合作伙伴关系	农业产业园区	棉花种植、棉籽加工、纺纱织布
60		津巴布韦	中津经贸合作区	皖津农业发展有限公司	国有	否	全面战略伙伴关系	农业产业园区	未找到
61		乌干达	乌干达辽沈工业园	辽宁忠大集团	民营	否	全面合作伙伴关系	综合产业园区	机械机电、建筑陶瓷、医药化工
62			非洲（乌干达）山东工业园	昌邑德明进出口有限公司	民营	否	全面合作伙伴关系	轻工业园区	纺织业
63			中垦非洲农业产业园	中垦集团	国有	否	全天候合作伙伴	农业产业园区	未找到
64		赞比亚	赞比亚中国经济贸易合作区	中国有色矿业集团有限公司（北京）	国有	否	全天候合作伙伴	综合产业园区	有色金属、矿冶、现代、物流、商贸、服务、加工、制造
65			中材赞比亚建材工业园	中材集团	国有	否	全天候合作伙伴	重工业园区	水泥生产、建筑材料
66	欧洲	俄罗斯	俄中托木斯克木材工贸合作区	中航林业有限公司（山东）	国有	是	全面战略协作伙伴关系	农业产业园区	森林抚育、采伐、木材深加工
67			俄罗斯乌苏里斯克经贸合作区	康吉国际投资有限公司	民营	是	全面战略协作伙伴关系	轻工业园区	轻工、机电、木业
68			中俄现代农业产业合作区	东宁华信经济贸易有限责任公司	民营	是	全面战略协作伙伴关系	农业产业园区	仓储、养殖
69			中俄（滨海边疆区）农业产业合作区	中俄合资阿尔玛达（ARMADA）公司	未找到	是	全面战略协作伙伴关系	农业产业园区	种植、养殖、农产品加工
70			俄罗斯龙跃林业经贸合作区	俄罗斯龙跃林业经贸合作区管理有限公司	民营	是	全面战略协作伙伴关系	农业产业园区	林木采伐、粗加工和深加工、森林培育
71			俄罗斯圣彼得堡波罗的海经济贸易合作区	上海实业集团	国有	是	全面战略协作伙伴关系	综合产业园区	房地产开发
72			中俄—托森斯克工贸合作区	恒达—西伯利有限责任公司	国有	是	全面战略协作伙伴关系	农业产业园区	林业、造纸

（续表）

序号	地区	国家	园区名称	实施企业	企业性质	是否加入亚投行	和中国关系（战略伙伴关系、全面战略伙伴关系等）	园区所属类型	主导产业（主要）
73	欧洲	白俄罗斯	中白工业园	中工国际股份有限公司(北京)	民营	是	全面战略伙伴关系	轻工业园区	机械制造、电子信息
74		比利时	中国—比利时科技园	联投欧洲科技投资有限公司	国有	是	全面友好合作伙伴关系	高新技术园区	生命科学、信息通信
75		法国	中法经济贸易合作区	中法经济贸易合作区有限公司	国有	是	全面战略伙伴关系	高新技术园区	新能源新材料、高端装备制造、生物医药、电子信息技术、现代物流与国际教育
76		塞尔维亚	塞尔维亚贝尔麦克商贸物流园区	温州外贸工业品有限公司	民营	是	战略伙伴关系	物流合作园区	保税仓储、物流配送、线下体验、商品展示
77			塞尔维亚中国工业园	中国路桥集团	国有	是	战略伙伴关系	综合产业园区	食品加工行业、纺织服装行业、家居建材行业、皮革行业、汽车零配件行业、家用电器行业、消费电子行业、新能源行业
78		匈牙利	中匈宝思德经贸合作区	烟台新益投资有限公司	民营	是	友好合作伙伴关系	重工业园区	化工、生物化工
79			中欧商贸物流园	山东帝豪国际投资有限公司	民营	是	友好合作伙伴关系	物流合作园区	商品展示、运输、仓储集散、配送

- 数据来源：作者整理。

图书在版编目(CIP)数据

"一带一路"沿线亚洲国家基础设施先行研究：基于区域公共产品供给理论 / 张鹏飞著 .— 上海：上海社会科学院出版社，2021
 ISBN 978 - 7 - 5520 - 3661 - 9

Ⅰ. ①一… Ⅱ. ①张… Ⅲ. ①"一带一路"—基础设施建设—研究 Ⅳ. ①F299.1

中国版本图书馆 CIP 数据核字(2021)第 166369 号

"一带一路"沿线亚洲国家基础设施先行研究
——基于区域公共产品供给理论

著　者：	张鹏飞
责任编辑：	王　勤
封面设计：	朱忠诚
出版发行：	上海社会科学院出版社
	上海顺昌路 622 号　邮编 200025
	电话总机 021 - 63315947　销售热线 021 - 53063735
	http：//www.sassp.cn　E-mail：sassp@sassp.cn
照　排：	南京理工出版信息技术有限公司
印　刷：	上海颛辉印刷厂有限公司
开　本：	720 毫米×1000 毫米　1/16
印　张：	13.75
字　数：	225 千
版　次：	2021 年 9 月第 1 版　2021 年 9 月第 1 次印刷

ISBN 978 - 7 - 5520 - 3661 - 9/F · 678　　　　　　　　　定价：79.80 元

版权所有　翻印必究